ÉCONOMIE POLITIQUE

ISBN 978-2-35797-006-9

Jean-Yves NAUDET

Professeur à l'Université Paul Cézanne (Aix-Marseille III)
directeur du Centre de recherche en éthique
économique et déontologie professionnelle

ÉCONOMIE POLITIQUE

SIXIÈME ÉDITION
entièrement revue et corrigée
conforme aux nouveaux programmes semestriels du L.M.D.

LIBRAIRIE DE L'UNIVERSITÉ
D'AIX-EN-PROVENCE
12, rue Nazareth
13100 AIX-EN-PROVENCE
- 2009 -

OUVRAGES DU MÊME AUTEUR

L'Église et l'économie du marché face au collectivisme
Centre d'études et de diffusion, UNI, 1987

L'économie française face aux défis
Économica et Presses Universitaires d'Aix-Marseille, 1989

Dominez la terre : pour une économie au service de la personne
Fleurus, Cité vivante, 1989

Abécédaire de science économique
(en collaboration avec J. Garello), Albatros, 3e édition, 1991

La liberté, pour quoi faire ? Centesimus annus et l'économie
Mame, Repères, 1992

OUVRAGES PUBLIÉS ET COORDONNÉS
PAR JEAN-YVES NAUDET

Enseignement et recherche en éthique économique : bilan et perspectives en Europe
Actes du colloque des 7 et 8 juillet 1994,
Librairie de l'université d'Aix, 1995

Éthique économique : fondements, chartes éthiques, justice
Actes du colloque des 6 et 7 juillet 1995,
Librairie de l'université d'Aix, 1996

Éthique des affaires : de l'éthique de l'entrepreneur au droit des affaires
Actes du colloque des 4 et 5 juillet 1996,
Librairie de l'université d'Aix, 1997

Éthique sociale : éthique sociale chrétienne, éthique et solidarité
Actes du colloque des 3 et 4 juillet 1997,
Librairie de l'université d'Aix, 1998

Morale économique : Des fondements religieux à l'éthique en entreprise
Actes du colloque des 2 et 3 juillet 1998
Librairie de l'université d'Aix, 1999

Éthique financière
Actes du colloque des 1er et 2 juillet 1999
Librairie de l'université d'Aix, 2000

Éthique en entreprise
Actes du colloque des 6 et 7 juillet 2000
Librairie de l'université d'Aix, 2001

Éthique et propriété
Actes du colloque des 5 et 6 juillet 2001
Librairie de l'université d'Aix, 2002

Mondialisation et éthique des échanges
Actes du colloque des 4 et 5 juillet 2002
Librairie de l'université d'Aix, 2003

Éthique et société civile
Actes du colloque des 3 et 4 juillet 2003
Librairie de l'université d'Aix, 2004

La corruption
Actes du colloque des 1er et 2 juillet 2004
Librairie de l'université d'Aix, 2005

Les racines éthiques de l'Europe
Actes du colloque des 30 juin et 1er juillet 2005
Librairie de l'université, 2006

Éthique et développement
Actes du colloque des 29 et 30 juin 2006
Librairie de l'université d'Aix, 2007

Sciences et éthique
Actes du colloque des 28 et 29 juin 2007
Librairie de l'université d'Aix, 2008

Éthique et médias
Actes du colloque des 26 et 27 juin 2008
Librairie de l'université d'Aix, 2009

SOMMAIRE

Licence I
Cours du premier semestre

INTRODUCTION A L'ÉCONOMIE

Licence I
Cours du second semestre

ÉCONOMIE POLITIQUE

TITRE II - LA SYNTHÈSE DES DÉCISIONS DÉCENTRALISÉES : LES MARCHÉS ET LES PRIX

CHAPITRE I - L'équilibre sur le marché
CHAPITRE II - Concurrence et monopole
CHAPITRE III - Les atteintes à la concurrence et les politiques de concurrence

DEUXIÈME PARTIE

MONNAIE ET MACROÉCONOMIE

TITRE I - ANALYSE MONÉTAIRE*

CHAPITRE I - La monnaie
CHAPITRE II - Le système monétaire international

TITRE II - ANALYSE MACRO-ÉCONOMIQUE

CHAPITRE I - L'analyse keynésienne et les politiques interventionnistes
CHAPITRE II - Les analyses néoclassiques, monétaristes, autrichiennes et les politiques libérales

* Dans de nombreuses facultés de droit, lorsqu'il existe également un cours d'économie en L2 (licence II), la partie sur l'analyse monétaire, la monnaie et le système monétaire international n'est pas traitée en licence I mais en licence II. C'est parfois le cas également pour la politique économique. C'est a fortiori systématiquement le cas en AES ou en sciences économiques.

PRÉFACE
DE LA SIXIÈME ÉDITION
2009

conforme au nouveau découpage semestriel du L.M.D.

La première édition de cet ouvrage date de 1991, la seconde de 1993, la troisième de 1996, la quatrième de 2000, la cinquième de 2004. Elles ont été rapidement épuisées, en dépit de nombreux tirages successifs. C'est sans doute qu'elles correspondaient à un besoin de clarté dans une matière réputée difficile.

Par contre, depuis la première édition, bien des événements nouveaux sont survenus : la disparition de l'U.R.S.S. et, avec elle, l'effondrement des économies de plan, qui sont devenues des économies en transition, puis des économies de marchés, ou encore l'évolution du S.M.E., avec les perspectives de l'Union Européenne : l'euro est désormais une réalité depuis plus de dix ans. La politique économique doit, elle aussi, faire face à de nouveaux défis, dont ceux de la mondialisation, des négociations de l'OMC, ou de la crise financière de 2008-2009 : nos économies sont largement ouvertes sur l'extérieur.

Mais c'est aussi l'analyse économique qui se renouvelle en permanence et qui mérite d'être sans cesse réactualisée.

Cette sixième édition tient compte de ces évolutions et donne ainsi au lecteur les éléments les plus récents, concernant les faits économiques, aussi bien que l'analyse économique, en essayant, comme dans les éditions précédentes, de les rendre accessibles à tous.

Mais c'est surtout la façon d'envisager les études universitaires et en particulier la licence qui a changé. Les réformes successives de l'Université et du régime des études vont toutes dans le même sens : l'année a moins d'importance et le cours annuel traditionnel a disparu; c'est le semestre qui s'impose comme nouvel instrument du découpage universitaire, et cela dans une perspective d'harmonisation internationale, ainsi que pour favoriser, à terme, la mobilité des étudiants, en particulier dans un cadre européen (systèmes de crédits capitalisables). Le fameux « L.M.D. » (Licence, Master, Doctorat) va dans la même direction et ne fait qu'aller au bout de cette logique.

Les manuels doivent donc, eux aussi, s'adapter. Il ne s'agit plus de calquer un manuel sur le traditionnel cours annuel de 75 heures, au rythme de trois heures par semaine ; il s'agit de tenir compte des spécificités de chaque faculté. En économie ou en AES, l'enseignement de base de l'économie politique s'étale sur les trois années de licence (six semestres). En droit, les choses sont très différentes d'une université à l'autre, et si parfois le cours d'économie politique se réduit à un seul semestre – en général en licence I – bien souvent, il s'étale sur deux, voire trois ou quatre semestres : le découpage du programme s'en ressent.

Ce manuel vise à s'adapter aux différents publics, en traitant de l'ensemble du programme. Son découpage se calque sur le cas le plus fréquent, celui d'un enseignement sur deux semestres, voire trois lorsque l'analyse monétaire est reportée en licence II. Mais le lecteur pourra l'adapter aux spécificités de chaque faculté : l'ordre suivi par chaque enseignant peut être différent, mais globalement la matière enseignée reste la même dans chaque université, sous des intitulés différents d'un établissement à l'autre.

Ce qui, par contre, reste essentiel, c'est que l'enseignement de l'économie politique pose des problèmes spécifiques : en sciences économiques, la formalisation fait souvent oublier les applications concrètes et les exemples historiques ou pratiques; en droit, mais aussi dans la préparation aux concours administratifs, les étudiants sont souvent inquiets à la perspective d'un cours d'économie ayant la réputation d'être très formalisé. Ce manuel vise à écarter les deux écueils : il utilise le vocabulaire de tout le monde et de tous les jours, écarte les formules et les abstractions inutiles pour une compréhension de base du phénomène et vise à donner l'essentiel de la science économique en termes accessibles à tous; il ne se limite pas aux raisonnements généraux, mais donne des exemples pratiques ou historiques utiles à la compréhension du cours.

Conformité au nouveaux programmes et surtout au découpage en semestres et au L.M.D. ; conformité aux développements de l'analyse économique et de la réalité économique : telles sont les deux caractéristiques essentielles de cet ouvrage d'initiation, qui complétera utilement les notions reçues en cours.

Jean-Yves NAUDET
Aix-en-Provence, été 2009

Avant-Propos

HISTOIRE DE L'ENSEIGNEMENT DE L'ÉCONOMIE POLITIQUE EN FRANCE : L'EXEMPLE DE LA FACULTÉ DE DROIT D'AIX-MARSEILLE[1]

L'économie politique n'est apparue que tardivement au sein des universités françaises. C'est d'autant plus surprenant que la science économique française a longtemps été pionnière. C'est par exemple Antoine de Montchretien qui a inventé l'expression d'économie politique dans son traité de 1615. Au XVIIIe siècle, ce sont les physiocrates français (La « secte des économistes, comme on disait alors : Quesnay, Turgot, Mirabeau père, Dupont de Nemours) qui ont dominé la discipline, autour du thème du « laissez-faire, laissez passer » (Vincent de Gournay). Sans son séjour en France auprès des physiocrates, l'Ecossais Adam Smith, souvent présenté comme le père de l'économie politique, n'aurait sans doute pas écrit « la Richesse des nations » en 1776. Même Jean-Jacques Rousseau se piquait d'économie politique, puisque c'est lui qui a rédigé l'entrée économie politique dans l'Encyclopédie, avec à vrai dire une conception plus politique qu'économique de la matière.

Pourtant, lorsqu'au début du XIXe siècle, Napoléon recréé l'université et en particulier les facultés de droit, il n'est pas question d'économie politique, pas plus à Aix qu'ailleurs. La matière était considérée comme « subversive ». Jean-Baptiste Say, par exemple, fut exclu du tribunat et devint plus tard un farouche

---

1. Cet article est extrait de l'ouvrage « Six siècles de droit à Aix » 1409-2009 - Mémorial de la faculté de droit et de science politique d'Aix-Marseille à l'occasion du sixième centenaire de sa fondation, Presses universitaires d'Aix-Marseille, 2009.

opposant à l'empire. Pourtant, la science économique française prospérait, mais en dehors des facultés de droit. Les premières chaires étaient extérieures aux facultés : le conservatoire des Arts et métiers, première chaire créée en France (1820), avec Jean-Baptiste Say, puis Adolphe Blanqui. Le collège de France ensuite, avec Jean-Baptiste Say à nouveau (1830), puis, après sa mort, Pellegrino Rossi (1832), Michel Chevalier (1840), suppléé un temps par Henri Baudrillart, et enfin dans la seconde moitié du XIXe siècle (à partir de 1874), Paul Leroy-Beaulieu (gendre de Michel Chevalier).

Les écoles, notamment de commerce, (École supérieure de commerce – A. Blanqui, J. Garnier – École commerciale...) avaient un enseignement d'économie politique, ainsi que l'école des Ponts et chaussées (1846, J. Garnier). De nombreuses municipalités finançaient aussi des cours d'économie politique, comme celui de Frédéric Passy à Montpellier. L'école française était essentiellement libérale, organisée à partir de décembre 1841 autour du fameux Journal des Économistes, dont le titre allait d'ailleurs être repris par une équipe d'économistes aixois à la fin du XXe siècle (Journal des économistes et des études humaines, autour de Jacques et Pierre Garello et de Jean-Pierre Centi, dont le premier numéro est de l'hiver 1989-90). Les économistes libéraux français jouaient aussi un très grand rôle à l'académie des sciences morales et politiques, dans la section d'économie politique, ainsi qu'à la Société d'économie politique (1842). Leur principal éditeur était Guillaumin, avec notamment le fameux Dictionnaire de l'économie politique. Certes, un courant socialiste, essentiellement utopique, se développait parallèlement au XIXe siècle, mais ses représentants n'étaient pas classés dans la catégorie des économistes (Saint-Simon, Fourier, Proudhon). Par ailleurs, il y avait aussi des individualités, comme F. Le Play, sans parler des économistes chrétiens, avec A. de Villeneuve-Bargemont.

Aucune chaire d'économie politique n'existait alors au sein des facultés de droit. Les grands économistes de l'époque, à commencer par Frédéric Bastiat, n'ont jamais enseigné à l'université. Tout au plus existait-il ponctuellement des enseignements d'économie, en doctorat, qui ont fait leur apparition sous la monarchie de juillet. C'est ainsi qu'il y avait en 4e année un cours d'économie politique à Aix en 1843, mais rien dans le programme officiel de la licence et surtout pas de chaire d'économie dans les facultés.

Même en 1848, au lendemain de la Révolution, une commission mise en place par le ministre de l'instruction publique, M. Carnot, soulignait que l'enseignement de l'économie politique « convenable dans les livres, devait être éliminé d'un système d'études officiel », car « il pourrait y avoir du danger à attacher de jeunes esprits à l'un de ces systèmes plutôt qu'à un autre ». Jean Reynaud, rapporteur, voulait en faire « une économie politique républicaine » et Lamartine « la science de la fraternité » et non celle des « richesses », comme on disait alors en France depuis Jean-Baptiste Say.

Les choses ont commencé à évoluer sous le second empire. La première chaire d'économie politique a été créée à la faculté de droit de Paris, par un décret de 1859, et attribuée en 1863 à Anselme Polycarpe Batbie. Ailleurs, y compris à Aix, il existait quelques cours d'économie, mais assurés par des volontaires, non titulaires de chaires. Ces chaires se sont peu à peu multipliées dans la plupart des facultés, essentiellement sous l'influence de Léon Say, petit-fils de Jean-Baptiste Say et homme politique, spécialiste des finances, sous la troisième République : en 1877, il généralisa l'enseignement de l'économie dans toutes les facultés de droit (En dépit des réserves de certains, comme C. Gide, qui auraient voulu éclater, suivant les sujets traités, l'enseignement de l'économie entre les facultés de droit, des lettres et des sciences !).

À Aix, la première chaire d'économie politique a été créée par décret du 1er janvier 1883 et attribuée à Alfred Jourdan. De ce point de vue, même s'il y avait eu auparavant des cours d'économie à Aix, Alfred Jourdan est le père de tous les économistes aixois et marseillais actuels, et les facultés de droit et d'économie appliquée lui ont d'ailleurs rendu hommage en donnant son nom à un amphithéâtre de leur site de la Canebière à Marseille.

La situation d'A. Jourdan explique bien à quelles difficultés étaient confrontées les facultés de droit : impossible de recruter des « économistes », puisqu'il n'y avait pas de formation universitaire dans ce domaine. Et, pour enseigner dans une faculté de Droit, il fallait être docteur en droit. Impossible donc de faire appel aux économistes en vue de cette époque qui, pour la plupart, n'avaient pas ce précieux sésame. Certains économistes, d'ailleurs, notamment au Journal des économistes, avaient peur que l'alma mater ne « contamine » les vrais économistes pour en faire « des fonctionnaires ». Pour ces économistes, les facultés de droit étaient « un lieu de perdition », selon l'expression ironique de C. Gide. Faute d'économistes, on fit donc appel à d'éminents juristes.

Alfred Jourdan, né le 19 juin 1823 à Fréjus, était docteur en droit depuis 1851, ayant notamment étudié trois ans en Allemagne, à Heidelberg, mais ayant aussi rencontré à Paris P. Rossi, Blanqui (l'aîné) et J. Garnier, tous de l'école libérale, qui l'ont initié à l'économie. Il était également avocat à Aix. Depuis un décret de 1868, il était professeur titulaire de droit romain, après avoir réussi l'agrégation en 1864, et s'est donc reconverti en professeur titulaire d'économie politique en 1883, montrant la capacité d'adaptation et d'innovation des juristes et en particulier des historiens du droit. A. Jourdan est mort en 1891 et plusieurs de ses descendants se sont illustrés à Aix dans les disciplines juridiques, au barreau comme à la faculté.

C'était un personnage intéressant, car non seulement il enseignait à Aix, où il avait son poste à la faculté de droit, mais aussi à Marseille, à la faculté des Sciences, ce qu'il ne manquait pas d'indiquer sur la page de garde de ses ouvrages. C'est d'ailleurs la ville de Marseille qui lui avait demandé d'assurer ce cours d'économie à la faculté des sciences dès 1873. Droit, économie et sciences, il préfigurait l'union de trois disciplines qui allaient se regrouper près d'un siècle plus tard pour donner l'université de droit, d'économie et des sciences, devenue depuis université Paul Cézanne. Il a été également doyen de la faculté de droit d'Aix de 1879 à sa mort en 1891. Il a aussi joué un rôle important dans la cité, en particulier en présidant l'Académie d'Aix, à laquelle ont appartenu et appartiennent encore de nombreux professeurs de la faculté de droit.

La liste des ouvrages d'Alfred Jourdan est longue. Plusieurs ont été couronnés par l'Institut (A. Jourdan était d'ailleurs membre correspondant de l'Académie des sciences morales et politiques). En économie, on notera « Le droit français, ses règles fondamentales, ses rapports avec les principes de la morale, avec l'économie politique et avec l'utilité commune » (Plon 1875) ; « Épargne et capital ou du meilleur emploi de la richesse, exposé des principes fondamentaux de l'économie politique » (Makaire et Guillaumin, 1879), un « Cours analytique d'économie politique » (Arthur Rousseau, 1882), « Du rôle de l'État dans l'ordre économique ou économie politique et socialisme » (Librairie nouvelle de droit et de jurisprudence, 1882) ou encore « Des rapports entre le droit et l'économie politique ou philosophie comparée du droit et de l'économie politique » (LNDJ, 1884). Par ailleurs, il a contribué à briser le quasi-monopole du Journal des économistes sur la science économique française en fondant, avec Charles Gide et Edmond Villey, (Léon Duguit étant secrétaire de la rédaction), la Revue d'économie politique. C'est d'autant plus étonnant qu'il était vraisemblablement, par son libéralisme (faisant par exemple de la liberté des échanges internationaux une règle essentielle de droit naturel), plus proche du courant du Journal des économistes que des idées nettement moins libérales de Charles Gide ou de Léon Duguit, plus favorables à l'intervention de l'État. Cela s'explique sans doute par la volonté d'avoir un organe spécifique des économistes des facultés de droit, organe « ouvert à toutes les doctrines » (REP, 1887) et, selon A. Jourdan, « revue de l'enseignement économique ». A. Jourdan a d'ailleurs fait paraître dans le premier numéro de la Revue d'économie politique, en 1887, un vibrant plaidoyer en faveur de l'enseignement universitaire de cette discipline (« De l'enseignement de l'économie politique », premier article de cette nouvelle revue).

On notera également, ce qui n'est pas sans intérêt, que la première chaire d'économie politique créée à l'Institut catholique de Paris (après la loi de 1875 qui a autorisé la création des universités catholiques, abolies à la Révolution) a été attribuée à un ancien étudiant de la faculté de droit d'Aix, qui y avait soutenu sa thèse, Claudio Jannet, qui a joué un grand rôle auprès de monseigneur Freppel dans la création de la société catholique d'économie politique et sociale et de ce que l'on appelait alors dans le catholicisme social « l'école d'Angers » par opposition à « l'école de Liège ».

Pour en revenir à la faculté de droit d'Aix, après la mort d'Alfred Jourdan, cette chaire a été occupée à nouveau en 1896, cette fois par Camille Perreau, qui a été un temps député des Bouches-du-Rhône (1898-1902), qui a écrit un cours d'économie politique (LGDJ) et qui a été nommé à Paris en 1902. Un agrégé du concours de 1903, Albert Schatz, a également été nommé à Aix, assurant deux cours d'économie, avant d'être nommé professeur à Dijon en 1906. Il a en particulier publié en 1907 « L'individualisme économique et social » (A. Colin), faisant remonter la doctrine libérale aux physiocrates, livre dans lequel il passe en revue les doctrines individualistes du XIXe siècle, de C. Dunoyer à F. Bastiat.

Le troisième titulaire de la chaire a été Henri Babled, de 1905 à 1909, et le quatrième Barthélemy Raynaud, à partir de 1911. Celui-ci a été lui aussi doyen de la faculté de 1937 à 1943 et il a écrit en particulier un ouvrage sur « La loi naturelle en économie politique » (un premier volume en 1936, un second en 1938 chez Domat-Montchrétien et un troisième en 1945 à l'imprimerie du Petit Marseillais).

Pour donner une idée de ce que représentait alors l'économie politique, à la veille de la guerre, en 1914, il y avait deux cours d'économie politique obligatoires en 1e et 2e années à Aix (Barthélemy Raynaud et un agrégé, encore sans chaire, Dominique Aubry), et deux cours complémentaires : l'histoire des doctrines économiques (Aubry) et un cours d'économie politique en doctorat (Raynaud), sans parler d'un cours à cheval entre les disciplines, « Législation et économie industrielles » assuré par un professeur de droit romain, (le doyen Bry). La situation était à peu près identique dans chacune des treize facultés de droit de métropole (Paris, Aix, Bordeaux, Caen, Dijon, Grenoble, Lille, Lyon, Montpellier, Nancy, Poitiers, Rennes et Toulouse), où l'on enseignait systématiquement l'économie politique, ainsi qu'à la faculté de droit d'Alger et à l'école préparatoire de droit à Fort de France. L'économie avait totalement trouvé sa place dans les facultés de droit et cela d'autant plus qu'une agrégation spécifique d'économie politique existait depuis 1896, même si les juristes ont été majoritaires dans les jurys jusqu'aux années 20. Déjà, un décret de 1895 distinguait dans les études conduisant au doctorat une branche de sciences juridiques et une branche de sciences économiques et politiques.

A Aix, l'importance donnée par les juristes à l'économie était telle qu'une seconde chaire avait été créée par un décret du 26 mars 1918, transformant une chaire de droit public et constitutionnel en seconde chaire d'économie politique; celle-ci a été attribuée à Dominique Aubry, agrégé depuis des années, puis à F. Sauvaire-Jourdan, qui venait de la faculté de Bordeaux et avait écrit en particulier un ouvrage sur la « Vitalité économique de la France avant et après la guerre ». A la veille de la seconde guerre mondiale, en 1938, Sauvaire-Jourdan ayant pris sa retraire, il n'y avait plus qu'un professeur, Barthelemy Raynaud, et un jeune chargé de cours, Gérard Marcy.

Notons également qu'il y avait depuis le début du siècle un prix d'économie politique attribué certaines années, sous forme de dotation d'ouvrages, au meilleur étudiant de la matière. Un décret de 1925 a créé un diplôme d'études supérieures de droit en économie politique, amorçant l'autonomie de la discipline. On y enseignait, entre autres, à Aix comme ailleurs, l'économie politique, l'histoire des doctrines et des faits économiques, l'économie et la législation financières, l'économie et la législation industrielles. Enfin, il existait depuis longtemps une salle de travail d'économie politique, la seconde crée à la faculté après la salle d'histoire du droit, et donc l'une des plus anciennes (dès après la première guerre), longtemps dirigée par les professeurs B. Raynaud et F. Sauvaire-Jourdan, pour former les étudiants à l'étude de l'économie par des enquêtes, des études statistiques et des analyses d'ouvrages.

La suite, après la seconde guerre mondiale, n'appartient pas encore vraiment à l'histoire et le choix des événements ne peut être qu'arbitraire. Un département d'économie politique a été créé au sein de la faculté, longtemps dirigé par Gérard Marcy. La faculté de droit d'Aix change de nom et devient en 1957 faculté de droit et des sciences économiques, tandis que, partout en France, en 1959, était créée une licence de sciences économiques, désormais détachée de la filière droit. Au milieu des années 50, le corps professoral en économie à Aix était essentiellement composé de G. Marcy, F. Sellier, A. Fourgeaux, P. Tabatoni, M. Latil.

La loi Edgar Faure, adoptée après les événements de mai 68, a fait éclater le paysage universitaire : une faculté de sciences économiques a été crée en 1969, regroupée alors avec la faculté de droit et celle de médecine au sein de l'université d'Aix-Marseille II. Le premier doyen en a été tout naturellement Gérard Marcy. La recomposition du paysage universitaire aixois et marseillais en 1973 allait faire éclater en deux cette faculté, avec la faculté des sciences économiques, à Aix-Marseille II, et la faculté d'économie appliquée, dont le premier doyen a été Claude Zarka, à Aix-Marseille III (devenue plus tard université Paul Cézanne). Cela sans compter que la discipline économique elle-même éclatait en deux, avec la science économique (5e section du CNU) et la gestion (6e section), enseignée dans les deux facultés d'économie, mais aussi à l'Institut d'administration des entreprises (IAE).

Enfin, la faculté de droit a souhaité conserver des économistes en poste chez elle, pour donner aux juristes un enseignement dont la forme et le contenu soient adaptés aux besoins des juristes. Plus récemment, la faculté a décidé de créer à nouveau un département d'économie, appelé « Commission de grandes disciplines », au même titre qu'il en existe en droit public, droit privé et histoire du droit. Cela n'a pas empêché des économistes en poste en faculté d'économie appliquée d'enseigner également en faculté de droit, et en particulier Jacques Garello, dont l'enseignement à Aix, depuis son arrivée comme professeur en 1968, a marqué des générations d'économistes et de juristes.

Notons enfin que la faculté de droit, parmi les toutes premières en France, s'est montrée une nouvelle fois novatrice, en créant en 2008 des cours obligatoires d'analyse économique du droit, assurés par des économistes, montrant par là son intérêt pour les analyses économiques innovantes.

Bien entendu, les diplômes spécifiques d'économie sont désormais, tout naturellement, enseignés et délivrés au sein de la faculté d'économie appliquée et de la faculté des sciences économiques et de gestion. Un paysage de l'enseignement de l'économie devenu familier, mais très certainement appelé à évoluer à nouveau avec les projets de restructuration universitaire.

Au total, même si l'économie politique n'a pas l'ancienneté à Aix du droit, elle peut faire valoir ses lettres de noblesse et s'enracine dans une histoire déjà longue qui remonte au XIXe siècle.

Jean-Yves NAUDET
Professeur d'économie
à la faculté de droit
de l'université Paul Cézanne
Président de la commission
grandes disciplines « économie »
de la faculté de droit

LICENCE I - L.I

COURS DU PREMIER SEMESTRE[1]

INTRODUCTION À L'ÉCONOMIE

1. Sur la question du découpage du cours en semestres, variable d'une faculté à l'autre, voir en particulier la préface de cet ouvrage. Le plan suivi ici reprend le découpage semestriel le plus fréquent, appliqué en particulier à la faculté de droit de l'université d'Aix-Marseille III ; il peut varier d'une faculté à l'autre et doit donc être adapté par les étudiants.

INTRODUCTION GÉNÉRALE

I. ÉCONOMIE ET ÉCONOMIE POLITIQUE

Le terme le plus ancien, dans ce domaine, est celui d'économie. Il remonte à l'Antiquité grecque et signifie littéralement : « la règle de la maison », ce qui veut dire « l'art de bien gérer ses propres affaires ». Dans cette conception grecque, l'économie est donc avant tout une affaire privée et elle s'oppose à la politique, qui est le domaine du public.

À partir du début du XVIIe siècle (sans doute en 1615 avec Antoine de Montchrétien, dans le *Traité de l'économie politique*) apparaît une expression nouvelle qui est celle d'économie politique. Cette expression signifie que l'économie n'est jamais isolée et qu'elle implique des liens entre les personnes et les différents acteurs de la vie économique. L'économie s'inscrit donc dans la vie de la société dans son ensemble puisqu'elle est faite de relations entre les personnes.

Comment peut-on définir ces différents termes ?

La définition de l'économie a beaucoup évolué depuis les véritables débuts de cette discipline au XVIIIe siècle. Adam Smith se demandait comment naissait la « richesse des nations », richesse étant entendue au sens large, et pas seulement monétaire ; Jean-Baptiste Say, au XIXe siècle, en faisait « la science de la production, de la distribution et de la consommation des richesses » ; son Traité d'économie politique s'appelle d'ailleurs également « Simple exposition de la manière dont se forment, se distribuent et se consomment les richesses ». Au milieu du XIXe siècle, Frédéric Bastiat définit l'économie comme la science des échanges, montrant ainsi que l'activité économique doit être tournée vers les autres.

Plus près de nous, au XXe siècle, elle devient science des choix rationnels, c'est-à-dire science de la décision, selon le prix Nobel Gary Becker; plus profondément encore, elle est considérée comme la science de la coordination des actions humaines, selon Israël Kirzner : comment rendre compatible des décisions prises par des acteurs différents?

Tout cela n'est pas contradictoire, et montre d'abord que l'économie a élargi peu à peu son champ d'études. Mais les définitions proposées ci-dessus peuvent paraître complexes au profane. Il faut donc avancer pas à pas et partir de définitions classiques et traditionnelles, que l'on rencontre dans la plupart des cours ou des manuels d'économie, pour retrouver peu à peu les différentes évolutions soulignées ci-dessus.

Car l'important n'est pas la définition résumée dans une formule plus ou moins claire, mais la signification profonde des mots utilisés. L'explication est donc plus importante que la définition de départ. Nous partirons donc d'une définition courante, mais en lui donnant peu à peu un sens qui nous fera passer de la science des richesses à celle de la décision puis de la coordination.

Il y a cependant un obstacle préalable : faut-il parler d'économie ou, comme beaucoup de manuels ou de cours le font encore, d'économie politique. C'est là que l'ambiguïté des mots s'accentue : pour certains, politique montre que l'économie s'inscrit tout simplement dans la vie en société, dans la vie du groupe et de la cité : on ne fait pas de l'économie tout seul : on est dans la société civile; pour d'autres, cela signifie au contraire que l'économie doit être soumise au politique, ce qui est très différent : elle n'est qu'une annexe de la société politique et la société civile – et en particulier économique – n'a guère d'autonomie par rapport au politique.

Dès le début, le débat de fond est donc ouvert et il faudra voir en quel sens acceptable on peut garder – comme le fait ce manuel – le terme d'économie politique sans le pervertir.

Commençons d'abord par regarder l'économie, sans chercher à lui donner de qualificatif particulier : il s'agit alors, selon une définition courante, d'une lutte organisée contre la rareté (I.1) ; mais cette lutte ne se fait pas tout seul : voilà en quel sens l'économie peut être légitimement qualifiée de politique : elle s'inscrit dans la vie de la cité; elle est donc une lutte solidaire (I.2) ; elle met en contact des hommes qui vont échanger entre eux. C'est la « catalaxie », ou science des échanges, selon l'expression inventée par Richard Whately en 1831 et reprise au XXe siècle par L. Von Mises, puis F. von Hayck, car l'échange c'est l'économie politique, comme l'explique Frédéric Bastiat au XIXe siècle.

Il leur faudra faire des choix; ils devront agir, puisque l'homme dans ce monde est d'abord action; et ces choix et ces actions devront, d'une manière ou d'une autre, se coordonner.

Ces choix devront aussi obéir à une éthique : c'est ainsi que l'on passe peu à peu de l'économie politique à l'économie éthique, qui devra, au XXIe siècle, devenir la référence fondamentale de nos actions humaines.

I.1. L'ÉCONOMIE, LUTTE ORGANISÉE CONTRE LA RARETÉ

Définir l'économie comme la « lutte organisée contre la rareté », c'est d'abord reconnaître qu'il n'y a pas d'économie sans « lutte », c'est-à-dire sans efforts : le travail, la production, mais aussi la consommation ou l'épargne nécessitent des efforts de la part des hommes, du temps passé, des sacrifices...

Bien entendu, le terme de lutte ne doit pas être pris dans le sens de « lutte contre », comme par exemple dans la « lutte des classes », comme si l'économie était un vaste champ de bataille, mais dans le simple sens d'effort, d'activité, d'action : ce n'est pas un champ de bataille, c'est un champ d'action pour les hommes, mais toute action a un certain caractère de pénibilité, à commencer par le travail.

Ces efforts ne doivent pas être désordonnés, d'où l'idée de lutte « organisée » : ils doivent obéir à une certaine logique, à des règles du jeu, à une rationalité, pour ne pas être inutiles ou désordonnés, et pour ne pas conduire à des gaspillages. Bien entendu, ici encore, le mot organisé peut être ambigu : il ne s'agit pas d'une organisation imposée artificiellement d'en haut, par un grand « organisateur », fut-il l'État.

Il s'agit du fait que les efforts ne doivent pas être gaspillés, puisqu'ils sont coûteux, qu'ils mettent en jeu des ressources rares. Cette « organisation » des efforts passe par des « cadres » qui guident nos actions. D'où l'importance des institutions, comme la propriété ou le contrat, qui réduisent les incertitudes et guident les comportements. Ce sont les institutions qui bornent et guident nos libres actions, et permettent leur coordination : leur seule existence nous fournit des informations qui guident nos choix. L'économie ne se déroule donc pas dans un vide juridique, mais a besoin d'un État de droit qui s'incarne dans des institutions.

Enfin, cette lutte organisée a un but bien précis : réduire la « rareté ». Il y a là le fondement essentiel de l'économie. Sans rareté (à la limite dans une « société d'abondance totale » comme au Paradis terrestre), il n'y a pas d'activité économique, elle n'est pas nécessaire. Il en va de même lorsqu'un bien existe en quantité quasi-illimitée, comme l'air que l'on respire, dans des circonstances normales : il ne peut alors faire l'objet d'une activité économique et ne sera ni produit, ni vendu. Il ne deviendra un bien rare, donc économique, qu'en situation particulière, comme dans l'espace ou sous l'eau.

Mais la rareté est toujours une notion relative, concernant des besoins d'une part, des biens de l'autre : c'est la rareté des biens disponibles par rapport aux besoins humains.

En ce qui concerne les besoins, l'économiste insiste aujourd'hui sur leur caractère subjectif : certes, tout le monde a soif, froid ou faim, et beaucoup parlent alors de besoins de base, ou primaires, voire physiologiques, qui auraient comme un caractère objectif. Or, même ici, la subjectivité domine : nous avons tous faim, soif ou froid, mais chacun avec des intensités différentes et surtout avec des solutions différentes : nous ne souhaitons pas manger ou boire les mêmes choses, ni nous habiller de la même façon, heureusement pour notre liberté ; et cette diversité s'accentue dès que l'on quitte les besoins autrefois qualifiés de primaires, pour aller vers des besoins de plus en plus diversifiés (culture, loisirs, etc.) : c'est pour cela que les économistes emploient souvent le terme de préférence, pour accentuer ce côté subjectif des besoins, variables suivant les individus et les communautés.

Chaque être humain est différent; il a donc des préférences différentes et n'accorde par la même valeur aux choses : la subjectivité des choix est un élément essentiel en économie, même s'il peut y avoir, au-dessus de cette légitime diversité des goûts et des préférences, des normes morales objectives qui font que certains « besoins » grandissent l'homme, en correspondant à sa nature, et que d'autres peuvent l'avilir : tout ne se vaut pas, mais chacun conserve une liberté légitime dans les choix individuels.

Pour répondre à ces besoins, nous utilisons des biens : au sens large, ils représentent donc tout ce qui (matériel ou non) peut répondre à un besoin économique. Dans nos sociétés, la majorité de ces « biens » a un caractère immatériel, mais il s'agit de biens économiques dès qu'ils correspondent à un besoin humain, qui fonde leur utilité.

Plusieurs classifications des biens sont utilisées :

• Biens naturels et biens produits : certains biens existeraient spontanément dans la nature, sans intervention humaine. La distinction n'a plus guère de sens aujourd'hui, puisque tous les biens que nous utilisons nécessitent une activité humaine (au minimum de découverte, d'extraction ou de transport) et sont donc produits : une ressource naturelle ne prend sa vraie valeur qu'en étant exploitée par des hommes; elle est donc un bien produit. Le pétrole ou les fruits et légumes, bien que « produits » par la nature, sont en réalité produits par l'homme;

• Biens matériels et biens immatériels : les premiers appartiennent aux secteurs primaire (agriculture notamment) ou secondaire (industrie), les autres au secteur tertiaire (services); mais tous répondent à des besoins et la distinction entre les deux n'est pas fondamentale du point de vue économique; seule une dérive idéologique amenait une distinction (fausse) entre ce qui est productif (les biens matériels) et le reste, considéré à tort comme appartenant à des secteurs non productifs (c'est ce qui explique, par exemple, pourquoi les professionnels travaillant dans le tertiaire étaient moins bien payés dans les anciens pays socialistes). En réalité, tout ce qui a une utilité et qui répond donc à un besoin appartient au secteur productif : dans nos sociétés, personne ne songerait à nier l'importance humaine et économique de la santé, de l'éducation, du tourisme, ou des télécommunications, sans parler d'Internet : ce sont pourtant tous des éléments immatériels; désormais, plus des deux tiers d'entre nous travaillent dans le tertiaire;

• Biens de consommation finale et biens de production : les premiers ont en apparence une utilité directe pour les consommateurs, les seconds servent à produire d'autres biens : leur utilité ne semble qu'indirecte.

Dans ce second cas, on parle d'une part de biens de consommation intermédiaire, qui servent une fois dans le processus de production (matières premières, énergie), d'autre part de biens d'équipements (qui ont un caractère plus durable et servent à plusieurs cycles de production).

Mais on s'interroge aujourd'hui sur la notion de consommation finale, qui présente implicitement le consommateur comme un personnage passif, à la fin du processus économique, qui se contenterait d'acheter et de consommer sans effort ni imagination les biens produits par les entreprises; en réalité, les consommateurs sont aussi des producteurs de services destinés à eux-mêmes.

Un bien d'équipement ménager ou bien de consommation durable (télévision, machine à laver,...) rend en fait des services (service de distraction, service de lavage) et fonctionne grâce à des consommations intermédiaires (électricité) et à une activité humaine plus ou moins grande suivant les cas. Donc la consommation « finale » des ménages est en réalité la consommation intermédiaire d'une véritable « production domestique », comme l'a en particulier expliqué l'économiste G. Becker. Les ménages produisent des services qu'ils consomment eux-même.

Cette notion essentielle, qui sera reprise à propos des théories de la consommation, présente l'avantage de ne pas faire de différence de fond entre un ménage et une entreprise : l'un et l'autre produisent; la différence vient du fait que le ménage produit pour lui-même, alors que l'entreprise produit pour les autres, pour le marché, pour le client; mais tous ont une activité de production, tous sont des acteurs économiques.

• Biens rares et biens libres : au sens strict, seuls les biens rares sont des biens économiques. Les biens libres (comme l'air que l'on respire) existent en quantité si abondante par rapport à nos besoins qu'ils ne nécessitent aucune activité économique. Mais la frontière entre les deux n'est pas stable; elle évolue dans l'espace ou dans le temps et tel bien peut avoir été libre et se retrouver rare aujourd'hui (l'espace de stationnement ou le silence et le calme) : ce faisant, ils font l'objet d'une activité économique (construction de parkings, de garages, de places de stationnement payant, etc.) et donc d'un échange marchand ou d'une réglementation administrative (Échange marchand : vente, location, parc-mètre, etc. Non-marchand : stationnement limité ou alterné, limitation du bruit à certaines heures ou dans certains lieux.)

Les économistes ont parfois cru, dans certaines utopies, que la rareté allait disparaître dans une sorte de société d'abondance, d'âge d'or, où tous les besoins seraient satisfaits. On trouve cette idée chez les classiques aussi bien que chez Marx. Mais la liste des besoins est illimitée, les préférences nombreuses et la rareté se régénère sans cesse. Il suffit de regarder autour de soi pour voir que bien des besoins restent non satisfaits et, à la limite, le besoin de changer justifie déjà de nouveaux biens.

La rareté n'est donc pas prêt de disparaître et la vie économique, avec ses efforts, ses actions et leur coordination, non plus. Mais tout n'est pas possible en même temps, nos ressources étant limitées.

La rareté, élément économique fondamental, implique donc en permanence des choix et l'économie devient « science des choix », science de la décision, comme le soulignait G. Becker : choix des produits (que produire ?), des techniques de production (comment produire ?), des destinataires des biens (pour qui produire ?), du moment (quand produire ?). Ce dernier point est souvent négligé, alors que le temps est, à l'évidence, la ressource la plus rare et qu'il faut répartir le temps entre travail, récupération, loisirs et production domestique. De même consommer ou épargner revient à un débat sur le choix du moment, puisque épargner c'est renoncer provisoirement à consommer. L'économie est donc fondamentalement la science des choix en présence de rareté.

C'est alors que l'on retrouve la nécessité de coordonner ces choix, grâce à des institutions qui préservent nos libertés et les rendent compatibles avec celles des autres : la propriété privée, le contrat, le marché, qui rendent compatibles entre eux les choix de chacun de nous et qui construisent peu à peu un ordre spontané, fruit de nos libres décisions.

Ces choix nécessitent une méthode particulière : l'économiste considère qu'en dernier ressort, ils sont avant tout d'ordre individuel et sa discipline repose donc sur « l'individualisme méthodologique » ; ce sont les individus qui choisissent et ces choix se font en comparant des coûts et des avantages, car toute décision a une dimension négative et une dimension positive. C'est en raisonnant sur la dernière unité (raisonnement marginal) que les choix peuvent s'effectuer : a-t-on intérêt à produire une unité de plus ? Cela dépend du coût supplémentaire (coût marginal) comme de la recette espérée (recette marginale) : on produit si la recette marginale est supérieure au coût marginal. De même, une entreprise embauche si elle y trouve un intérêt, c'est-à-dire si la productivité marginale de l'ouvrier est supérieure à son coût marginal : cela permet de comprendre pourquoi on hésite à embaucher lorsque le coût du travail est trop élevé (en raison d'un salaire excessif ou de charges sociales trop lourdes), ce qui entraîne du chômage.

Il en va de même pour le consommateur (qui peut comparer notamment utilité et prix). Il devrait en être de même pour les décisions étatiques, afin qu'elles ne résultent pas uniquement des groupes de pression, électoraux ou autres, mais d'une certaine rationalité, faute de quoi les dépenses publiques entraînent de nombreux gaspillages. En outre, cette méthode propre à l'économie (choix sous contrainte) s'applique aux activités marchandes, mais aussi à des décisions non marchandes. Le coût est alors souvent le coût d'opportunité, c'est-à-dire le manque à gagner entraîné par une décision plutôt que par une autre. Mais rien n'est gratuit en économie (le Prix Nobel d'Économie Milton Friedman disait « Il n'y a pas de repas gratuit »), et la « gratuité » apparente coûte souvent fort cher indirectement.

I.2. L'ÉCONOMIE POLITIQUE, ORGANISATION SOLIDAIRE DE LA LUTTE CONTRE LA RARETÉ

L'économie au sens étroit du terme évoque un phénomène sinon individuel, du moins limité; mais ce n'est pas pour autant une lutte isolée contre la rareté : littéralement, il s'agit de la « règle de la maison », c'est-à-dire de l'art de bien gérer ses propres affaires. Dans la conception traditionnelle, issue des grecs, elle montre d'abord la sphère privée, familiale, par opposition aux affaires de la cité.

En fait, il y a ici une confusion et le reproche d'individualisme souvent fait à l'économie n'a aucun sens : il n'y a rien de plus extraverti que la vie économique, par définition et nécessité tournée vers les autres, faite d'échanges, de rencontres, de souci du client. C'est parce que l'activité économique n'est jamais un acte isolé, qu'est apparue peu à peu l'expression d'économie politique, employée dès 1615 par Antoine de Montchrétien. Mais le terme est devenu peu à peu très ambigu.

L'économie politique ne doit tout d'abord être confondue ni avec la politique, ni avec la politique économique.

La politique, c'est l'organisation du pouvoir dans la cité, dans la société : pour l'essentiel, l'économie devrait lui échapper et constituer un domaine distinct, tandis que la politique a elle aussi ses propres règles du jeu et son domaine propre. Consommer, épargner, investir, etc., sont des décisions économiques qui doivent échapper pour l'essentiel au pouvoir politique.

La politique économique, c'est l'ensemble des décisions prises par le pouvoir politique pour « influencer » l'économie, voire pour l'orienter, la stabiliser, etc. (définition d'objectifs, choix d'instruments pour les atteindre) : la politique économique n'est donc qu'une toute petite fraction de l'économie politique et c'est par une dérive récente que l'on assimile trop souvent les deux et que l'on réduit l'économie politique à la simple politique économique. C'est pour cela que la plupart des gens se sentent peu concernés par l'économie, ayant l'impression qu'elle est faite par les hommes politiques ou les technocrates, alors que, fondamentalement, c'est chacun d'entre nous qui par ses actions quotidiennes, fait l'économie.

Avant tout, l'économie politique, ce sont donc les décisions des agents décentralisés (consommateurs et producteurs) et ce n'est qu'accessoirement l'action de l'État dans la vie économique (ça, c'est la politique économique). L'économie, ce sont des ménages qui travaillent, consomment, épargnent; ce sont des entreprises qui entreprennent, investissent, innovent, produisent, vendent : ce sont les actions les plus quotidiennes et les plus banales : c'est l'action humaine au quotidien.

Dire que l'économie est politique est donc une expression ambiguë : elle ne signifie pas que l'économie relève de la politique et de l'État, même si c'est, à tort, trop souvent le cas aujourd'hui; cette politisation de la vie économique, c'est une dérive de l'économie particulièrement forte au XXe siècle, siècle de l'État et des dérives étatiques, voire souvent totalitaires. devrait signifier simplement qu'en économie nous ne sommes jamais seuls : nous rencontrons sans cesse les autres, nous produisons, nous échangeons avec d'autres.

L'activité économique n'est jamais isolée, elle n'est pas « robinsonienne », au sens de Robinson Crusoë, seul sur son île; à la limite, dès qu'apparaît Vendredi, l'économie devient politique. La division du travail, l'échange, l'utilisation de la monnaie, tout cela rend les activités économiques dépendantes les unes des autres et donc solidaires; d'où la définition de l'économie politique comme étant une « organisation solidaire de la lutte contre la rareté » : parce que l'économie est faite de milliers de liens, d'échanges, de dépendance mutuelle, de solidarités visibles ou invisibles dont le marché, qui est rencontre de l'autre, est la première illustration. C'est pour cela que l'économie est à la fois science des choix et science de la coordination des actions humaines.

Ces interdépendances sont de plus en plus évidentes, surtout aujourd'hui avec les phénomènes de mondialisation : chacun dépend des autres, et les autres dépendent de nous; chaque producteur n'a de sens que tourné vers ses clients, à leur service : encore une fois, rien n'est plus extraverti que l'économie, alors qu'on lui reproche souvent son égoïsme : car il n'y a pas d'économie sans échanges, sans relations, sans le marché, qui est une façon naturelle de rencontrer l'autre, celui qui est différent de nous, ne serait-ce que dans ses besoins et préférences économiques. C'est parce que nous sommes tous différents, avec des qualités différentes, que nous avons intérêt à échanger.

Le domaine de l'économie politique s'est peu à peu élargi, pour atteindre tous les biens matériels, puis tous les échanges marchands (portant sur des biens comme sur les services). Peu à peu, au XXe siècle, ce domaine a été étendu à des échanges non marchands et on trouve aujourd'hui des analyses économiques très développées de phénomènes non monétaires ou non marchands (analyse économique du droit, de la propriété, du crime, de la démographie, des institutions, etc.).

Enfin, si les économistes s'inquiètent de la main mise de l'État sur l'économie, et donc de ce que l'économie soit devenue politique, au mauvais sens du terme, ils insistent pour que cette économie, enfin dégagée de l'État, retrouve ses racines éthiques. Il n'y a pas, en effet, d'économie sans références éthiques (voir la conclusion de l'ouvrage).

C'est sans doute là que le passage du XXe siècle au XXIe siècle est décisif : le XXe siècle a été celui de l'État, en économie comme ailleurs; c'est le siècle de la politisation de l'économie, de l'économie politique au mauvais sens du mot et non comme nous l'avons définie ci-dessus .

Or, cette période est révolue : partout, l'emprise de l'État recule : à l'Est, avec l'effondrement des économies socialistes; à l'Ouest, avec les privatisations, les dérégulations, l'ouverture des marchés. Le retour de l'État, à l'occasion de la crise financière, est un phénomène passager, et la liberté économique reprendra le dessus. Or, plus l'économie repose sur nous, sur nos actions libres et quotidiennes, plus il faut avoir un comportement responsable, y compris sur le plan moral : en devenant moins politique, l'économie, pour bien fonctionner, d'une manière humainement responsable, doit devenir éthique. C'est l'enjeu économique du XXIe siècle : une économie libre et responsable, donc éthique.

II. LES AGENTS ÉCONOMIQUES

Au-delà de ces définitions assez générales qui posent les fondements de la science économique, les économistes – il suffit d'ouvrir n'importe quel manuel de base – utilisent certains termes techniques, dans des sens assez différents de ceux du langage courant ou de ceux du langage juridique. Il faut donc déblayer un peu le terrain, en précisant certains termes très souvent utilisés dans les raisonnements économiques, en dehors de ceux déjà définis ci-dessus.

Les acteurs de la vie économique sont très nombreux. Les économistes ont donc cherché à les regrouper, pour pouvoir analyser leurs comportements. Pour cela, ils retiennent la fonction principale de chaque acteur, laissant dans un premier temps de côté leurs autres fonctions. C'est ainsi que l'on a défini des agents économiques, entre lesquels circulent des flux de biens ou de monnaie.

Cette définition des agents a également longtemps été utilisée sur le plan comptable, dans le cadre de la Comptabilité Nationale, mais elle a été remplacée en 1976 lors de la création du Système Élargi de Comptabilité Nationale par la notion plus floue de secteurs institutionnels. Pour autant, elle garde toujours sa signification économique. Elle doit être précisée car ne correspond ni aux définitions de la Comptabilité nationale aujourd'hui, ni à celles du langage courant.

On retient habituellement quatre agents intérieurs (ménage, entreprise, institution financière, administration) et un cinquième agent plus particulier, l'extérieur. Ces définitions économiques peuvent bien entendu également diverger des définitions courantes d'autres disciplines, juridiques ou autres.

II.1. LES MÉNAGES

Leur fonction principale est la consommation ; ce sont donc des unités élémentaires de consommation, regroupant un ensemble de personnes vivant sous un même toit. Les ménages consomment des services qu'ils produisent eux-mêmes (production domestique), grâce aux biens d'équipement et services qu'ils achètent sur des marchés (consommations intermédiaires) et grâce à leur propre activité productrice.

Ainsi défini, le ménage recouvre souvent la famille traditionnelle ; mais il va au-delà, puisqu'une personne seule constitue, au sens économique, un ménage ; de même, on parlera de ménages, quels que soient les éventuels liens juridiques entre les personnes qui vivent en commun. Naturellement, lorsque, par exemple, les enfants, devenus autonomes, vivent loin de leurs parents, ils constituent autant de ménages distincts.

En réalité, on a vu que les ménages n'ont pas vraiment une consommation finale, mais qu'ils ont, en fait, une production domestique. Seulement, s'ils produisent des services, ce n'est pas pour le marché, mais pour eux-mêmes. C'est ce qui les distingue des entreprises, qui, elles, produisent pour le marché.

Les statistiques économiques concernent habituellement ces ménages ordinaires (environ 26 millions) ; le cas de la population des institutions (communautés de toutes sortes, prisons, soldats du contingent, etc.) est différent et les statistiques de revenus ou d'équipement n'ont pas ici la même signification que pour les ménages ordinaires.

II.2. LES ENTREPRISES NON FINANCIÈRES

Leur fonction principale est de produire des biens et des services destinés à être vendus sur un marché.

Ce sont donc des centres de décision en matière de production et non de simples usines, une entreprise peut avoir plusieurs établissements. ; celle-ci est entendue au sens large (biens matériels comme services immatériels) ; mais le point essentiel est que ce qui caractérise l'entreprise, c'est le fait de produire pour vendre sur un marché. Elle n'est pas seule à produire, mais elle produit pour vendre, pour les autres. Elle n'existe au fond avant tout que pour son client et par rapport à lui.

Cela veut dire que l'entreprise peut regrouper aussi bien des sociétés que des entreprises individuelles ; des entreprises agricoles comme des entreprises industrielles, commerciales, libérales, etc. ; des entreprises privées comme des entreprises publiques. Dans ces conditions, on parlera économiquement d'entreprise, dès qu'il y a vente sur le marché, même si juridiquement il s'agit d'une administration.

La question essentielle est de savoir : qui paie ? Si c'est l'usager ou le consommateur qui paie le prix, il s'agit d'une entreprise. Si le coût est partagé entre contribuable et usager, il faut savoir qui paie l'essentiel. Si la majorité du coût est supportée par le consommateur ou l'usager, il s'agit toujours d'une entreprise, même si le contribuable en finance une partie. Ainsi en est-il, par exemple, des transports publics (SNCF, RATP). De même, une grande école dans laquelle l'étudiant paie la majorité des frais de scolarité est une entreprise. En revanche, une université publique, qui est essentiellement financée par l'État, donc par l'impôt, est une administration et non une entreprise.

II.3. LES ADMINISTRATIONS

Comme les entreprises, elles rendent des services ; elles produisent donc, mais leur production n'est pas destinée au marché ; elle est payée indirectement, d'une manière non-volontaire, notamment par le contribuable ou l'assuré social. Ce n'est donc pas la nature du produit qui permet de distinguer entreprise et administration, mais le mode de distribution du bien et surtout son paiement. Ainsi un établissement scolaire public financé par le contribuable plus que par l'usager, est une administration.

Dans ces conditions, les administrations regroupent les diverses administrations publiques, dépendant de l'État, mais aussi les collectivités locales ou les organismes obligatoires de sécurité sociale. En outre, les associations, syndicats, organismes caritatifs, églises, etc. sont, au sens économique, des administrations – en dépit de leur caractère privé – puisqu'elles rendent des services en général non vendus sur un marché : on peut en bénéficier sans payer, et inversement.

II.4. LES INSTITUTIONS FINANCIÈRES

Elles gèrent les flux de la monnaie et du crédit. Elles s'occupent de la collecte de l'épargne, du crédit, de la création de monnaie. En ce sens, elles rendent aussi des services, mais de nature financière, ce qui les distingue des entreprises.

Il s'agit notamment de tout le système bancaire (banque centrale, banques ordinaires), organismes financiers spécialisés, mais aussi des compagnies d'assurance, qui jouent un rôle important dans le domaine de l'épargne.

II.5. L'EXTÉRIEUR

Le critère utilisé pour définir les quatre agents précédents est un critère de résidence et non de nationalité : un ménage étranger résidant durablement en France est compté dans les ménages français; de même pour les entreprises. Par contre un Français qui réside à l'étranger n'est pas compté dans nos agents économiques.

Dans l'extérieur, ne sont pas recensées toutes les opérations qui se déroulent hors de France, mais uniquement les relations entre les quatre agents intérieurs et le reste du monde : échanges de marchandises, de services, de capitaux.

II.6. LE CIRCUIT ÉCONOMIQUE

Entre tous ces agents circulent des flux : flux monétaires, flux de biens ou de services. Un circuit élémentaire de la vie économique permet de représenter de façon très simplifiée les principales relations. On s'en tient en général aux relations monétaires.

C'est ainsi qu'entre entreprises et ménages circulent des flux allant des entreprises vers les ménages (salaires, autres revenus versés aux ménages par les entreprises tels que les intérêts des obligations ou les dividendes des actions) ; en sens inverse, on trouve surtout la consommation (les dépenses de consommation allant des ménages vers les entreprises), et la formation de capital par les entrepreneurs individuels. On trouve aussi des flux allant d'un agent vers lui-même (ex. : les achats et ventes de biens de production, c'est-à-dire les relations interentreprises).

En ajoutant peu à peu les autres agents, on complique le circuit (par exemple, avec les administrations : prestations, traitements, impôts, cotisations sociales, etc.).

Les institutions financières ont avec chacun des flux de prêts et d'emprunts; mais on voit surtout qui dégage une capacité de financement (les ménages) et qui a un besoin de financement (les entreprises et les administrations). Besoin et capacité doivent s'équilibrer et lorsque les besoins de financement des administrations sont trop élevés (déficits publics excessifs), les entreprises ont du mal à trouver les financements dont elles ont besoin pour leurs investissements. Les dépenses publiques ainsi financées par des emprunts viennent évincer des dépenses privées, qui n'auront pas lieu, faute de financement.

Mais ce type de schéma, pour utile qu'il soit sur le plan pédagogique, donne aussi de la vie économique une fausse vision statique et globale. A manipuler des grandeurs abstraites et globales, on risque vite d'oublier que, derrière des flux et des agents, se cachent des réalités humaines ; cette vision globale donne l'impression de comportements homogènes, alors que chacun suit son propre chemin, surtout dans une société ouverte. La réalité économique est donc plus complexe et il faudra descendre non seulement au niveau de chaque agent, mais encore à celui des comportements individuels, pour en comprendre le déroulement : ce sera l'objet de la micro-économie au second semestre, c'est-à-dire du rôle des acteurs de la vie économique.

Mais il faut au préalable se familiariser avec les raisonnements et les termes économiques, en consacrant le cours du premier semestre à deux parties très descriptives, portant d'une part sur l'histoire des faits et des idées économiques, de l'autre sur les systèmes économiques. C'est ce qui permettra de comprendre peu à peu les grands problèmes économiques.

Première partie

ÉVOLUTION DES FAITS ET DES DOCTRINES ÉCONOMIQUES

L'histoire des faits et l'histoire des doctrines économiques constituent de véritables disciplines à l'intérieur de la science économique. L'ambition de cette partie est donc seulement de donner un bref résumé, nécessairement sélectif, des principales étapes. Le but n'est pas de faire une étude exhaustive, mais seulement de familiariser peu à peu le lecteur avec les termes économiques et avec les raisonnements des économistes en ne retenant que les principales étapes et les auteurs les plus marquants.

Pour autant, cela constitue en soi déjà pratiquement un cours d'économie politique, qui occupe dans la plupart des facultés l'essentiel d'un semestre. En effet, l'histoire permet de ne pas quitter le terrain concret, de l'illustrer d'exemples, de revenir sur les termes et les définitions, de montrer comment tel auteur en annonce tel autre, parfois à des siècles de distance. Nous ne nous priverons pas de le faire, en montrant les liens, les intuitions justes, les erreurs durables, et les grands courants qui traversent toute l'histoire des idées et des faits en économie. L'histoire est formatrice, en économie comme ailleurs.

Il est possible, dans une simple perspective chronologique, de distinguer trois grandes étapes dans cette histoire, qui constitueront les trois chapitres de cette partie :

- les sociétés préindustrielles,
- le développement des économies industrielles,
- les économies contemporaines.

Dans chacun de ces chapitres, nous distinguerons ce qui concerne les faits, d'une part, et les idées, ou la pensée économique, d'autre part.

CHAPITRE I

LES SOCIÉTÉS PRÉ-INDUSTRIELLES

SECTION I. LES FAITS ÉCONOMIQUES

§ 1. L'ÉCONOMIE PRIMITIVE

Pour l'essentiel, cette économie est caractérisée par des phénomènes d'autoconsommation : on produit pour le groupe, non pour vendre, non pour le marché. C'est une économie autarcique, et non ouverte; de subsistance, et non d'échange. La monnaie est quasi-inexistante et les échanges limités. L'équilibre démographique se fait à un haut niveau de natalité et de mortalité et ce sont les mouvements de mortalité qui décident du sens de l'évolution démographique. Les techniques de production sont rudimentaires. On reste donc avant tout dans un jeu à somme nulle, c'est-à-dire sans création nette de richesses nouvelles. Cela signifie que l'on produit la même chose que l'année précédente.

Le point essentiel, c'est donc l'absence de notion de temps; on vit dans des économies au jour le jour, dans lesquelles il n'y a pas d'épargne, ni d'investissement, et donc pas de processus de capitalisation. Dans ces conditions, il est normal qu'il n'y ait pas de croissance, et, dans un jeu économique à somme nulle, les gains des uns correspondent aux pertes des autres. Ce sont donc des économies de conquête et de pillage et non des économies de création.

Certains chocs vont peu à peu perturber l'équilibre ancien. Il s'agit notamment de l'apparition de la monnaie qui est un progrès économique considérable par rapport au troc. En effet, avec le troc, il faut trouver un co-échangeur dont les besoins sont l'inverse des nôtres. Il faut donc perdre du temps à prospecter le marché, ce qui constitue un coût d'information, ou procéder à une série d'échanges, avant d'obtenir le bien souhaité, ce qui constitue un coût de transaction. Au contraire, la monnaie permet de briser en deux l'acte d'échange (en séparant achat et vente dans le temps et l'espace) : désormais, les coûts d'information (trouver un co-échangeur) et les coûts de transaction (multiplier les échanges jusqu'au produit souhaité), qui étaient très élevés avec le troc, sont largement réduits comme le souligne l'analyse de Ronald Coase. En réduisant ces coûts, en remplissant les trois fonctions traditionnelles (unité de compte, instrument de paiement, réserve de valeur), la monnaie constitue une innovation économique majeure, simplifie les échanges et favorise leur développement. Elle permet d'indiquer la valeur d'un bien lors de l'échange (prix), de faciliter cet échange et de conserver une valeur dans le temps.

Cette innovation s'est produite probablement il y a plusieurs milliers d'années en Mésopotamie. Les marchands utilisent alors des barres d'un certain poids, le plus souvent en argent, qui pouvaient être découpées en petits morceaux en fonction de la valeur de l'échange. La monnaie est alors en quelque sorte privée, puisqu'elle ne relève pas d'une autorité spéciale. Mais les formes de monnaie ont différé d'une civilisation à l'autre, tout bien, rare ou durable, pouvant être choisi comme monnaie (de certains coquillages à des animaux, en passant par des grains de café). Mais peu à peu, les monnaies métalliques (or, argent) se sont imposées. C'est probablement aux alentours du VIe siècle av. JC en Asie mineure, vraisemblablement en Lydie, que l'on a eu l'idée de frapper à l'avance cette monnaie (les pièces) en unités d'un certain poids, garanties (frappées) par une autorité publique, souvent représentée sur la pièce de monnaie. Il n'était donc plus nécessaire de peser à chaque fois les pièces, la valeur étant garantie. On dit que c'est le roi Crésus qui en a eu l'idée le premier, l'or étant abondant en Lydie, notamment dans le fleuve Pactole.

Cette monnaie va se répandre rapidement au Proche-Orient et tout autour de la Méditerranée, notamment dans le Monde grec. Pourquoi a-t-on choisi de préférence, dans un grand nombre de civilisations, des monnaies métalliques alors qu'a priori, comme le montre l'histoire des monnaies primitives, n'importe quel bien matériel pouvait servir de monnaie, du moment que l'on se mettait d'accord ? Il semble que la forme métallique ait été privilégiée en raison de ses avantages nombreux : elle est relativement rare, elle est parfaitement divisible (en pièces d'un même poids par exemple), elle est tout à fait homogène, elle a un caractère durable, et représente une forte valeur sous un petit volume.

L'apparition de la monnaie s'accompagne donc du développement du commerce, puisque les coûts de l'échange ont diminué. C'est, par exemple, ce qui s'est produit notamment autour de la Méditerranée, dans la période grecque. Cette multiplication des échanges est un facteur de paix et de relations pacifiques entre les peuples, car on peut échanger, du moment que l'on est d'accord sur la monnaie acceptée en contre-partie, même si l'on n'est pas d'accord sur le plan politique.

Pourtant, ces chocs n'ont pas suffisamment perturbé l'équilibre ancien et, pour l'essentiel, l'activité économique n'est pas modifiée : le processus de croissance ne s'est pas mis en route et il n'y a pas de véritable création durable de richesses. C'est d'autant plus vrai que, par la suite, les Romains sont pour leur part avant tout guerriers, bâtisseurs et juristes, plus que commerçants. Ils vivent encore largement dans une logique de conquête plus que d'échange. Certes, la paix romaine favorisera les échanges d'un bout à l'autre de l'Empire, mais cela ne sera pas suffisant.

Leur influence ultérieure, sur le plan institutionnel, via le droit romain, sera considérable, mais l'activité économique restera longtemps encore traditionnelle. L'insécurité, qui accompagne la chute de l'empire romain, ne favorise guère le développement économique, mais accentue la régression.

§ 2. LE MOYEN-ÂGE CHRÉTIEN

Après la disparition de l'empire romain et la période de déséquilibre qui s'ensuit, en raison de la disparition de la sécurité et de la stabilité institutionnelle, va apparaître peu à peu un nouvel équilibre, celui du Moyen-Age chrétien, car l'église est la seule institution qui survive à la chute de l'empire romain. Il a trois caractéristiques essentielles :

Un idéal de modération économique

L'imprégnation des idées chrétiennes fait que l'activité économique passe au second plan par rapport aux valeurs spirituelles. Elle n'est pas une fin en soi et la hiérarchie des valeurs place la lutte individuelle contre la rareté après les valeurs de solidarité ou de spiritualité : c'est la communauté qui, bien souvent, prime l'individu. Bref, l'économie est chose seconde ; elle doit rester à sa place et être modérée et souvent l'individu s'efface devant le groupe. On est encore largement dans une société close, fermée.

Certes, l'activité économique n'est pas méprisée, mais les personnages clefs et respectés peuvent être le moine ou le chevalier, et pas, à l'évidence, l'entrepreneur, le banquier ou le marchand. L'activité économique ne prend en outre sa signification que dans le groupe auquel on appartient (domaine, corporation).

Une organisation féodale et corporative

Dans les campagnes, qui concernent 90 % de la population active, c'est le statut foncier qui est déterminant. Il convient non seulement de cultiver les terres, mais encore d'en assurer la sécurité, d'où le rôle de la féodalité. La terre doit être cultivée à l'abri des troubles (guerres, pillages) et c'est le seigneur qui assure cette sécurité militaire. C'est un exemple d'imbrication du pouvoir politique et de l'activité économique. Dans le domaine se produit en quelque sorte un échange du travail contre la sécurité (militaire et économique) assurée par le seigneur.

Dans les villes, qui se constituent peu à peu, de manière indépendante, ont lieu des activités non agricoles, notamment artisanales. Les professions sont organisées en corporations, qui s'occupent des conditions d'accès à la profession (sélection), comme des techniques de production (normalisation des marchandises), ou de la solidarité entre les membres d'une profession (protection sociale). Si les prix, ou les salaires, sont libres pour l'essentiel, ils doivent aussi être justes, équitables.

Tout ce système contribue grandement à la réalisation de l'idéal de modération économique. Mais il deviendra contraignant plus tard, lorsque les techniques évolueront plus vite, et que certains chercheront à échapper aux règles des corporations, pour innover plus librement. Le combat entre corporations et production libre se poursuivra même jusqu'à la fin du XVIIIe siècle, où les corporations seront définitivement abolies.

L'autarcie

Au sein du domaine se déroule l'essentiel des échanges ; ceux-ci sont rarement monétaires. On ne produit pas d'abord pour vendre, mais pour l'autoconsommation. La monnaie fait seulement le lien avec les villes. Par contre, dans ces villes, la monnaie joue un rôle plus important, mais les échanges restent très limités géographiquement : le système économique est clos, autarcique. Les monnaies sont d'ailleurs locales.

Ce schéma va se modifier peu à peu, car les communications à longue distance vont reprendre avec un certain retour de la sécurité des personnes et des biens (et en particulier des voies de communication). Cela signifie la reprise des échanges économiques avec le Proche Orient et le développement en Europe des grandes foires du Moyen-Age, où l'on échange des produits de toutes provenances.

Tout cela entraîne le développement d'une activité nouvelle, qui repose sur le commerce et qui échappe en général aux règles strictes des corporations. Ce développement commercial contribuera, à la fin du Moyen-Age, à la rupture de l'équilibre économique antérieur. Il sera surtout sensible au XIIIe siècle, reculera au XIVe siècle avec la peste noire, et reprendra au XVe, ouvrant la porte aux Temps modernes et au développement économique.

SECTION II. LES PREMIERS PAS DE LA PENSÉE ÉCONOMIQUE

§ 1. L'ANTIQUITÉ

La pensée grecque

Il n'existe, au sens strict du terme, chez les grecs ni économistes, ni pensée économique autonome. Par contre, les philosophes grecs, réfléchissant à l'organisation de la cité, envisagent certains aspects économiques.

Platon préconise un communisme intégral qui exclut la propriété privée et prévoit l'éducation en commun des enfants. Les esclaves et les classes inférieures sont chargés des tâches dégradantes, c'est-à-dire économiques, tandis que l'homme libre s'occupe de politique. Les gardiens, à la fois gouvernants et philosophes, ne peuvent exercer de fonction productive. L'économie n'est donc pas faite pour l'homme véritablement libre. Elle n'est pas un idéal, comme la politique. Activité économique et travail sont méprisés, et réservés aux classes inférieures et aux esclaves.

Aristote est moins porté vers les utopies que Platon. Il est d'ailleurs le père de la philosophie réaliste. En particulier, il considère que la communauté des biens fait disparaître le principal stimulant du travail et qu'elle constitue une source de conflits : on gère mieux ce qui vous appartient en propre, argument « d'exclusivité » qui sera repris plus tard par tous les défenseurs de la propriété privée, car le propriétaire subit les conséquences de sa gestion. En outre, la propriété privée est facteur d'ordre et de paix. Il défend donc la propriété privée. Mais l'activité économique en général reste suspecte.

En réalité, il distingue l'économie au sens strict de la chrématistique (ou acquisition des biens ou des richesses). L'économie, c'est la production dans un but d'autoconsommation directe, familiale ; elle est légitime et naturelle. Dans la chrématistique, il distingue celle qui est nécessaire de celle qui ne l'est pas. La première est l'échange au premier degré, vente de sa production ou achat pour sa propre consommation : celle-ci est donc nécessaire. La seconde n'est que l'achat pour la revente, c'est-à-dire le commerce, qui est pour Aristote anti-naturel et ne répond à aucune nécessité.

Cette condamnation du commerce aura par la suite beaucoup d'influence sur la pensée économique, qui analysera souvent, à tort, l'activité commerciale comme improductive. Cette idée – fausse – est encore très répandue aujourd'hui où l'on considère bien souvent le commerce en particulier, et le tertiaire en général, comme des secteurs qui ne créent pas réellement de richesses nouvelles, alors que le commerce en soi est une activité créatrice de richesses, car chacun des échangeurs n'a pas la même opinion de la valeur du bien. Chacun est donc gagnant dans l'échange qui n'est pas un jeu à somme nulle, puisqu'on offre un bien auquel on attribue moins de valeur pour acquérir un bien qui nous semble plus désirable : l'échange libre est donc gagnant-gagnant.

La période romaine

Il y a très peu d'écrits économiques, en dehors de textes sur l'économie rurale, glorifiant le rôle de l'agriculteur. Les romains ne sont guère des commerçants; ils préfèrent souvent la conquête à l'échange, même si la paix romaine pourra, ici ou là, favoriser le développement du commerce.

Par contre, le monde romain a eu un impact important, considérable même, notamment par l'intermédiaire du droit, sur le développement économique ultérieur, en introduisant des concepts concernant les contrats, le droit de propriété, etc., qui joueront un rôle fondamental dans la suite de l'histoire économique. Les Romains préparent ainsi le cadre juridique qui favorisera le décollage économique. Ils mettent ainsi l'accent sur le fait qu'il n'y a pas de développement économique sans institutions pour les favoriser, sans un état de droit qui permette les échanges et débouche sur la prospérité. Les institutions fixent les règles du jeu et apportent des informations sur ce qu'il est possible de faire à chacun des intervenants.

§ 2. LE MOYEN-ÂGE

Ici encore, il n'y a pas d'économistes, mais de nombreux penseurs chrétiens, des théologiens cette fois, qui, cherchant des règles morales inspirées du droit religieux, le droit « canon », en tireront des conséquences pour les comportements économiques. Ils ne font pas de théories économiques, ils cherchent avant tout à résoudre des cas de conscience. Mais ces théologiens ne vont véritablement comprendre le monde réel, et notamment économique, qu'en intégrant à leurs analyses religieuses la dimension philosophique : c'est en réintroduisant Aristote dans la pensée occidentale qu'ils vont faire progresser les idées politiques et économiques.

Cette intégration a été préparée, en particulier au XIIe siècle, par les penseurs arabes, comme Averroès (1126-1198) : ce philosophe andalou a réintroduit Aristote et la philosophie grecque dans la pensée européenne. Cet européen arabe a eu une influence limitée sur la pensée musulmane, alors qu'il joua un grand rôle pour favoriser l'intégration de cette philosophie dans la pensée chrétienne, même si averroistes et chrétiens vont s'opposer sur bien des points, en particulier à la Sorbonne. Certes, il existe un débat pour savoir si les traductions d'Aristote ne sont pas arrivées aux chrétiens par d'autres canaux (comme les moines du Mont Saint-Michel). Mais l'essentiel est dans le fait qu'à la même époque, les musulmans (avec Averroès), les juifs (avec Maïmonide) et les chrétiens, renouent avec la philosophie grecque.

Du côté chrétien, c'est surtout le cas des scolastiques, et en particulier de saint Thomas d'Aquin (1225-1274), notamment dans la Somme Théologique, qui est à la fois théologien et philosophe.

On peut relever quelques thèmes qui auront une grande importance par la suite :

• La condamnation du prêt à intérêt. Il faut d'abord comprendre que le crédit est avant tout à l'époque un crédit à la consommation, ce qui éclaire cette réprobation : le crédit sert à certaines personnes pour survivre. Ensuite, l'analyse qui sous-tend cette condamnation est juste : le taux d'intérêt récompense le temps, c'est-à-dire le fait d'avoir momentanément renoncé à l'usage de la monnaie. Or le temps appartient à Dieu et il ne peut donc être rémunéré aux hommes.

Ce qui, par contre, n'a pas été pressenti, c'est le fait que l'argent, la monnaie était un bien productif et donc que sa rémunération était ainsi légitimable : elle rend des services, comme le fait une maison par exemple, pour laquelle un loyer est reconnu légitime. Chez les chrétiens, la condamnation du prêt à intérêt sera progressivement levée, à partir du XVIe siècle, chez les protestants, puis chez les catholiques. En revanche chez les musulmans, dans la charia, le prêt à intérêt reste aujourd'hui interdit.

• La réhabilitation de l'activité économique. Le travail n'est plus condamné ; il est au contraire la réponse à un ordre divin, celui de gouverner la terre et de la soumettre (C'est le « Dominez la terre » de la Genèse, dans la tradition judéo-chrétienne). En outre, les références religieuses glorifient notamment le rôle du travail manuel (saint Joseph artisan en particulier). Il y a donc là une rupture par rapport à l'Antiquité ; même si l'activité économique doit rester à une place limitée et secondaire, l'homme a pour mission d'achever la Création en dominant la terre, ce qui justifiera l'effort économique ultérieur. Contrairement à Aristote, même l'activité commerciale peut être ordonnée à une fin honnête et nécessaire, si elle reste modérée.

• La propriété privée. Saint Thomas justifie la propriété privée, en particulier parce que « chacun donne à la gestion de ce qui lui appartient en propre des soins plus attentifs qu'il n'en donnerait à un bien commun à tous ou à plusieurs; parce que chacun évite l'effort et laisse le soin aux autres de pourvoir à l'œuvre commune ». En outre, c'est un facteur de paix et cela évite d'inutiles conflits. C'est également un facteur d'ordre, puisque chacun sait ce qu'il doit faire. Il reprend donc, pour l'essentiel, l'argumentation d'Aristote. Mais si la propriété privée est légitime, tout usage ne l'est pas, en particulier parce qu'il existe un devoir de partage avec les nécessiteux. C'est l'idée de destination universelle des biens, qui contrebalance le droit de propriété.

• Les notions de juste prix et de juste salaire. L'idée est celle d'un équilibre entre les besoins des uns et des autres : par exemple un prix qui récompense l'activité du producteur, sans léser l'acheteur. De nombreux exemples montrent que cette notion, avant tout morale, reste un peu floue sur le plan économique, même si on tourne autour de la notion de prix de marché. Par la suite d'ailleurs certains croiront, à tort, devoir tirer cette notion vers un concept objectif, du type coût de production. Au contraire, d'autres, en particulier les scolastiques espagnols tardifs (l'école de Salamanque) assimileront juste prix et prix de marché : le prix est juste quand les conditions de son établissement sont justes (pas de fraude, ni de manipulation, en clair des conditions de concurrence libre) : ces thèses influenceront par-là, plus tard, les moralistes écossais et enfin l'école classique à travers Adam Smith.

Au total, il n'y a évidemment pas dans cette pensée un système économique, encore moins une théorie économique, mais des réflexions d'ordre moral sur la vie ou les institutions économiques. L'influence de l'Église catholique sur ce point sera considérable et se renouvellera, notamment à partir de la fin du XIXe siècle, dans ce que l'on appelle la Doctrine Sociale de l'Église, à partir de Rerum Novarum de Léon XIII (1891) ou l'Église adaptera ces notions au monde industriel, en particulier face à la condition sociale des ouvriers.

Depuis cette date, sa réflexion éthique sur l'économie se développera, en général à l'occasion des dates anniversaires de cette première encyclique sociale. Pie XI, Pie XII, Jean XXIII et Paul VI étendront peu à peu cette morale économique jusqu'aux questions du développement, considérant que la question sociale est devenue mondiale. Enfin Jean-Paul II complétera ce point de vue éthique sur l'économie par des réflexions sur le travail (*Laborem exercens*, 1981), sur le développement (*Sollicitudo rei socialis*, 1987) et sur le marché et la liberté économique (*Centesimus annus*, 1991). Benoît XVI fera de même en 2009 avec une encyclique sur la mondialisation (*Caritas in Veritate*).

L'influence du thomisme est sensible sur l'ensemble de cette doctrine sociale de l'Église. Mais celle-ci veut rappeler aux hommes que l'économie doit obéir à des règles du jeu, en particulier sur le plan éthique, et surtout que l'homme ne se résume pas à la vie économique : il « ne vit pas seulement de pain », et, si l'économie est légitime, elle doit aussi être remise à sa place en n'étouffant pas les autres dimensions humaines, en particulier culturelles et spirituelles. Ce message, issu de la tradition chrétienne et adapté aux conditions nouvelles de l'économie aux XIXe et XXe siècles, est toujours essentiel aujourd'hui au XXIe siècle pour rappeler, au-delà des considérations techniques, le sens profond de la vie économique et la hiérarchie des valeurs : l'économie doit être au service de l'homme.

CHAPITRE II

LE DÉVELOPPEMENT DES ÉCONOMIES INDUSTRIELLES

SECTION I. LES FAITS ÉCONOMIQUES

§ 1. LES FACTEURS DE L'ACCÉLÉRATION

La période qui va du Moyen-Age à la Révolution industrielle (XVIe, XVIIe, XVIIIe siècles) est essentiellement une période d'accélération, pendant laquelle plusieurs mutations interviennent : on passe avant tout d'un jeu économique à somme nulle vers un jeu à somme positive ; c'est l'apparition de la croissance économique.

Une révolution des idées

C'est d'abord la Renaissance, avec une nouvelle conception de l'homme, plus tournée vers un certain affranchissement par rapport à la nature, vers ce qui se passe sur la terre, avec un goût des richesses et une laïcisation progressive de la société. L'homme change sa vision du monde et sa relation à la création.

Sur le plan religieux, la Réforme va accentuer ce phénomène : dans la recherche des richesses, l'homme peut s'en remettre à sa seule conscience ; l'effort économique individuel est ainsi justifié, rompant avec la vision plus communautaire du Moyen-Age. Certains auteurs, comme Max Weber, (« L'éthique protestante et l'esprit du capitalisme ») vont même plus loin et attribuent au protestantisme et aux protestants un rôle fondamental dans le développement économique des siècles suivants et, plus tard, dans celui du capitalisme.

C'est une analyse en partie discutable et on peut aussi soutenir que toute la pensée judéo-chrétienne contenait déjà cette idée de participation de l'homme à la création, de domination de la terre, et donc, ici, de développement économique. En outre, les historiens montrent que le développement du capitalisme a commencé bien avant la Réforme, dès le XIIIe siècle, tandis qu'ensuite bien des régions catholiques se sont développées plus vite que certaines régions protestantes. Un économiste comme M. Novak, à la fin du XXe siècle, montre combien ces thèses de Weber sont réductrices et démontre qu'il n'y a pas d'incompatibilité entre la pensée catholique et le développement du système capitaliste ; il parle même, à son tour, de l'éthique catholique et l'esprit du capitalisme. Il montre surtout que les valeurs qui favorisent la croissance sont universelles et ne sont pas liées à une religion donnée.

Des mutations techniques

Elles sont sensibles au niveau des communications. En particulier, les communications maritimes bénéficient des progrès de la cartographie et de la navigation. Les navires, plus solides et plus rapides, permettent de découvrir de nouvelles routes « vers les Indes », en faisant le tour de l'Afrique, mais aussi vers l'ouest, en traversant l'Atlantique. La découverte du Nouveau Monde en est la conséquence essentielle, avec notamment l'afflux d'or des Amériques vers l'Europe.

La communication de la pensée aussi connaît des progrès spectaculaires, avec le développement rapide de l'imprimerie qui facilite la révolution des idées. Certes, la Bible est imprimée en premier, mais peu à peu, les idées nouvelles se diffusent à leur tour grâce à l'imprimerie. On a pu dire alors que c'est le livre qui a changé le monde.

D'autres progrès scientifiques ont lieu, en géographie comme dans les sciences physiques. Tout cela contribue à donner aux hommes l'impression de mieux comprendre la terre au lieu d'en subir aveuglément les évolutions, ce qui favorisera l'idée de domination sur cette terre et de lutte contre la rareté, c'est-à-dire le développement économique. Mieux on comprend la planète, plus il est logique de chercher à la dominer et à la développer.

Des mutations politiques

C'est la constitution de grands États modernes, intégrés, centralisés. Cela affaiblit peu à peu les anciennes structures (féodalité, corporation) ; mais cela élargit considérablement le cadre de l'activité économique : elle se déplace du domaine à un niveau plus vaste et le marché lui-même s'élargit, même s'il est vrai qu'au Moyen-Age les frontières n'empêchaient en rien le commerce à longue distance.

En même temps, cette évolution renforce au niveau national une certaine imbrication entre le pouvoir politique et l'économie. Le prince a besoin de recettes pour ses ambitions et donc d'une économie prospère qui puisse rapporter facilement plus d'impôts. Mais il entend aussi la contrôler en partie. Cela ne manque pas d'avoir des conséquences négatives, en développant des attitudes interventionnistes qui marqueront durablement certains pays, dont la France.

§ 2. LA NOUVELLE ORGANISATION DE L'ACTIVITÉ ÉCONOMIQUE

Quatre éléments sont déterminants :

Le rôle majeur de la monnaie

Plusieurs révolutions monétaires vont intervenir dans cette période. Tout d'abord, l'afflux des métaux précieux, en provenance des Amériques, va accroître la circulation monétaire. La monnaie métallique va alors se répandre peu à peu dans toutes les économies, permettant un développement des échanges marchands (mais aussi un développement de l'inflation). La masse monétaire progresse. Elle a probablement été multipliée par huit au XVIe siècle.

Ensuite, on assiste au XVIIe siècle à l'apparition d'une nouvelle forme de monnaie, le billet de banque, émis librement par des banques commerciales. Il existe alors un véritable processus de création de monnaie, ce qui augmente à nouveau la masse monétaire et facilite ainsi le crédit émanant de banques privées, qui sont à l'origine de la création de monnaie. Les premiers billets de banque, convertibles en or, ont été crées, semble-t-il, en 1609 (Banque d'Amsterdam) et très vite on a compris qu'on pouvait créer plus de billets qu'il n'y avait d'or en réserve (1657, Banque de Suède, Palmstruck)

En même temps, le sens de l'activité économique est modifié : on produit pour vendre, pour le marché, et on cherche à accumuler la monnaie d'or et d'argent. On en arrive ainsi à perdre le sens profond de l'activité, pour s'intéresser avant tout à l'accumulation des métaux précieux, plus qu'à la production de biens. On est ainsi soumis à une sorte d'illusion monétaire, prenant le moyen pour la fin.

Le développement du commerce

C'est en grande partie une conséquence de l'accroissement de la quantité de monnaie, mais aussi du développement des relations commerciales à courte comme à longue distance, en raison d'une plus grande sécurité sur les voies de communication.

Sur le plan intérieur, cette circulation monétaire accrue permet le développement du commerce, et elle a pour conséquence l'apparition d'une nouvelle classe de commerçants, non liés par les règles des corporations, et menant leurs activités grâce au crédit.

Sur le plan extérieur, les relations concernent aussi bien l'Orient et l'Extrême-Orient que le Nouveau Monde ; cependant, les commerçants ont du mal à mener ces activités de manière isolée : le coût en est considérable, mais aussi les risques très élevés. Ces marchands cherchent donc à se regrouper, ce qui donne naissance aux grandes compagnies (compagnie des marchands aventuriers, diverses compagnies des Indes).

Assez souvent, l'État cherche à se mêler de ces activités commerciales et l'interventionnisme est important, pour contrôler les mouvements d'or, les échanges commerciaux, parfois pour participer à la production. Par contre, le domaine monétaire, en particulier la création du billet de banque, reste largement à l'écart de cet interventionnisme économique et les banques privées, le crédit, les opérations financières se développent librement, dans un climat de concurrence monétaire. Les banques centrales n'apparaîtront que plus tard au XIXe siècle.

L'effritement de l'économie médiévale

Les domaines des seigneurs perdent peu à peu leur signification politique. Le pouvoir (fiscal, administratif, la justice, etc.) se déplace peu à peu du niveau des domaines vers celui du souverain, de l'ensemble du pays. Il reste donc essentiellement du domaine le droit de propriété sur la terre. Les Seigneurs souvent en confient la responsabilité à d'autres, qui vont désormais produire non plus pour l'autoconsommation, mais pour le marché, pour vendre.

En ville, les corporations perdent peu à peu de leur influence. Une classe de bourgeois se développe, faisant travailler pour leur compte des ouvriers salariés, échappant à la tutelle et aux règles des corporations. La lutte entre corporations et bourgeoisie se poursuivra jusqu'au XVIIIe siècle, mais peu à peu l'emprise des corporations sur l'activité économique se réduit. Et celles-ci seront définitivement abolies pendant la Révolution en 1791.

L'apparition de l'industrie

Il s'agit d'abord de l'industrie textile, puis de l'industrie métallurgique. Mais ce n'est pas en réalité l'importance de l'équipement qui caractérise l'industrie naissante. Il s'agit avant tout d'un mode juridique d'organisation.

Jusque-là, l'artisan est à la fois producteur et commerçant : il vend ce qu'il a lui-même fabriqué. Avec l'industrie, la production se distingue de la commercialisation. Les marchands font produire les biens par des travailleurs, moyennant salaire ; les relations patrons-salariés seront de plus en plus étroites au fur et à mesure des nécessités du développement technologique, en particulier lorsqu'il s'agira de mettre des équipements lourds à la disposition des ouvriers. Au lieu de travailler chez eux, les ouvriers seront regroupés en ateliers autour des machines. Ces marchands ensuite se chargent de commercialiser le produit.

D'ailleurs, ils sont eux-mêmes souvent des marchands enrichis par le négoce international. Ils savent qu'on peut d'autant plus facilement importer des marchandises pour les revendre que l'on a des capacités d'exportation ; ils ont découvert aussi qu'on pouvait importer directement des techniques de production. L'industrie se développe donc à la fois grâce aux exportations, mais aussi comme substitution aux importations. Le commerce joue en conséquence un rôle important dans le développement économique de cette période.

§ 3. LA RÉVOLUTION INDUSTRIELLE

Elle se produit avant tout en Angleterre, avant de se diffuser dans les autres pays.

La situation de l'Angleterre

Si la révolution industrielle éclate d'abord dans ce pays, c'est qu'il est le seul au XVIIIe siècle à réunir les conditions techniques, financières, politiques et juridiques de cette révolution, qui pourra se produire vers 1770.

Sur le plan technique, les Anglais développent de nouvelles techniques de production : utilisation de la vapeur dans les métiers à tisser, nouveaux procédés de fabrication de l'acier grâce au charbon. C'est donc le rôle de la machine et celui des énergies nouvelles (thermique) qui vont se combiner sur le plan technique.

Sur le plan financier, l'Angleterre, notamment grâce à sa suprématie sur les mers, a beaucoup de marchands enrichis dans le commerce international. Or les nouvelles techniques utilisent des capitaux importants : achat des machines, installation, entretien, moyens de communications pour les matières premières ou les livraisons, capacité à prendre des risques.

Sur le plan politique, l'Angleterre a connu en premier, dès le XVIIe siècle, des révolutions conduisant à l'affaiblissement du pouvoir royal. Le parlement joue un rôle de plus en plus important, garantissant les libertés individuelles et notamment économiques, et supprimant peu à peu les contraintes qui existaient jusque-là et empêchaient le développement de nouvelles activités économiques.

Sur le plan juridique enfin, c'est l'évolution du statut de la terre qui jouera un rôle déterminant. Longtemps, notamment au Moyen-Age, les terres étaient mal délimitées, ouvertes à tous, parfois communes ; des troupeaux d'animaux pouvaient les traverser ou en bénéficier, permettant la survie d'une population de non propriétaires, ce qui est conforme à la tradition de solidarité et de communauté du Moyen-Age. Mais peu à peu les nouveaux propriétaires fonciers ont cherché à rentabiliser les terres et donc à produire plus.

En particulier, la loi sur les enclosures leur a permis de bien délimiter les terres et de les clore. Conséquence positive : les propriétaires vont exploiter beaucoup plus rationnellement ces terres, accroissant la productivité agricole et la production, puisqu'ils étaient sûrs de bénéficier du fruit de leurs efforts (l'analyse économique des droits de propriété montre en effet que la propriété privée, par les phénomènes d'exclusivité d'une part, de transférabilité de l'autre, assure, lorsqu'elle est bien garantie, une gestion optimale : on gère au mieux de ses capacités, puisqu'on subit les conséquences de sa gestion – exclusivité – et on peut transférer la propriété à ceux qui pensent pouvoir mieux la gérer – transférabilité).

Conséquence négative ensuite : ceux qui vivaient sur des terres communes, accessibles à tous, ne pourront plus le faire et vont devoir peu à peu quitter les campagnes pour se réfugier dans les villes. L'industrie va y trouver une main d'œuvre abondante et bon marché, tandis que l'agriculture plus prospère permet peu à peu de nourrir un monde industriel et urbain en progression rapide. Les traditions – rurales – de solidarité et de communauté ne se retrouvent pas de la même façon dans les villes.

De plus, la meilleure garantie des autres formes de propriété (notamment, dans l'industrie, des inventions techniques) permet à ceux qui le veulent de mieux exploiter leurs innovations, puisqu'ils sont sûr d'en recueillir les fruits, leurs propriétés « intellectuelles » étant garanties (exclusivité), tandis que, par le phénomène de la transférabilité, d'autres peuvent revendre ces inventions à des industriels qui les exploiteront plus efficacement qu'eux. C'est le phénomène des brevets qui va inciter à l'innovation La meilleure garantie des droits de propriété a, là aussi, joué un rôle déterminant dans le développement industriel de l'Angleterre.

La situation des autres pays

Cette révolution industrielle va peu à peu se transmettre à un certain nombre d'autres pays, ceux-ci ne bénéficiant pas au départ de la même situation privilégiée que l'Angleterre. Parfois, comme en France, la réforme agraire n'a pas eu lieu; les thèses de l'individualisme ou de la liberté économique ne produiront des effets concrets qu'au début de la révolution et surtout vers 1830 avec la monarchie de juillet. D'autres pays sont handicapés par leur faible taille (Hollande), par leur unité politique très tardive ou incomplète (Allemagne, Italie), par leur jeunesse et leur absence de capitaux (États-Unis).

Ce n'est donc que progressivement que la révolution industrielle va se transmettre de l'Angleterre aux autres pays. C'est le cas de la France ou de la Belgique vers 1830-40, des États-Unis vers 1850, de l'Allemagne un peu plus tard. Ensuite, hors d'Europe, le mouvement gagnera le Japon à la fin du XIXe, ainsi que le Canada. La Russie sera touchée au tournant du siècle. Ainsi, la révolution industrielle va peu à peu concerner l'Europe, l'Amérique du Nord, le Japon. Partout, l'élément nouveau est la création de richesses, pouvant profiter à tous, la fin du jeu à somme nulle. La croissance devient le phénomène majeur.

Par contre, de vastes continents resteront pratiquement à l'écart de cette révolution industrielle : l'essentiel de l'Asie, l'Afrique, l'Amérique latine, constituant beaucoup plus tard ce que l'on appellera (au XXe siècle) le tiers-monde non développé, resté longtemps à l'écart de la croissance, et aujourd'hui en développement. Il se produit donc une double rupture avec la révolution industrielle : rupture dans le temps avec l'apparition de la croissance; rupture dans l'espace, entre les pays qui ont connu cette révolution industrielle et les autres.

SECTION II. LA PENSÉE ÉCONOMIQUE

Dans le foisonnement des idées et des courants de pensée que l'on observe pendant toute cette période, on peut mettre en évidence quelques points forts, quelques étapes essentielles, ici encore sans souci d'exhaustivité : les mercantilistes, puis les physiocrates, les classiques et enfin les socialistes.

§ 1. LES MERCANTILISTES

Les fondements de la doctrine mercantiliste

Sur le plan chronologique, c'est l'un des premiers courants de pensée strictement économique, allant du XVIe au début du XVIIIe siècle, au sens d'un courant relativement autonome, contrairement à ce que l'on observe dans les périodes précédentes. Il repose sur l'idée suivant laquelle la monnaie d'or et d'argent constitue la seule richesse désirable et donc le véritable but de l'activité économique, et ceci au niveau des individus comme des États.

Cette doctrine est donc monétaire. Le rôle privilégié est joué par les encaisses métalliques. Les mercantilistes soulignent les avantages de l'or comme intermédiaire des échanges ou réserve de valeur (divisibilité, durabilité, inaltérabilité, forte valeur sous un petit volume, etc.). Dans ces conditions, les problèmes de production de biens et services deviennent secondaires, car c'est l'accumulation monétaire qui rend une nation riche.

La doctrine est également nationale, en raison du stock limité d'or à un moment donné : l'enrichissement d'une nation ne peut se faire qu'au détriment des autres, comme dans un jeu à somme nulle. Si un pays gagne de l'or, c'est qu'un autre en perd. C'est une idée qui marquera longtemps la réflexion économique. Encore aujourd'hui, nombreux sont ceux qui pensent – à tort – que tout enrichissement d'un pays ou d'une entreprise se fait nécessairement au détriment des autres, négligeant tout le processus de création de richesses nouvelles. En réalité, on sait aujourd'hui que c'est faux et que l'échange bénéficie aux deux parties, en favorisant la création de richesses nouvelles. Nous ne sommes pas dans des jeux à somme nulle, mais à somme positive.

Enfin, la doctrine est largement interventionniste, car, pour aboutir à ses fins, l'État doit intervenir au niveau des frontières, du commerce, des manufactures. Le mercantilisme, surtout en France, va créer une longue tradition de protectionnisme et d'interventionnisme.

Les applications

Le mercantilisme espagnol, au XVIe siècle, est essentiellement métalliste ou bullionniste. L'Espagne (et le Portugal) exploite des mines d'or dans ses colonies d'Amérique et cet or afflue largement dans la péninsule ibérique. Le problème essentiel n'est donc pas de se procurer de l'or, mais de le conserver; d'où un protectionnisme monétaire, qui empêche les sorties d'or, semblable à une sorte de contrôle des changes. Par contre le secteur productif est négligé et affaibli, d'où un décalage entre une forte circulation monétaire et une offre de biens réduite. Dans ces conditions, le mercantilisme espagnol se heurte à une inflation massive par l'excès de monnaie en circulation, et la population en sortira appauvrie en dépit des richesses en or.

Le mercantilisme français, au XVIIe et début XVIIIe, est avant tout industriel. Les Français essaient de compenser leur manque d'or (dans leur colonies) grâce à des exportations qui vont leur permettre de s'en procurer. Il prend en réalité des formes diverses : mercantilisme agricole à l'époque de Sully (« labourage et pâturage sont les mamelles de la France »), mercantilisme industriel avec Colbert et les manufactures, mercantilisme fiduciaire sous la Régence avec l'expérience malheureuse de Law. L'ensemble est accompagné d'un important interventionnisme.

Le cas du mercantilisme de Colbert est le plus significatif. La France ne possédait pas de mines d'or dans ses colonies. Elle devait donc exporter pour se procurer cet or. Colbert aura l'idée de développer l'industrie française en aidant les manufactures existantes et en créant de nouvelles telles que la draperie, la soierie, la tapisserie, la teinturerie, la porcelaine, la savonnerie, la verrerie, la fabrication d'armes, la fabrication de navires. Certaines sont connues jusqu'à aujourd'hui comme les manufactures des Gobelins, de Sèvres ou de Saint-Étienne. Beaucoup de ces entreprises étaient propriété royale (l'équivalent de nos entreprises nationalisées) et celles qui étaient privées bénéficiaient de subventions, de prêts publics, tandis que l'État leur accordait des monopoles ou des privilèges fiscaux. Autrement dit, c'est par l'interventionnisme étatique que Colbert espère développer l'industrie, les manufactures, et, au-delà, les exportations de façon à se procurer de l'or. Cela a rendu l'économie française très interventionniste et longtemps hostile à la concurrence et au libre-échange. Cette tradition interventionniste est encore appelée le colbertisme.

Quant à l'expérience de Law pendant la jeunesse de Louis XV, elle consistait à émettre des billets de la banque Royale en espérant tirer des richesses de l'exploitation de la Louisiane. Mais les richesses ne sont pas venues et la banque de Law a fait faillite en 1720 : le mercantilisme monétaire a échoué.

Enfin le mercantilisme anglais, au XVIIe et début XVIIIe, est avant tout commercial. Les Anglais s'assurent la suprématie sur les mers (par les actes de navigation) et cherchent à se procurer de l'or par leurs activités commerciales et les transports maritimes, c'est-à-dire par des services.

Au total, le mercantilisme comporte de nombreuses faiblesses. Il part d'un contresens à propos de l'économie et de sa finalité : accumuler des métaux précieux, au lieu de produire des biens pour répondre à des besoins. La monnaie n'est qu'un moyen, mais le but de l'économie est de répondre à des besoins, non d'accumuler des métaux précieux. Dans sa forme espagnole, les conditions d'offre sont largement négligées d'où l'inflation. Dans sa forme française, il est à l'origine d'un important interventionnisme qui a eu longtemps des conséquences sur la centralisation économique et a entraîné un certain refus de la concurrence (protectionnisme, monopoles publics). En outre, dans sa vision trop globale et nationale, il oublie qu'au-delà des apparences globales, il existe tous les intérêts micro-économiques, privés, qui fondent réellement la richesse des nations.

Mais le mercantilisme a joué un rôle considérable à son époque et il représente l'une des premières tentatives pour instaurer une réflexion économique relativement autonome. Il faudra cependant, peu à peu, oublier l'apparence monétaire pour se tourner vers la réalité des productions.

§ 2. LES PHYSIOCRATES

Les physiocrates constituent une école qui se développe dans la deuxième moitié du XVIIIe siècle. Son représentant le plus célèbre est François Quesnay (1694-1774), médecin à la Cour du Roi, philosophe et économiste qui a participé à l'encyclopédie. Il cherche les lois du corps social par comparaison à celles du corps humain, en particulier en assimilant circulation des richesses, des flux économiques et circulation du sang dans le corps humain. Son « Tableau économique » parait en 1758 avec un commentaire d'un autre physiocrate, le marquis de Mirabeau (Mirabeau père). Parmi les autres physiocrates célèbres, on notera Dupont de Nemours, l'Abbé Baudeau, Vincent de Gournay, Turgot).

Cette école met l'accent sur la recherche de lois naturelles en considérant notamment que la valeur de toute chose vient de la nature (physiocratie : littéralement, le pouvoir de la nature). Cela l'amène à donner à l'agriculture une place prépondérante, en considérant qu'elle est la seule à dégager des richesses nouvelles, le produit net. La terre est donc le facteur de production fondamental. Ceux qui ne participent pas aux activités agricoles appartiennent à la classe stérile.

Le tableau économique du Dr Quesnay résume cette situation, en ouvrant la porte à la fois aux théories de la répartition et à celles de l'équilibre global. La vie économique s'organise autour de trois pôles :

- la classe productive, qui est celle des agriculteurs et qui fait naître la richesse annuelle,
- la classe des propriétaires fonciers (noblesse, clergé, etc.) qui vit des redevances versées par les producteurs agricoles,
- la classe stérile (artisans, industriels, professions libérales, commercants, financiers, etc.), c'est-à-dire tous ceux qui travaillent en dehors de l'agriculture, qui vit grâce aux dépenses payées par le surplus agricole.

Les agriculteurs dégagent un produit net, par exemple 5 milliards de francs en une année. Ils en conservent une partie (ex. 2 milliards) pour leur autoconsommation et pour le renouvellement ultérieur de la production. Ils vont donc pouvoir dépenser le reste (3 milliards). Ils vont en consacrer une partie (ex. 2 milliards) à verser des redevances aux propriétaires fonciers et le reste (1 milliard) à acheter des biens et des services à la classe stérile.

Les propriétaires fonciers utilisent les 2 milliards ainsi gagnés d'une part à acheter des biens agricoles aux agriculteurs (ex. 1 milliard), de l'autre à acheter des biens et des services à la classe stérile (ex. 1 milliard). Enfin, cette dernière, ayant reçu 2 milliards, les utilise à acheter des biens alimentaires aux agriculteurs.

Ce schéma très élémentaire contient en réalité beaucoup d'éléments importants pour la suite de la réflexion économique. On y trouve une analyse en termes de pôles économiques (ce qui donnera plus tard les agents économiques) et de flux qui circulent entre ces pôles. Ces flux sont des flux monétaires, qui ont pour contrepartie des marchandises ou des services.

En outre, l'analyse débouche sur la notion d'équilibre : équilibre global, entre les flux de production et de dépense ; équilibres d'agents, puisque pour chaque classe les recettes et les dépenses s'équilibrent.

Puisque l'agriculture est la seule source véritable de création de richesses, c'est elle qu'il convient d'encourager, de favoriser, y compris par la fiscalité. On en trouve certaines applications notamment dans la politique de Turgot, sous Louis XVI, en 1774. Il cherchera à établir la liberté du commerce et de l'industrie, en supprimant un certain nombre de privilèges et d'obstacles aux échanges, y compris en supprimant les corporations pour rétablir la liberté du travail, du choix d'une profession ; et en organisant la libre circulation des grains. Mais il se heurtera à de vives résistances.

Plus généralement, les physiocrates sont favorables à une liberté économique dans tous les domaines. Le libéralisme caractérise ce courant par contraste avec les mercantilistes qui étaient interventionnistes. Turgot reprendra en particulier la formule de Legendre, exprimée un siècle plus tôt devant Colbert : « Laissez-nous faire ». C'est ce qu'il écrira dans un article de l'Encyclopédie « Laissez-les faire, voilà le grand, l'unique principe ».

C'est l'origine de la fameuse formule : « Laissez faire, laissez passer », que l'on doit avant tout à Vincent de Gournay, formule qu'il faut écrire à l'impératif, car elle est entendue au sens de « laissez-nous faire ». C'est évidemment le double principe de la liberté de production (laissez faire) et de la liberté du commerce (laissez passer), et c'est l'ancêtre de ce que l'on appellera plus tard, dans le Code civil, la liberté du commerce et de l'industrie.

Par ailleurs, Turgot, dès le jour même de sa nomination, mettait en garde Louis XVI contre les dépenses excessives de l'État : « point de banqueroute ; point d'augmentation d'impôt ; point d'emprunt. Pour remplir ces trois points, il n'y a qu'un moyen. C'est de réduire la dépense au dessous de la recette ». Et donc on a déjà ici une représentation du libéralisme tel qu'on le retrouvera au XIXe siècle et en particulier de la nécessité de réduire le rôle de l'État. Turgot annonce déjà les économistes qui suivront comme Say ou Bastiat.

Mais Turgot sera victime de tous les blocages et de tous les conservatismes et ses réformes libérales, qui auraient pu changer la situation économique, mais aussi politique, en cette deuxième moitié du XVIIIe siècle, devront être abandonnées dès 1776 : après son limogeage, les corvées et jurandes seront en partie rétablies et la liberté du travail disparaîtra avec le retour des corporations, qui empêchent une libre installation dans les professions. Ses successeurs, à commencer par le banquier suisse Necker, augmenteront les dépenses publiques donc la dette. Il faudra alors convoquer les états généraux pour augmenter les impôts, ce qui débouchera sur la Révolution française. Si les réformes de Turgot avaient été poursuivies, peut-être l'Histoire aurait été différente.

Il est possible de mettre en lumière certaines faiblesses évidentes de cette école. Ils ont largement ignoré la révolution industrielle qui commençait alors, notamment en Angleterre, en glorifiant le rôle de l'agriculture, alors que son déclin allait commencer. Ils ont surtout limité leur vision économique, en raison d'une illusion d'optique, à la seule agriculture. Or tous les secteurs économiques (industrie ou services) sont productifs. Tous dégagent une valeur (valeur ajoutée), même s'ils ne font que transformer des biens. Les physiocrates ont été soumis à l'illusion suivant laquelle seule l'agriculture multiplie la matière ; mais, ce qui crée des richesses, c'est l'action des facteurs de production (travail, capital, entrepreneur) qui permettent d'ajouter une valeur aux consommations intermédiaires.

Par contre, leur impact est considérable dans plusieurs domaines ; d'abord, ils ont ramené le débat économique du domaine monétaire, où les mercantilistes l'avaient enfermé, vers le domaine réel, celui de l'offre de biens, même s'ils l'ont limité aux biens agricoles. Ensuite, ils ont eu aussi une influence sur des courants macro-économiques, avec leur analyse du circuit, de la circulation des richesses. On peut y voir également une origine lointaine de la comptabilité nationale qui se développera au XXe siècle en termes d'agents, de comptes, d'équilibres.

Mais, surtout, leur libéralisme économique tranche avec les analyses jusque-là plus interventionnistes. Ce libéralisme aura une influence proche, au début de la Révolution, notamment sur le décret d'Allarde (17-3-1791), qui abolit les corporations. Cela posera d'autres problèmes, car les circonstances étaient plus favorables sous Turgot et, surtout, la Révolution interdit tout regroupement volontaire, ce qui posera de nombreux problèmes au XIXe siècle (loi de Chapelier du 20-7-1791) : pas d'associations, pas de syndicats. Au lieu de la simple liberté professionnelle, tant attendue, c'est une interdiction générale des regroupements de toute nature qui intervient, empêchant le développement des associations et en particulier de la protection sociale volontaire, ce qui marquera tout le XIXe siècle.

Il restait cependant à adapter ce libéralisme aux conditions nouvelles d'une économie industrielle, ce qui sera le rôle essentiel des économistes classiques.

§ 3. LES CLASSIQUES

Il faut faire une mention particulière pour le fondateur de l'école classique, Adam Smith, avant d'étudier les classiques anglais, puis les classiques français.

1. Adam SMITH (1723-1790)

C'est le véritable père fondateur de l'école classique et de l'économie politique moderne ; c'est un économiste écossais, auteur de « la Richesse des nations », en fait « Recherche sur la nature et les causes de la richesse des nations », ouvrage publié en 1776. Dans l'ensemble de ses analyses, on peut relever, en guise d'illustration, sa théorie de la valeur, celle de la répartition, enfin son analyse de l'organisation sociale et du marché.

Mais il faut noter avant tout que Smith, avant d'avoir écrit la « Richesse des nations », est l'auteur d'une « Théorie des sentiments moraux » (1759). Il s'inscrit dans un courant philosophique, qui est celui des moralistes écossais. En ce sens, il ne sépare pas l'analyse économique des réflexions morales et s'inscrit indiscutablement dans la lignée des économistes ayant des préoccupations éthiques. Économie, éthique, institutions sont pour lui indissociables, le tout dans une perspective libérale. Entre ses deux grands ouvrages, il est venu en France, a rencontré les physiocrates et s'est inspiré de leur libéralisme.

Théorie de la valeur

On retrouve là l'une des préoccupations constantes des économistes. Sur quoi repose la valeur des biens ? Pour A. Smith, il faut distinguer une valeur d'usage et une valeur d'échange. La première dépend avant tout de l'utilité sociale du bien ; la seconde dépend d'abord de la quantité de travail nécessaire à la production d'un bien. Les deux, pour lui, ne coïncident pas et l'eau, par exemple, peut avoir une forte valeur en usage et une faible valeur en échange. Ce sera l'inverse pour le diamant. Mais pour Smith, l'essentiel sera la valeur en échange, dominée par la notion objective de valeur travail. L'échange de biens est donc avant tout l'échange du travail nécessaire à leur production. Conception limitative, mais qui place le travail au centre de l'activité économique (A. Smith insistera par ailleurs sur le rôle de la division du travail dans l'économie, à l'aide du célèbre exemple d'une fabrique d'épingles : si un ouvrier devait seul faire toutes les opérations nécessaires à la fabrication des épingles, il n'en produirait que quelques unes par jour. Au contraire, la division du travail, la spécialisation des tâches permet de produire des milliers d'épingles, chacun étant plus performant dans sa spécialité et ne perdant pas de temps à changer d'occupation. La division du travail est pour lui à l'origine de la création de richesses, chacun se spécialisant dans une tâche et devenant dépendant des autres pour les biens et services qu'il ne produit pas lui-même, ce qui permet de produire beaucoup plus que si l'on voulait tout fabriquer soi-même, sans l'aide des autres).

Théorie de la répartition

C'est un autre thème important étudié par les économistes : comment se répartissent les revenus ? Adam Smith avance une théorie fonctionnelle de la répartition, c'est-à-dire suivant laquelle les revenus dépendent des fonctions économiques, de l'apport en facteur de production de chacun.

A chaque facteur correspond donc un revenu spécifique :

- au travail apporté par les salariés correspond le salaire;
- à la terre apportée par les propriétaires fonciers correspond la rente (« la rente foncière ») ;
- au capital apporté par les « capitalistes » correspond le profit.

Dans la suite de l'histoire de la pensée économique, cette théorie évoluera sur plusieurs points, mais le principe de la répartition fonctionnelle restera déterminant : ce sont les fonctions de chacun qui déterminent les revenus, qui sont donc des revenus de facteurs. Par contre, la terre n'est plus considérée aujourd'hui comme un facteur spécifique ; elle n'est qu'un élément du capital parmi d'autres. Une distinction est en revanche opérée entre la rémunération du capital, qui est en fait l'intérêt, et celle de l'entrepreneur, celui qui prend des risques en combinant les autres facteurs de production, qui innove, qui anticipe, qui coordonne, ce qui est le profit.

En outre, la conception du salaire a radicalement changé. Pour Smith, comme pour d'autres classiques, le salaire se fixe automatiquement à une sorte de minimum alimentaire, les évolutions sur le marché du travail – et les évolutions démographiques – ne faisant que faire varier le salaire autour de ce minimum. Sur ce point, l'évolution ultérieure des sociétés industrielles montre que cela n'a aucun sens aujourd'hui, car la progression des salaires a été considérable au fur et à mesure du développement économique, notamment en raison des gains de productivité.

Enfin, le développement du rôle de l'État, surtout au XXe siècle, entraîne, aux côtés des revenus primaires résultant de la répartition fonctionnelle, l'apparition de revenus secondaires, qui proviennent d'une répartition personnelle des revenus : il s'agit de transferts négatifs (impôts, cotisations sociales), qui réduisent le revenu primaire, et de transferts positifs (prestations sociales) qui l'accroissent.

Analyse de l'organisation sociale et du marché

Les marchés fonctionnent librement, sans entraves ; les prix sont flexibles et les facteurs mobiles. Dans ces conditions, les prix reflètent exactement les raretés. Un prix élevé indique un excès de demande ou une insuffisance d'offre, et inversement. Ces prix influencent le comportement des entreprises, qui vont se déplacer, grâce aux indications ainsi fournies, des marchés les moins rentables vers les marchés les plus rentables. Il n'y a donc pas de déséquilibre durable possible sur les marchés, où l'offre équilibre la demande grâce aux variations de prix. Les prix sont des vecteurs d'information et poussent chacun à modifier son comportement.

Dans une telle perspective, chacun se contente de poursuivre son propre intérêt : les entrepreneurs cherchent leur plus grand profit, les consommateurs leur plus grande satisfaction. Or, le mécanisme des marchés et des prix fait qu'en recherchant son intérêt, chacun contribue ainsi à l'intérêt général, puisque les entreprises fabriquent les produits les plus rentables, c'est-à-dire les plus demandés et abandonnent peu à peu ceux dont les consommateurs ne veulent plus. Ainsi une sorte de « main invisible » (qui est en réalité celle du marché et des prix) assure l'harmonisation de l'ensemble des décisions individuelles. Smith précisera d'ailleurs, dans cette logique, que ce n'est pas de la bienveillance des commerçants (bouchers, boulangers ou brasseurs) que l'on attend sa nourriture, mais du fait qu'ils poursuivent leur propre intérêt, ce qui les pousse à répondre à la demande de chacun.

Dans ces conditions, le rôle de l'État est nécessairement restreint, puisque l'activité économique est avant tout autorégulée. L'État doit donc laisser faire (liberté de production) et laisser passer (liberté du commerce). Cette analyse d'Adam Smith est essentielle, car elle pose les bases du mécanisme du marché et des institutions (comme la propriété) nécessaires à son fonctionnement, tout en définissant l'État libéral et son rôle tel qu'on le retrouvera dans les périodes ultérieures. Mais il faut bien comprendre qu'il ne s'agit pas ici « d'inventer » un système économique (celui du marché), comme les socialistes « inventeront » plus tard le système de plan, mais de décrire ce qui existe déjà, c'est-à-dire la réalité du mécanisme du marché et des prix telle qu'il fonctionne en pratique.

Le rôle de Smith est donc essentiel, et tous après lui se réfèreront à lui, que ce soit pour l'approuver ou le critiquer.

2. Les classiques anglais

Parmi les nombreux auteurs classiques, il est possible de mettre en évidence deux figures essentielles : celles de Malthus et de Ricardo, même si d'autres comme John Stuart Mill, ont aussi joué un rôle important.

Robert MALTHUS (1766- 1834)

Ce pasteur appartient au courant classique pessimiste. Ce pessimisme est visible aussi bien dans son analyse de l'évolution démographique que dans celle des crises économiques.

L'analyse de l'évolution démographique est développée dans « L'essai sur le principe de la population » (1798). Le monde est menacé d'un raz de marée démographique. En effet, il existe un rythme d'évolution très différent entre la population et les subsistances. La population progresse suivant une loi géométrique (elle est multipliée chaque année d'un même pourcentage), alors que les ressources alimentaires n'augmentent qu'en progression arithmétique (l'accroissement absolu est le même chaque année).

Dans ces conditions, il existera nécessairement un déséquilibre croissant entre une population en hausse rapide et des ressources qui progressent plus lentement. Certes, il existe pour Malthus des « régulateurs » (comme les guerres, famines, épidémies) : ils visent seulement à ramener la population au niveau des subsistances, mais il ne faut pas, selon lui, les repousser, car « au grand banquet de la nature, il n'y a pas de couvert pour eux ».

Dans la même logique, Malthus s'oppose aux lois d'aide aux pauvres, qui se développent à l'époque en Angleterre. Pour Malthus, ces lois encouragent la natalité et ne servent qu'à multiplier les pauvres, non les richesses. Pour éviter l'accroissement excessif de la population, il faut donc pratiquer une contrainte morale (comme le mariage tardif), mais aussi abolir les lois d'aide aux pauvres, pour éviter la « multiplication » de ceux-ci.

Par extension, le terme de malthusien évoque aujourd'hui toutes les pratiques restrictives, que ce soit en matière de natalité ou dans n'importe quel autre domaine (par exemple aujourd'hui les thèses du « partage du travail », comme si celui-ci était un facteur rare, sans création nouvelle d'emploi possible. L'idée que les 35 heures créent des emplois est une idée malthusienne).

L'analyse de Malthus néglige évidemment les possibilités importantes (qui seront visibles au XIXe siècle) d'accroissement de la productivité et donc de la production agricole et au XXe siècle, dans les pays riches, c'est plus la surproduction agricole que les pénuries que l'on craindra; mais elle résulte surtout d'une illusion d'optique en matière démographique.

En effet, Malthus se situe dans une période de transition démographique. Il s'agit du passage d'un équilibre démographique naturel, à haut niveau (forte natalité, forte mortalité) vers un équilibre démographique de bas niveau (faible natalité et faible mortalité). Dans la phase de transition, c'est la mortalité qui recule en premier : l'accroissement de la population est donc rapide : c'est ce qui correspond à l'observation de Malthus à la fin du 18e siècle. Mais, par la suite, le développement économique modifie les comportements et les mentalités en matière de fécondité et la natalité recule, aboutissant, au terme d'une longue période de transition, à un équilibre démographique de bas niveau. Le problème se posera dans les mêmes termes au XXe siècle à propos du tiers-monde. Malthus a donc pris pour une règle générale ce qui n'était qu'une situation transitoire. Au niveau mondial, la population devrait peu à peu se stabiliser, tandis que certains pays développés connaissent une implosion démographique.

L'autre thèse importante de Malthus concerne son analyse des crises économiques.

Pour les classiques optimistes, la crise économique n'existe pas, notamment en raison du mécanisme d'adaptation par les prix. Elle ne saurait être durable en tous cas. Au contraire, pour Malthus, la crise est inévitable et elle vient d'abord d'une stagnation de la demande. En effet, la demande des salariés est trop faible (faute de salaire suffisant), tandis que les capitalistes à hauts revenus affectent une grande partie de leur revenu à l'épargne. La crise provient donc pour Malthus d'un excès d'épargne et d'une insuffisance de la demande. Elle est due à un manque de débouchés.

Ces analyses auront une grande influence par la suite. Les thèses restrictives, dans tous les domaines, auront, y compris au XXe siècle, beaucoup dc succès. Sur le plan démographique, le Club de Rome reprendra notamment une idée du même ordre avec la fameuse thèse de la croissance zéro. Les idées malthusiennes de retrouvent dans toutes les thèses frileuses, qui mettent le partage de la pénurie et de la rareté avant la création de richesses nouvelles.

Quant à l'analyse des crises économiques, qui s'oppose à celle d'autres économistes comme Jean-Baptiste Say, elle sera reprise et adaptée au XXe siècle par Keynes. Celui-ci analysera la crise des années 30 comme étant due à une insuffisance de demande et proposera des mesures d'accroissement de cette demande – autrement dit de relance – pour résoudre la crise. En ce sens, Keynes est un successeur de Malthus.

David RICARDO (1772-1823)

Dans l'ensemble des analyses ricardiennes, on peut mettre en lumière trois d'entre elles : sa théorie de la valeur, celle de la répartition et enfin celle du commerce international.

Théorie de la valeur

Sa théorie de la valeur distingue le prix naturel du prix courant. Le prix naturel dépend avant tout de la quantité de travail incorporé dans le produit. Le prix courant pour sa part est un prix de marché, qui dépend de l'offre et de la demande.

Or le prix courant ne peut s'écarter durablement du prix naturel. En effet, si le prix courant est supérieur au prix naturel, les profits progressent, ce qui attire de nouveaux entrepreneurs, qui développent l'investissement et donc l'offre. Dans ces conditions, le prix courant diminue. Et si le prix courant est en dessous du prix naturel, la faiblesse des profits réduit l'offre et fait remonter le prix.

En conséquence, le prix courant ne fait qu'osciller autour du prix naturel et la valeur des biens reflète donc leur valeur naturelle ou valeur travail. C'est une analyse qui aura beaucoup d'influence par la suite, notamment sur le courant socialiste et en particulier sur Marx. Cette théorie de la valeur travail (conception « objective » de la valeur) s'oppose à l'évidence à celle de la valeur utilité (conception « subjective » de la valeur).

Théorie de la répartition

Pour l'essentiel, on retrouve ici le principe de la répartition fonctionnelle des revenus, liant facteurs et revenus. Mais l'analyse de Ricardo développe un point particulièrement, celui de la rente : c'est la théorie de la rente foncière.

Les terres cultivées sont plus ou moins fertiles et on commence évidemment par cultiver les plus rentables. L'augmentation de la population nécessite un accroissement de la production agricole et donc la mise en culture de terres de moins en moins productives.

Cela se traduit nécessairement par un accroissement du prix des produits agricoles, dans la mesure où le prix s'aligne sur le coût de production de ces produits sur la terre la moins rentable, la terre marginale. (Sinon les agriculteurs les moins rentables, dont la production est nécessaire, renonceraient à produire). Les autres agriculteurs, dont la terre est plus productive, bénéficient ainsi d'un écart plus élevé entre le prix de vente (prix unique pour un même produit) et leur propre coût de production : c'est la rente foncière.

Dans ces conditions, les prix agricoles ne cessent de progresser sur les marchés, au fur et à mesure de l'accroissement de la population. Cela ne va pas manquer d'avoir des répercussions en dehors du monde agricole, sur l'industrie elle-même. En effet, pour Ricardo, comme pour les autres classiques, le salaire des ouvriers se fixe automatiquement à un niveau proche du minimum alimentaire.

La hausse du prix des produits agricoles implique une hausse équivalente du salaire des ouvriers, pour leur permettre de survivre (donc pour maintenir leur pouvoir d'achat). Cette augmentation du coût de production va réduire les profits des industriels, entraînant un déclin de leurs investissements et donc une chute de l'industrie. Or Ricardo est favorable au développement de l'industrie. Il lui faut donc trouver une solution pour contrecarrer ce déclin, inéluctable dans la logique de la rente foncière.

Le problème est d'encourager l'industrie en lui permettant d'avoir des profits élevés. Pour cela, il faut des salaires plus faibles, ce qui passe par une chute des prix des produits alimentaires. Ricardo envisage alors une large ouverture des frontières, pour permettre des importations de produits agricoles étrangers à bas prix, pesant ainsi sur les prix intérieurs. C'est donc l'ouverture des frontières et la liberté du commerce international qui retardera la chute des profits et permettra de contrebalancer les inconvénients de la rente foncière pour l'industrie.

Bien entendu, cette analyse comporte certaines faiblesses. En particulier, Ricardo néglige les grandes possibilités de gains de productivité agricole, qui permettront par la suite d'accroître la production sans augmenter les prix. Bien au contraire même, puisque les prix agricoles ont tendance à baisser, ce qui constitue souvent la principale inquiétude des agriculteurs. Mais, du côté de l'industrie, il est possible aussi de souligner que la hausse des salaires envisagée par Ricardo est purement nominale : elle vise à compenser la hausse des prix et n'augmente pas le salaire réel.

En outre, le déclin des profits ne s'envisage que dans la perspective d'un jeu à somme nulle, alors que les gains de productivité peuvent permettre une hausse des salaires et des profits, au lieu de mettre face à face hausse de l'un et baisse de l'autre. Il n'en reste pas moins que l'analyse de Ricardo est importante, car elle débouche sur des propositions de liberté des échanges, qu'il élargit dans sa théorie du commerce international.

Théorie du commerce international

Il s'agit de la théorie des coûts ou avantages comparatifs. En effet, jusque là, on mettait en avant les coûts de production absolus. Si un pays avait l'avantage pour un produit et un autre

pour un deuxième produit, on aurait tout intérêt à ouvrir les frontières et à pratiquer la liberté des échanges et la spécialisation qui doit en résulter. Adam Smith avait déjà compris cela. Mais si un pays est avantagé pour tous les produits, on pensait qu'il n'était alors plus intéressant d'ouvrir les frontières.

Ricardo bouleverse cette analyse en mettant l'accent sur les coûts comparatifs. Pour le faire comprendre, il part d'une situation comprenant deux pays et deux produits, avant de généraliser l'analyse à plusieurs pays et plusieurs produits comme on le fait habituellement en économie.

Prenons l'exemple de l'Angleterre et du Portugal, qui produisent deux biens : du drap et du vin. Supposons que les coûts de production pour une unité de ces produits, exprimés en heures de travail, soient les suivants :

	Angleterre	Portugal
Drap	100	90
Vin	120	80

L'Angleterre a des coûts de production plus élevés pour chacun des produits. Pourtant Ricardo affirme que l'ouverture des frontières et la spécialisation seront profitables aux deux pays. Pour cela, chacun doit se spécialiser dans le produit pour lequel il a un avantage comparatif : c'est le cas du drap pour l'Angleterre (proportionnellement moins coûteux que le vin) et c'est inversement le cas pour le vin au Portugal, proportionnellement moins coûteux que le drap.

Que va-t-il alors se passer en cas d'ouverture des frontières et de spécialisation ? Supposons d'abord que chacun maintienne l'effort productif antérieur. Si l'Angleterre produisait une unité de drap et une de vin, cela représentait un coût de production de 220 heures de travail (100 pour le drap et 120 pour le vin). Pour le Portugal, une même production coûtait 170 heures (90 pour le drap et 80 pour le vin).

Après l'ouverture des frontières, l'Angleterre ne produit plus que du drap et le Portugal que du vin. Si l'Angleterre maintient son effort productif, avec 220 heures de travail, elle produira désormais 2,2 unités de drap. Et si le Portugal maintient son propre effort productif, soit 170 heures, cela lui permettra du produire 2,125 unités de vin (Une unité pour 80 heures, 2 pour 160 et 0,125 de plus, soit 1/8, pour les dix heures suivantes).

Résultat global : la production des deux pays en matière de drap est passée de 2 à 2,2 unités et celle de vin de 2 à 2,125. Il résulte donc un gain important de la spécialisation internationale, consécutive à l'ouverture des frontières, qui va bénéficier à l'ensemble des pays concernés.

Il est possible de raisonner autrement, pour aboutir à la même conclusion. Supposons qu'on parte de la même situation d'origine, mais que l'on cherche cette fois simplement à maintenir le niveau de production : avant la division internationale du travail, chaque pays produisait une unité de chaque bien ; le coût en était de 220 heures en Angleterre et de 170 au Portugal : coût total pour les deux pays : 390 heures pour produire deux unités de chaque bien.

Si l'on veut avoir la même production après l'ouverture des frontières, il faudra en Angleterre travailler 200 heures pour produire 2 unités de drap (2 x 100) ; il faudra travailler au Portugal 160 heures pour produire deux unités de vin (80 x 2). Le coût total, pour maintenir le niveau de production inchangé, est de 360 heures (200 + 160), au lieu de 390, soit un gain net de 30 heures.

Il y a donc dans tous les cas intérêt à ouvrir les frontières et à laisser les pays se spécialiser dans les productions pour lesquelles ils ont un avantage comparatif : ils pourront ainsi produire plus ou diminuer leur effort productif. C'est une conclusion essentielle, qui justifie la liberté des échanges ; cela influencera toute une partie du XIXe siècle, avec un élargissement progressif de cette liberté. Au-delà, c'est un thème encore très actuel au XXe et XXIe siècles, qui justifie les efforts entrepris pour réduire le protectionnisme et les limitations aux échanges internationaux, aussi bien entre pays riches de même niveau de développement qu'entre pays riches et pays plus pauvres : même avec des écarts importants de niveau de développement, les pays ont toujours intérêt à pratiquer la liberté des échanges et l'ouverture des frontières et à accepter la spécialisation qui en résulte. L'échange international entre entreprises et pays de niveaux de développement différent, loin de constituer une exploitation et un appauvrissement de l'un au profit de l'autre, permet l'enrichissement de tous et bénéficie aux deux parties.

On peut cependant considérer que si le résultat de Ricardo en faveur de la liberté du commerce international est justifié, son raisonnement, lui, est plus contestable et un économiste comme Bastiat aboutira au même résultat à partir d'une analyse différente. En effet, pour Ricardo, le commerce se fait essentiellement entre pays : « il est inter-national ». Dans la réalité, le commerce, dans une économie libre, ne se fait pas entre États, mais entre entreprises. Par ailleurs, la thèse de Ricardo aboutissant à une totale spécialisation en raison de l'ouverture des frontières est très discutable car on s'aperçoit aujourd'hui que l'on produit un même bien dans tout un ensemble de pays différents : c'est par exemple le cas de l'automobile. Il n'y a donc pas de véritable spécialisation complète et cela ne peut se comprendre que par un renouvellement de l'analyse de la théorie de la consommation. Les produits ne sont pas un ensemble homogène, mais un paquet de caractéristiques, laissés aux choix des consommateurs. En réalité, aujourd'hui, on a tendance à considérer que ce qui est premier, c'est la division des connaissances, et que la division du travail, fut-elle internationale, n'en est qu'une conséquence. Ceci étant, la mondialisation actuelle est indiscutablement l'aboutissement logique des théories de Ricardo en faveur de la liberté du commerce international. Et cette mondialisation nous permet de bénéficier des compétences et des connaissances des autres.

L'influence de Ricardo est considérable aussi bien sur certains courants classiques et néoclassiques, notamment avec ses thèses favorables à la liberté des échanges, que sur certains courants socialistes et notamment le marxisme (sur bien des points, Marx est ricardien en matière économique).

3. Les classiques français

Le courant classique français est essentiellement optimiste, contrairement à certains classiques anglais. Dans ce courant, il faut insister sur deux auteurs importants, dont l'influence est grande jusqu'à aujourd'hui : J.-B. Say et F. Bastiat. Mais il ne faudrait pas oublier le rayonnement d'ensemble des économistes français tout au long du XIXe siècle, à l'époque des classiques, comme après, et en particulier du courant libéral, réuni à partir du milieu du XIXe siècle autour du Journal des Économistes, qui poursuivra ses activités jusqu'à la deuxième guerre mondiale. Tous sont les disciples de Say puis de Bastiat. On peut penser au début du XIXe siècle à Charles Comte et Charles Dunoyer, à Pellegrino Rossi ; plus tard à Michel Chevalier, Joseph Garnier, Henri Baudrillart, Paul Leroy-Beaulieu, Gustave de Molinari, etc.

Jean-Baptiste SAY (1767-1832)

Jean-Baptiste Say est à la fois un industriel et un économiste. Il a en particulier été le premier titulaire de la chaire d'économie politique au Collège de France. Il est l'auteur d'un traité d'économie politique, ainsi que d'un catéchisme d'économie politique, sous forme de questions-réponses. Il a notamment insisté sur le rôle spécifique de l'entrepreneur et au-delà, de la croissance.

Par ailleurs, Jean-Baptiste Say présente notamment une théorie de la valeur et une théorie de l'équilibre.

Théorie de la valeur

J.-B. Say rejette les distinctions traditionnelles entre valeur d'usage et valeur d'échange. Pour lui, ce qui fonde la valeur des biens, c'est uniquement leur utilité. Une telle conception éloigne des erreurs de la valeur travail, qui faisait reposer la valeur des biens sur la quantité de travail nécessaire à leur production. En réalité, J.-B. Say a bien perçu que la valeur des biens était indépendante de cette quantité de travail : un bien peut avoir un coût très élevé, et ne représenter qu'un intérêt minime aux yeux des consommateurs ; inversement, un bien peut avoir coûté peu de chose, paraître très utile aux consommateurs, et avoir une grande valeur (comme une œuvre d'art).

C'est donc l'utilité qui fonde effectivement la valeur des biens, l'utilité aux yeux des consommateurs ; cela en fait une conception subjective de la valeur, car chacun pourra avoir une opinion différente sur l'utilité d'un bien et cette opinion pourra évoluer dans le temps. Chacun pourra donc accepter un prix différent pour un même bien.

En outre, J.-B. Say a une conception large et très moderne du secteur productif et des productifs eux-mêmes : il ne s'agit pas seulement de ceux qui fabriquent des biens, mais de tous ceux qui participent à la production de biens et de services, tous les participants à l'échange, y compris les intermédiaires des échanges, les commerçants.

Cette idée suivant laquelle tous ceux qui travaillent dans l'entreprise et tous ceux qui produisent des biens et services en général sont productifs, font un acte économique utile, dégagent un supplément de valeur est encore difficilement admise de nos jours, où l'on reste très prisonnier d'une conception essentiellement matérielle de la production, distinguant souvent dans l'entreprise « les productifs », des autres, alors que chacun participe en réalité à la création de richesse. Tous ceux qui rendent des services utiles, répondant à un besoin, sont des productifs.

Théorie de l'équilibre

C'est la fameuse « loi des débouchés » de J.-B. Say. Il la formule de la manière suivante : « les produits s'échangent contre les produits et l'offre crée sa propre demande ».

La première partie de la formule comprend une théorie de la monnaie. Si les produits s'échangent contre les produits (alors qu'ils semblent d'abord s'échanger contre de la monnaie), c'est que la monnaie n'est qu'un simple intermédiaire des échanges, un simple voile qui recouvre leur réalité. Cela signifie que, pour Say, la monnaie ne modifie pas la nature des échanges.

Cette analyse débouche sur une conception de la neutralité de la monnaie et sur la dichotomie des secteurs réels et monétaires. Il y aurait dans l'économie deux secteurs distincts et sans communication. D'un côté, le secteur réel, celui de la production de biens et services, qui ne dépendrait que d'autres variables réelles, et jamais de variables monétaires. De l'autre, le secteur des grandeurs nominales, le secteur monétaire, notamment celui de la détermination des prix absolus, donc du niveau général des prix, de l'inflation, qui ne dépendrait que de variables monétaires, telles que la quantité de monnaie en circulation.

Il y aurait donc parfaite dichotomie entre les deux secteurs, la monnaie étant neutre, c'est-à-dire n'influençant pas l'activité réelle. Cela a un certain nombre de conséquences, notamment sur le fait que la monnaie ne saurait influencer le niveau d'activité, tandis que l'inflation ne dépendrait que de la quantité de monnaie. Cette analyse trouvera divers prolongements au XXe siècle, en particulier dans l'école monétariste ou néoquantitativiste de M. Friedman, qui reprendra, au moins dans le long terme, une conception du même ordre de la neutralité de la monnaie et des causes monétaires de l'inflation.

La deuxième partie de la formule de J.-B. Say résume sa théorie de l'équilibre : « l'offre crée sa propre demande ». C'est la loi de Say ou loi des débouchés. L'offre, c'est-à-dire la production de biens et services, entraîne une distribution équivalente de revenus, en salaires, intérêts, profits. Tout accroissement de l'offre provoque donc un accroissement identique des revenus. Ces revenus vont, directement (par la consommation) ou indirectement (par l'intermédiaire de l'épargne et donc du crédit, donc de l'investissement) provoquer un accroissement équivalent des dépenses, c'est-à-dire que ces revenus permettent de racheter la production.

Dans ces conditions, il n'y a pas de déséquilibre global possible, contrairement à ce que craignaient les classiques pessimistes ou à ce que craindra plus tard Keynes, pas de manque de débouchés, pas de crise durable, puisque tout accroissement de l'offre génère sa propre demande. J.-B. Say s'oppose donc sur ce point à R. Malthus, qui considérait au contraire qu'une crise devait survenir par manque de débouchés.

Naturellement, il n'y a pas de raison pour que les nouvelles demandes de biens portent exactement sur les produits qui ont été fabriqués. C'est là qu'il faut avoir une lecture microéconomique de la loi de Say. En effet, c'est la flexibilité des prix qui permettra d'indiquer les raretés et d'infléchir la production dans la bonne direction, tandis que la mobilité des facteurs rendra possible les adaptations nécessaires. Bien entendu, ces adaptations ne sont pas forcement instantanées, mais les déséquilibres ne sont dans ces conditions que sectoriels et provisoires et non généraux et durables.

Cette analyse trouvera, elle aussi, des prolongements importants au XXe siècle, notamment parmi les théoriciens de l'offre (« supply-side » economics), qui mettront l'accent sur les obstacles au développement de la production et envisageront des mesures (baisse des impôts, déréglementation) pour développer l'offre (par opposition aux courants qui veulent agir sur la demande). On trouve donc déjà dès le début du XIXe siècle, le clivage qui persiste aujourd'hui entre les tenants de la demande, héritiers de Malthus, et les tenants de l'offre, héritiers de Say.

Frédéric BASTIAT (1801-1850)

F. Bastiat est l'autre grand représentant du courant classique et libéral français.

Cet économiste a également été député en 1848. C'était aussi un pamphlétaire redoutable, dont, par exemple, la polémique avec Proudhon, sur la gratuité du crédit, est restée célèbre. Il est notamment l'auteur des Harmonies économiques et des Sophismes économiques. Parmi les principales thèses de Bastiat, on peut retenir les éléments suivants :

- Tout d'abord Bastiat s'élève contre le protectionnisme extérieur. Il avait créé une association pour la liberté des échanges et travaillait avec l'Anglais Richard Cobden pour libéraliser les échanges internationaux, en particulier entre la France et l'Angleterre. Ses arguments ne sont pas les mêmes que ceux de Ricardo, également en faveur du libre-échange. Lui, insiste beaucoup sur le fait que le protectionnisme crée une pénurie artificielle et provoque des prix élevés qui pénalisent le consommateur. Par ailleurs, les échanges ne sont pas internationaux, mais inter-personnels et s'il se trouve que des entreprises à l'étranger ont des avantages, dus à ces compétences particulières, l'échange international nous fait participer à ces avantages et nous en rend bénéficiaire. On peut considérer que le traité de commerce francoanglais, qui sera signé en 1863, bien après la mort de Bastiat, concrétise ses souhaits et représente la forme lointaine de l'actuelle mondialisation. Par ailleurs, puisqu'il se place du point de vue des consommateurs, le déficit commercial n'a pas d'importance et l'essentiel est d'acquérir les produits à bon marché.
- Bastiat s'élève également contre les atteintes à la concurrence, aussi bien cette fois sur un plan intérieur que sur un plan extérieur. Pour illustrer ses thèses, il publie notamment une savoureuse pétition des marchands de chandelles contre la concurrence déloyale du soleil. En effet, il imagine que ceux qui fabriquent de la lumière (des bougies, des lampes à huile, etc.) s'adressent aux Parlementaires et réclament des mesures de protection contre ce concurrent redoutable qu'est le soleil qui fournit de la lumière gratuitement. Il faut donc que le parlement oblige les citoyens à fermer les portes et les fenêtres pour empêcher la lumière du soleil de rentrer et pour protéger ainsi les marchés de nos marchands de chandelles. Par ce type d'exemple, il vise à monter l'inanité des mesures anticoncurrentielles. Il montre au contraire comment la concurrence multi-

plie les produits et les services offerts, oblige à s'adapter et à faire des gains de productivité et représente une sanction permanente pour les entreprises non compétitives. La concurrence pour Bastiat vient corriger l'intérêt personnel. En effet, celui-ci pousse à garder pour soi le progrès, tandis que la concurrence nous oblige à le diffuser aux autres, en particulier sous forme de baisse de prix.

- Une autre idée essentielle de Bastiat consiste à toujours examiner l'économie du point de vue des consommateurs, et cela d'un point de vue individuel, nous dirions aujourd'hui microéconomique. Au contraire, la plupart des économistes de son temps se placent du point de vue des producteurs. Pour Bastiat, tout ce qui est essentiel, c'est ce qui favorise la baisse de prix, comme par exemple la concurrence. Pour lui, la lutte contre la pauvreté, très importante en ce milieu du XIXe siècle, passe par une hausse du pouvoir d'achat, obtenu grâce à la baisse des prix par le mécanisme de la concurrence.

Toute action économique est bonne à partir du moment où elle favorise le consommateur.

- Bastiat accorde une très grande place à l'échange volontaire. Pour lui, « l'échange, c'est l'économie politique ». Il n'y a donc pas d'économie robinsonienne et nous sommes tous dans une mutuelle dépendance. Il étend en quelque sorte la loi de Say et pour lui les services s'échangent contre des services. S'il y a une division du travail, c'est parce qu'on ne peut produire tout, seul, et le marché permet de se procurer en une journée beaucoup plus que l'on n'aurait pu produire tout seul en un siècle. L'échange nous épargne ainsi des efforts et la valeur vient du travail épargné grâce à l'échange. Bastiat a donc une conception subjective de la valeur tout à fait différente de la valeur travail, mais également de la valeur utilité de Say. Pour lui, la valeur naît dans l'échange et ce sont les services rendus qui ont une valeur et cette valeur est appréciée par l'acheteur au moment même de l'échange. Ce n'est pas le produit lui-même qui a une valeur, telles que les matières premières ou le pétrole, qui représente ce qu'il appelle l'utilité gratuite, par opposition à l'utilité onéreuse qui représente les services rendus. En insistant ainsi sur les services, Bastiat annonce la future nouvelle théorie du consommateur de Gary Becker expliquant que l'on n'achète pas les produits, mais les services qu'ils nous rendent.

- En outre, Bastiat établit un lien étroit entre l'échange, la liberté et la propriété. Le libre échange n'est qu'un aspect de la liberté du droit de propriété et la liberté débouche sur la possibilité d'échanger des droits de propriété. La propriété est l'assurance de la responsabilité. La liberté, c'est la libre disposition des droits de propriété, d'où l'échange. La propriété n'est pas créée par la loi ; elle est un droit naturel ; la loi ne fait que protéger la propriété. En outre, la liberté débouche sur le libre contrat et la liberté d'association. Bastiat est donc favorable aux sociétés de secours mutuel pour couvrir un certain nombre de risques et il est donc de ce point de vue l'ancêtre de la protection sociale volontaire, ainsi que de la théorie économique de l'assurance.

- Une autre formule essentielle de Bastiat est la suivante : « ce qui se voit et ce qui ne se voit pas ». Pour lui, c'est la différence entre un bon et un mauvais économiste. Le mauvais économiste ne tient compte que des effets immédiats, à court terme, et visibles. Le bon économiste est celui qui tient compte également de ce qui ne se voit pas, c'est à dire des effets indirects à long terme. Il en prend un grand nombre d'exemples. Le plus célèbre est celui de la vitre cassée. Une vitre cassée dans une rue doit être remplacée ; cela va donc accroître la production des vitriers et certains en déduisent un peu rapidement que c'est donc bon pour la production et l'emploi. Mais ce que l'on ne voit pas, c'est que le propriétaire qui devra remplacer la vitre ne pourra pas consacrer ses revenus à acheter d'autres biens et donc que la demande de biens diminuera dans les autres secteurs créant un recul de la production et, au-delà, de l'emploi. La vitre cassée ne crée donc aucune production nette.

- Bastiat étend ce raisonnement aux emplois publics. Ceux-ci, en apparence, créent des emplois et réduisent le chômage. En réalité, ils sont financés par l'impôt et la hausse des impôts réduit d'autant la consommation et donc la production et l'emploi dans le secteur privé. On est évidemment ici à l'inverse de ce que dira Keynes au milieu du XXe siècle. Bastiat montre par-là qu'il cherche non seulement les effets indirects de toute action économique, mais aussi qu'il critique fortement l'impôt qu'il assimile à une forme moderne d'esclavage, car elle dépouille l'homme du fruit de son activité.

- Bastiat développe également une vision particulière de l'État. Il voit l'État non comme un représentant du bien commun, mais à travers les hommes de l'État qui cherchent leur propre intérêt comme n'importe quel autre individu. Pour Bastiat, l'État est « cette grande fiction à travers laquelle chacun s'efforce de vivre aux dépens de tout le monde ». Pour lui, la loi et les règlements paralysent l'économie et il est, de ce point de vue, l'ancêtre, avec J.-B. Say, de l'économie de l'offre. Il ne faut pas que le peuple s'attende à ce que l'État le fasse vivre, puisque c'est lui, le peuple, qui fait vivre l'État. Mais, au-delà, Bastiat annonce également l'École du Public Choice et, en particulier, James Buchanan et Gordon Tullock. En effet, cette École du choix public considère qu'au-delà des apparences, les hommes de l'État poursuivent leur propre intérêt et donc que cela pousse à un accroissement permanent des dépenses publiques et à un affrontement entre ceux qui paient par l'impôt et ceux qui reçoivent les avantages publics.

- Enfin, Bastiat est surtout l'auteur des harmonies économiques. En ce sens, on peut dire que Bastiat est l'anti-Marx. En effet, pour lui, les rapports sociaux sont complémentaires, ils sont harmoniques et les intérêts sont convergents. Il n'y a donc pas de lutte des classes et les intérêts des producteurs et des consommateurs sont complémentaires. Il y a donc une harmonie naturelle entre les hommes et cette harmonie naturelle, par le jeu des complémentarités, crée un ordre spontané, comme Adam Smith l'avait déjà entrevu et comme le reprendra plus tard Friedrich A. Hayek. Cette analyse s'oppose évidemment à celle des socialistes, comme Marx, qui pensent que le monde est au contraire fait d'affrontements et de luttes des classes et qui envisagent un ordre créé, celui des constructivistes.

Les thèses de Bastiat, longtemps négligées en France, au XXe siècle – alors que dans la deuxième moitié du XIXe siècle son influence a été considérable, ont connu un grand succès aux États-Unis, notamment dans les années 1970-80, et Bastiat a eu une grande influence sur des courants comme ceux de l'économie de l'offre, dans de nombreux pays. Son libéralisme a inspiré tout le renouveau économique et politique des années 80 en Amérique (R. Reagan) et en Grande-Bretagne (M. Thatcher) et en fait l'économiste français le plus populaire – et souvent le plus connu – dans le monde anglo-saxon. R.Reagan et M. Thatcher connaissaient d'ailleurs par cœur des pages de Bastiat, dont ils se servaient dans leur communication.

En France même, les tentatives pour restaurer la concurrence dans certains secteurs, menacée par le protectionnisme ou par la fermeture des professions (par exemple celles de J. Rueff dans sa lutte contre les obstacles à la croissance économique, au début de la Ve République en 1959) doivent beaucoup à l'influence lointaine de Bastiat : l'économie est au service du client et les arguments protectionnistes et anticoncurrentiels ne font que masquer des intérêts catégoriels de ceux qui ne veulent pas se battre avec leurs concurrents pour savoir qui est le meilleur. En 2008, le Rapport Attali a réactualisé les thèses de Rueff sur la lutte contre les professions fermées. De même, l'ouverture à la concurrence des services publics monopolistiques voulue par les institutions européennes va dans le sens souhaité par Bastiat, celui de favoriser le consommateur.

§ 4. LES SOCIALISTES

Le courant socialiste commence à se développer notamment dans la première moitié du XIXe siècle. Il prend des formes diverses, certaines plus utopiques, d'autres plus systématiques. Dans tous les cas, il utilise les problèmes de transition dus à la révolution industrielle pour contester le système « capitaliste » : l'industrialisation, l'urbanisation, ont transplanté dans les villes une population jusque-là rurale, qui n'est plus protégée par les systèmes traditionnels de solidarité, ni par les corporations, qui ont disparu ; la condition ouvrière, les problèmes sociaux de toute nature d'une économie en mutation, plus généralement « la question sociale », sont exploités pour justifier une remise en cause des fondements même de l'économie et de la société, à commencer par le droit de propriété.

1. Le socialisme utopique

C'est le cas notamment des socialistes français, en particulier Fourier, Saint-Simon et Proudhon, qui présentent des analyses assez diverses.

Charles FOURIER (1772-1837)

Les thèses de Fourier sont avant tout dominées par l'idée d'association. Il imagine un monde idéal reposant sur les vertus de la vie en petits groupes. Les individus ont des passions dominantes, que l'on peut regrouper en quelques catégories communes et il convient de créer une forme d'organisation favorisant le développement harmonieux de ces passions. (luxisme, groupisme, sérisme, papillonne, cabaliste).

En outre, Fourier conteste vivement le rôle des intermédiaires de l'échange, des commerçants, totalement parasites et inutiles selon lui (thème qui revient fréquemment dans l'histoire économique) et l'organisation économique doit donc supprimer ces intermédiaires. Il a cette « révélation » du caractère parasitaire du commerce lorsqu'il constate que le prix d'une pomme à Paris équivaut à celui d'un cageot de pommes en Normandie : pour lui, la différence de prix vient de la distribution.

Cette forme idéale d'organisation économique, c'est le phalanstère, à la fois communauté de production et communauté de vie, regroupant un nombre limité d'habitants (1.600 personnes). Le phalanstère entraîne une harmonie en raison des goûts complémentaires et des passions diverses. La taille restreinte permet de supprimer les intermédiaires de la distribution en ajustant directement production et consommation.

La répartition des biens n'est pas égalitaire, puisqu'elle dépend des apports en facteurs de production, une part allant au travail, une autre au capital, la dernière au talent. Il n'y a donc pas d'égalité, qui, selon,

Fourier, nuirait à la diversité, qui est ellemême nécessaire à l'harmonie. Fourier a espéré vainement toute sa vie la venue d'un mécène qui lui permettrait de réaliser un phalanstère. Après sa mort, on retrouve en partie les idées de Fourier dans la révolution de 1848 et la création des Ateliers nationaux, tandis qu'un phalanstère est créé en 1855 au Texas.

En France même, au milieu du XIXe siècle, un autre phalanstère, appelé familistère, est créé à Guise par Jean-Baptiste André Godin, en tant qu'association « du travail, du capital et du talent ». Par la suite, l'entreprise a survécu, mais elle s'est transformée peu à peu, assurant au départ aux associés une grande protection sociale, puis, face à l'évolution de toute la société française elle-même, passant de communauté de vie à simple coopérative de production, avant de devenir, faute de capitaux, une société anonyme qui fera finalement l'objet d'une OPA, dont la marque existe toujours (Godin).

Enfin, l'influence de Fourier s'exercera aussi sur certains courants socialistes actuels, ainsi que sur la création de communautés, à la mode en particulier dans les années 60, vivant essentiellement en autarcie et prétendant supprimer les intermédiaires, considérés comme des parasites.

SAINT-SIMON (1760-1825)

Claude Henry de Rouvroy, comte de Saint-Simon, présente également un socialisme non égalitariste. Il marque surtout un grand enthousiasme pour la société industrielle, et se présente lui-même comme le dernier des gentilshommes et le premier des socialistes.

Sa formule « à chacun selon ses capacités, à chaque capacité selon ses œuvres », montre qu'il n'est pas hostile à la propriété privée, mais qu'il conteste la façon dont elle est répartie (en particulier sa transmission par héritage), tout en considérant que les revenus doivent dépendre des activités de chacun, de ses « œuvres ». L'État doit donc redistribuer, selon lui, la propriété aux plus capables, aux plus compétents.

Les pouvoirs doivent être délégués à une élite, composée de savants, d'industriels, de techniciens. Il le fait comprendre par une parabole célèbre, indiquant que, si la France perdait en une nuit un grand nombre de princes du sang, de préfets, de cardinaux ou de propriétaires, elle n'en serait pas véritablement affectée, alors que si disparaissaient aussi soudainement les meilleurs mathématiciens, chimistes, industriels, ouvriers, artisans, etc. le mal serait irréparable. Il prône donc une sorte de méritocratie libérale et industrialiste, en opposant dans la société de son époque une minorité d'oisifs, d'improductifs, à une majorité qui représente une sorte de classe industrielle.

Après la disparition de Saint-Simon, le saint-simonisme continuera à avoir une grande influence, directe puis indirecte, en plusieurs vagues successives.

La plus immédiate va de 1825 à 1832 : ce sont les disciples directs de Saint-Simon, autour de deux personnages pittoresques, Enfantin et Bazard, dont l'influence est certaine, mais dont l'action tourne peu à peu à la secte, ce qui fera dire à Proudhon : « le saint-simonisme a passé comme une mascarade ». Cela se terminera notamment par des procès.

Il serait injuste de ne retenir que cet aspect de l'influence de Saint-Simon. Son exaltation de l'industrie, de la capacité, des grands travaux va influencer toute une génération. Elle sera constituée d'entrepreneurs actifs de l'époque, sous Louis-Philippe, mais aussi, plus tardivement, sous le Second Empire. C'est le cas des frères Pereire (le Crédit Immobilier, la Compagnie Générale Transatlantique) ou encore de Ferdinand de Lesseps (le canal de Suez, réalisé en 1869, était d'ailleurs un projet des saint-simoniens dès 1830). Les chemins de fer ont été souvent réalisés par des saint-simoniens, tandis que c'est Michel Chevalier, ancien disciple de Saint-Simon, devenu libéral, qui est à l'origine du traité de commerce franco-anglais, signé sous Napoléon III.

Bien au-delà de cette période, cette idée d'un gouvernement des plus capables se retrouve également dans la deuxième moitié du XXe siècle. C'est vrai dans l'entreprise, avec les idées de Galbraith suivant lesquelles l'entreprise n'est plus dirigée par ses propriétaires (les actionnaires), mais par des gestionnaires, ceux qui ont le savoir, les compétences techniques (par exemple, parce qu'ils sont passés par les « Grandes Ecoles »), c'est-à-dire par la technostructure ; c'est vrai dans l'État, où le pouvoir politique a paru glisser des représentants politiques élus vers les hauts fonctionnaires (les énarques) : c'est la technocratie. Et, d'un certain point de vue, technostructure et technocratie relèvent en partie d'une inspiration saint-simonienne.

Mais la technostructure n'a pas résisté au retour des propriétaires et des actionnaires et les dirigeants salariés sont là pour appliquer la politique de ceux qui possèdent les actions, c'est-à-dire des propriétaires légitimes. C'est le gouvernement d'entreprise. Quant à la technocratie, très importante dans des pays comme la France, elle constitue à l'évidence une perversion de la démocratie, puisque le pouvoir glisse des élus légitimes vers des techniciens sans responsabilité. Il en va de même au niveau européen avec les « eurocrates ».

Pierre-Joseph PROUDHON (1809-1865)

D'origine ouvrière, Proudhon présente pour sa part un socialisme égalitariste et ouvriériste. On connaît sa formule célèbre : « la propriété, c'est le vol », semblant condamner la propriété privée, même s'il évoluera par la suite sur ce point, comme sur d'autres. Avec la propriété privée, il condamne aussi l'argent en général, l'intérêt, les intermédiaires de la distribution. Il aura d'ailleurs une polémique célèbre avec Bastiat sur la gratuité du crédit.

Proudhon s'était un temps rapproché de Marx, avant de lui reprocher son dogmatisme et de se tourner vers le mutualisme et le fédéralisme. Il prône essentiellement l'association volontaire des individus, et une grande décentralisation des décisions, qui doivent, pour lui, appartenir avant tout à une « communauté de travailleurs égaux, libres et responsables ». Il est ainsi également éloigné du socialisme centralisé que du marché et du libéralisme. Par certains côtés, il est proche du courant anarchiste.

Sa formule « que l'atelier remplace le gouvernement » en fait l'ancêtre lointain des mouvements socialistes autogestionnaires, qui ont eu une certaine influence dans la deuxième moitié du XXe siècle, notamment dans les années 60 (par exemple dans le « modèle yougoslave » avec Tito ou en France avec les thèses socialistes autogestionnaires du PSU et de la CFDT). En outre, il est aussi l'inspirateur lointain des mouvements mutualistes et coopératifs.

Tous ces courants socialistes utopistes sont caractérisés par un large refus de la réalité économique, au profit de constructions intellectuelles abstraites.

2. Le socialisme marxiste

Karl Marx (1818-1883) présente pour sa part une conception totale de la société, philosophique, historique, politique et économique.

Rappel des positions philosophiques

Les fondements philosophiques partent du refus de toute vérité extérieure à l'homme, notamment transcendantale. D'ailleurs pour Marx, « la religion est l'opium du peuple ». L'homme se comprend avant tout dans son action. Pour Marx, la loi de développement des sociétés est d'abord économique : l'homme s'explique avant tout par son action dans la production ; en ce sens le marxisme est surtout un économisme, faisant de l'économie le tout de l'homme, oubliant ses dimensions culturelles ou spirituelles.

A un moment de l'histoire, la technique impose une infrastructure économique (un mode de fabrication, des rapports de production et d'échange) ; cette infrastructure conditionne l'organisation sociale et permet l'accession au pouvoir de la classe qui exerce la fonction productive la plus importante.

Cette classe assied son pouvoir par un ensemble de superstructures qui reflètent son système de valeur (des institutions, un régime juridique, une morale, voire une religion, qui ne sont donc qu'un reflet de l'infrastructure.) (Par exemple, « la morale bourgeoise », « le droit bourgeois », ...).

Les progrès scientifiques et techniques font que peu à peu la classe dominante cesse d'être la plus importante économiquement. Il apparaît donc une contradiction entre l'infrastructure qui s'est modifiée et les superstructures, devenues anachroniques. Dans ces conditions, une révolution devient inévitable pour permettre l'accès au pouvoir d'une nouvelle classe.

C'est ainsi qu'à la classe militaire des chevaliers correspond la société féodale. Le développement du commerce, l'évolution économique entraînent l'émergence de la classe bourgeoise, qui va prendre le pouvoir lors des révolutions du même nom (comme en France en 1789). Par la suite, la société industrielle entraîne le développement d'une nouvelle classe, celle des ouvriers ou prolétariat.

Celle-ci doit donc à son tour, inéluctablement, prendre un jour le pouvoir. Dans ces conditions, c'est toujours la lutte des classes qui est le moteur de l'histoire et qui explique l'évolution – inéluctable – des sociétés et le sens de l'histoire.

L'analyse du capitalisme

L'analyse économique de Marx est sur bien des points ricardienne, mais il y ajoute des éléments plus personnels. La société est inévitablement divisée en deux classes : les capitalistes, ou propriétaires des moyens de production, qui perçoivent leurs revenus de la vente des biens, et le prolétariat, la classe ouvrière, dont la seule richesse est sa force de travail.

La position dominante des capitalistes sur le marché du travail fait que les salaires sont nécessairement fixés à une sorte de minimum vital, alimentaire, sans lien avec l'effort productif des travailleurs. Il existe donc un écart entre la valeur de la production du travailleur et la somme qui lui est versée : c'est la plus-value, qui appartient normalement à l'ouvrier et que le capitaliste s'approprie, entraînant une exploitation et une aliénation du travailleur.

Le désir d'accumulation des capitalistes conduit à une concentration croissante du capital. La classe ouvrière est de plus en plus pauvre (paupérisation croissante), tandis que la concentration fait peu à peu disparaître les petits entrepreneurs, commerçants ou agriculteurs, qui rejoignent progressivement le prolétariat (prolétarisation croissante). Le capitalisme va ainsi connaître des crises de plus en plus vives, qui s'expliquent avant tout par un manque de débouchés et qui sont donc des crises de surproduction.

De crise en crise, le capitalisme ira jusqu'à la crise finale qui doit inéluctablement l'emporter. Cette crise, qui provoquera une révolution, arrivera nécessairement dans les pays capitalistes les plus avancés (comme, à l'époque, la Grande-Bretagne ou l'Allemagne). La phase de dictature du prolétariat qui suivra permettra à ceux qui ont la maturité politique la plus élevée d'empêcher tout retour en arrière et de supprimer toutes les traces du régime capitaliste, d'abord grâce à la collectivisation des moyens de production : la propriété privée doit donc disparaître.

La société évoluera alors du socialisme (à chacun selon ses capacités) vers le communisme (à chacun selon ses besoins). Le communisme est donc pour Marx avant tout une société d'abondance. Dans la phase ultime, l'État lui-même pourra dépérir et disparaître, puisqu'il ne servait qu'à asseoir la domination d'une classe sur une autre, et que le communisme sera une société sans classe. C'est la thèse du dépérissement de l'État.

Les controverses suscitées par la doctrine marxiste

Sur le plan philosophique, il est évident que la doctrine marxiste par sa dimension matérialiste et même déterministe (le sens de l'histoire) s'oppose aux courants de pensée spiritualistes ou humanistes : elle ne laisse guère de place à l'humanisme ou à la religion.

Sur le plan économique, de nombreux points seront par la suite mis en cause par l'analyse économique.

C'est par exemple le cas de la notion de valeur travail, sur laquelle repose tout l'édifice marxiste. Elle sera réfutée par tous ceux qui considèrent que la valeur des biens dépend d'abord de l'utilité, c'est-à-dire de l'intérêt du consommateur pour le bien en question, et cela indépendamment des conditions de fabrication des biens, et de la rareté du produit. La valeur devient une notion subjective et non objective comme chez Marx.

De même, l'idée de la formation du salaire au minimum alimentaire ne résiste ni à l'analyse économique, ni à la réalité. Marx considère que le travail n'est en système capitaliste qu'une marchandise, qui est payée à son coût de production ou de reproduction, c'est-à-dire au niveau qui permettra au travailleur et à sa famille de survivre, pour reproduire la force de travail.

En réalité, le salaire est d'abord un prix de marché, fonction de la productivité du travail et de sa rareté, qui sera par la suite influencé de plus en plus par d'autres considérations, avec le développement de l'intervention de l'État. En toute hypothèse, le XIXe comme le XXe siècle entraînent une progression considérable du pouvoir d'achat de tous et notamment de la classe ouvrière, liée à l'évolution de la production et de la productivité.

Les marxistes devront alors passer de la thèse de la paupérisation absolue à celle de la paupérisation relative, avant de mettre en avant celle de l'impérialisme (le développement du niveau de vie des travailleurs s'expliquerait par l'exploitation des autres pays moins développés par les pays capitalistes).

La thèse de la concentration inéluctable des entreprises, autre pilier de la doctrine marxiste, ne résiste pas plus à l'analyse ni à la confrontation à la réalité. Le regroupement d'entreprises n'a rien d'inéluctable ; s'il existe, il cache de profonds renouvellements (des entreprises et des produits disparaissant tandis que d'autres apparaissent) et surtout l'analyse moderne de la concurrence montre que le nombre d'entreprises est loin d'être le critère essentiel du degré de concurrence : ce qui compte, c'est d'abord l'ouverture des marchés et la concentration des entreprises ne menace pas nécessairement la concurrence, surtout si le marché reste ouvert.

L'analyse de la société en deux classes antagonistes n'a aucun sens aujourd'hui : il n'existe pas deux classes, mais une palette de catégories socioprofessionnelles, dont les frontières sont de plus en plus floues, surtout depuis que se développe une vaste classe moyenne.

Enfin, la thèse marxiste est favorable à la propriété publique des moyens de production, c'est-à-dire aux nationalisations systématiques. Il est évident que cette thèse s'oppose à tous ceux qui, d'Aristote à Bastiat, en passant par saint Thomas d'Aquin, ont considéré que la propriété privée était la mieux adaptée à la nature humaine. Sur ce point, Marx est en opposition avec la majorité des économistes.

Il n'en reste pas moins que le marxisme a eu une influence considérable, notamment tout au long du XXe siècle. Beaucoup d'intellectuels ont été marqués par ses analyses. Les mouvements marxistes-léninistes ont joué un grand rôle à partir de la révolution de 1917 en Russie, puis après la deuxième guerre mondiale par leur prise du pouvoir dans de nombreux pays, y compris en Europe de l'Est jusqu'aux changements de 1989-90. Avant la chute du mur de Berlin (1989), plus de trente états se réclamaient officiellement du marxisme-léninisme et pratiquaient une planification centralisée de l'économie.

Mais, au-delà des pays à économie planifiée qui reposaient sur ces principes marxistes, et des groupements marxistes actifs dans les pays occidentaux, y compris sur le plan syndical, l'influence marxiste est également présente de manière plus diffuse dans les sociétés et les mentalités occidentales. Beaucoup, parmi les non marxistes, y compris chez les économistes, véhiculent à leur insu des thèses marxistes : c'est par exemple le cas à propos de l'opposition des groupes sociaux, qui reflète les analyses de la lutte des classes (« les exploiteurs » et les « exploités ») ou dans l'analyse de la concurrence et de la concentration, c'est-à-dire du pouvoir des « monopoles ».

Plus généralement, il reste l'idée marxiste que dans la vie économique, il y a toujours un gagnant et un perdant, un exploiteur et un exploité, parce que les intérêts sont nécessairement antagonistes. Or, en réalité, cette analyse est fausse et la vie économique est d'abord faite de complémentarités, plus que d'oppositions, tandis que chacun peut être gagnant dans l'échange ou dans une relation économique : chacun peut y trouver son avantage. Pour les esprits marqués par le marxisme, la vie économique fait toujours un perdant, et bénéficie seulement à l'autre partenaire ; souvent on imagine mal qu'il puisse y avoir deux gagnants à l'échange et que chacun trouve finalement son compte dans la vie économique. Or la vie économique, en particulier l'échange libre, est un processus gagnant-gagnant.

CHAPITRE III

LES ÉCONOMIES CONTEMPORAINES

SECTION I. LES FAITS ÉCONOMIQUES

§ 1. CROISSANCE ET FLUCTUATION DANS LES PAYS DÉVELOPPÉS

Les manifestations de la croissance

La croissance doit être distinguée de l'expansion et du développement. L'expansion est un phénomène de courte période, qui est avant tout d'ordre quantitatif : c'est un accroissement des quantités produites. Le développement est au contraire un phénomène de très longue période, qui peut s'étaler sur plusieurs dizaines d'années et qui présente avant tout un caractère qualitatif : changement des mentalités, des comportements, des structures.

La croissance est un phénomène intermédiaire, qui a à la fois des aspects quantitatifs et qualitatifs. C'est un phénomène de moyenne période, comportant un accroissement des quantités produites et un changement qualitatif dans les structures économiques.

L'accroissement des quantités produites est mesuré par un indicateur, tel que le produit intérieur brut. Pour les périodes les plus anciennes, faute de pouvoir calculer cet agrégat, on cherche à l'approcher, notamment par l'intermédiaire d'un indicateur de production industrielle.

En France, la croissance est assez lente au XIXe siècle et au début du XXe siècle : de l'ordre de 2 % en moyenne en très longue période et elle est irrégulière, connaissant de fortes fluctuations (comme la crise de 1929). Au contraire, on observe une rupture importante depuis la deuxième guerre mondiale : pendant près de trente années (appelées par J. Fourastié « les trente glorieuses »), c'est-à-dire de 1945 à 1974, la croissance est très rapide, de l'ordre de 5 % par an en moyenne.

Par contre, depuis la crise de l'énergie, qui a révélé les forces et faiblesses des économies, la croissance est plus lente et plus irrégulière au point que l'on a pu parler des « trente calamiteuses », ce qui est très exagéré. De 1974 à 1979, le PIB marchand progresse en moyenne de 2,9 % par an ; de 1980 à 1986, la croissance est même encore plus lente : 1,5 %. Cependant, depuis 1987 en France la croissance s'accélère et en 1988 et 1989 elle a presque atteint 4 % par an, renouant ainsi avec la croissance rapide.

Nos principaux partenaires économiques avaient d'ailleurs connu cette reprise sensible en général plus tôt que nous, notamment les États-Unis depuis 1983. Mais, les années 1990- 1993 marquent un nouveau ralentissement, la croissance passant nettement en dessous des 3 % et la récession étant plus sensible dans certains pays, mais une nouvelle reprise est intervenue en 1994-1995, en particulier aux États-Unis. C'est dire que cette croissance n'est jamais régulière et que l'économie connaît d'importantes fluctuations ; il ne faut pas attacher trop d'importance aux mouvements conjoncturels à très court terme : récession et expansion alternent naturellement, les fluctuations étant souvent accentuées par les maladresses des politiques conjoncturelles.

Il suffit pour s'en persuader de constater l'évolution de la deuxième moitié des années 90 : tout le monde annonçait le retour de la crise ; la croissance rapide ne reviendrait jamais ; l'expansion allait se briser. Or, sous l'effet de la libéralisation des marchés et de la nouvelle économie (Internet, communications, commerce électronique, etc.) qui touche des secteurs peu réglementés, d'économie libre par rapport à l'État, la croissance est repartie en flèche. Elle est bien souvent, en particulier aux USA, supérieure à 4 % par an, renouant avec la vitesse de croissance de la période des trente glorieuses. Puis on a connu un nouveau ralentissement au début des années 2000 et la croissance est même tombée en France à 0,2 % en 2003, alors qu'elle redémarrait aux USA. La reprise est nette en 2004, surtout dans le monde anglo-saxon.

Or, là dedans, rien n'est conjoncturel et rien ne s'explique par les politiques conjoncturelles ; la croissance a des raisons de fond, liées aux libertés économiques et à la souplesse des secteurs liés au tertiaire, très innovateurs. Ce ne sont pas les gouvernements, on le voit bien dans cet exemple, qui ont fait la croissance, mais les marchés, exprimant les libres choix des clients et les innovations des entrepreneurs. Mais les gouvernements peuvent créer une crise par leurs politiques maladroites. De même, alors que l'on croyait la croissance revenue, en particulier en raison du développement des pays émergents (Chine, Inde), tirant la croissance mondiale, la venue d'une crise financière en 2007-2008 (celle des subprimes) en raison des politiques monétaires aventureuses d'argent facile, a provoqué une forte récession en 2009. Partout dans les pays développés, la croissance est devenue négative, et la reprise en 2010 ne viendra pas des plans de relance, mais de l'assainissement de l'économie après les excès du crédit. Ce ne sont donc pas les politiques conjoncturelles de relance qui créent la croissance.

Cette croissance s'accompagne nécessairement d'une hausse de la productivité, qui permet de produire plus à partir des mêmes facteurs de production. C'est cette progression de la productivité qui permet, suivant les cas, soit la réduction de l'effort productif (avec maintien du niveau de production), soit la hausse sensible de la production, donc des revenus (en maintenant l'effort productif).

C'est ainsi que les gains de productivité ont été longtemps utilisés à réduire en partie l'effort productif, expliquant et rendant possible la réduction de la durée du travail en France (à la fin du XIXe et surtout au début du XXe siècle). Celle-ci sera pratiquement divisée par deux en moins d'un siècle (84 heures de travail hebdomadaires en 1848, 60 heures en 1906, 48 heures en 1919, 40 heures en 1936). L'effort portant sur la réduction du temps de travail, il était normal que la croissance soit plus faible. Au contraire, après la seconde guerre mondiale, la durée du travail est longtemps restée stable : la durée effective était en moyenne en France de 45 heures par semaine dans l'immédiat après-guerre ; elle était encore de 45 heures en 1968. Dans ces conditions, les gains de productivité ont été avant tout utilisés à accroître la production, expliquant en partie la croissance rapide.

Depuis la crise de l'énergie, on a observé à la fois de moindres gains de productivité et une réduction de la durée du travail, qui est passée en moyenne de 45 heures à 39 heures par semaine : la croissance a été inéluctablement plus faible. Il n'est pas possible de séparer les conditions de travail des conditions économiques et on ne peut évidemment à la fois produire beaucoup plus et travailler beaucoup moins : à gains de productivité donnés, toute réduction du temps de travail entraîne un moindre accroissement de la production et des revenus, a fortiori si la réduction est obligatoire et uniforme (les 35 heures, lois M. Aubry) : elle entraîne alors des difficultés économiques accrues. Le passage progressif aux 35 heures autour de l'an 2000 a contribué en France au ralentissement économique plus sensible qu'à l'étranger.

Par contre, l'accroissement, au début des années 2000, de la croissance un peu partout dans le monde vient à nouveau d'une productivité en hausse – dans les nouvelles technologies – et d'un temps de travail lui aussi en hausse dans les secteurs de la fameuse « nouvelle économie », où la concurrence oblige à ne guère compter son temps... et de l'assouplissement – relatif – des 35 heures dans le cas de la France. Cet assouplissement, qui ne remet pas en cause la durée légale du travail (les 35 heures), vise à favoriser les heures supplémentaires (y compris en les défiscalisant avec la loi TEPA au début de la présidence Sarkozy), en vue de relancer l'offre. Malheureusement, la crise financière a empêché cet assouplissement de porter ses effets positifs. Mais ce n'est qu'en libérant l'offre qu'une vraie reprise pourra se produire, une fois la récession surmontée.

Cette croissance quantitative s'accompagne nécessairement de changements des structures économiques : la consommation, la production, l'emploi sont profondément modifiés par la croissance.

La consommation d'abord, car la croissance entraîne une hausse des revenus; or les ménages diversifient les achats au fur et à mesure de cette hausse. C'est ce que l'on appelle les lois de Engel, qui décrivent ces modifications dans la structure de la consommation. En particulier, la part des dépenses consacrées à l'alimentation ne cesse de se réduire et les ménages français n'y consacrent plus aujourd'hui en moyenne que nettement moins de 20 % de leurs revenus, contre plus de 30 % au milieu des années 60 et près de 45 % en 1950. En sens inverse, d'autres postes progressent très vite, notamment la santé, les transports, la culture ou les loisirs, le tertiaire en général.

Cette diversification de la consommation implique nécessairement des modifications équivalentes dans la structure de la production, modifications accentuées par les phénomènes de concurrence au niveau international. On assiste donc à un déclin relatif du secteur primaire (agriculture) parce que les ménages consomment proportionnellement de moins en moins de produits alimentaires.

Le secteur secondaire (industrie et bâtiment et travaux publics) progresse puis plafonne, car les ménages consomment d'abord plus de produits manufacturés, avant de se tourner progressivement vers les services; dans ces conditions, le secteur tertiaire, celui des services, devient peu à peu dominant dans tous les pays développés, reflétant là encore les changements de comportements des ménages.

Enfin, ces modifications de consommation et de production se reflètent obligatoirement dans les structures de l'emploi : les emplois agricoles déclinent, tombant progressivement dans les pays développés bien en dessous de 10 % des actifs. Les emplois industriels plafonnent puis déclinent à leur tour, cédant peu à peu la place aux emplois du secteur tertiaire, qui regroupent désormais plus des deux tiers des actifs, reflétant là encore les nouveaux choix des ménages en faveur des services. D'ailleurs, dans un pays comme les États-Unis, lors de la reprise très forte des années 80, près de neuf emplois sur dix nouvellement créés l'ont été dans le secteur tertiaire. C'est encore plus vrai avec l'essor récent de la « nouvelle économie » : les emplois naissent là où les achats des ménages se déplacent, c'est l'évidence même. Ce déplacement permanent des emplois se traduit par un chômage frictionnel ou de mutations car lorsque l'on perd un emploi dans un secteur en déclin, il faut un certain temps pour en trouver un ailleurs. Ce chômage de mutation se produit donc en période de croissance, contrairement au chômage conjoncturel.

Bien entendu, d'autres changements de structure existent : des régions déclinent tandis que d'autres émergent; la population des villes progresse au détriment des campagnes; la démographie elle-même est influencée, de même que les prix relatifs ou les écarts de revenus. D'une manière générale, la croissance, étant le conflit du vieux et du neuf, implique de vastes mutations : elle n'est jamais la reproduction sur une échelle plus grande des comportements antérieurs, mais elle implique des mutations importantes, y compris en matière d'emplois, ce qui explique souvent l'existence de réticences face à ces mutations, chacun cherchant, sans pouvoir y arriver, à conserver son emploi sur place, alors que plus la croissance est rapide plus les mutations sont inéluctables et nécessaires, marquant l'évolution des choix de chacun.

Les causes de la croissance

Il est possible d'examiner les causes à très long terme, dans une analyse séculaire, ou de s'intéresser aux facteurs de croissance à plus court terme.

A long terme, une analyse comme celle de W.W. Rostow, dans *Les étapes de la croissance économique*, décrit simplement les phases successives par lesquelles passe un pays qui se développe. Au départ, il existe une société traditionnelle, marquée avant tout par l'autoconsommation, la faiblesse des échanges et du marché, un équilibre démographique de forte natalité et de forte mortalité, un horizon économique court. On est encore dans un jeu économique a somme nulle.

Puis apparaissent les conditions préalables au décollage économique. Il s'agit en particulier d'une lente évolution des mentalités, de l'existence d'une agriculture prospère et d'un espace économique assez vaste pour assurer une liberté des échanges, un changement des mentalités, des institutions appropriées. Ensuite peut avoir lieu le décollage proprement dit, qui se fait souvent autour d'industries pivots (comme le textile ou la sidérurgie ou le chemin de fer), la croissance étant au départ avant tout déséquilibrée entre les branches ou les régions.

L'avant dernière étape est celle de la marche vers la maturité qui comporte un exode rural considérable, un apport important de la technologie et une extension de la croissance à de nombreuses branches ou régions. La croissance devient plus équilibrée. Sur le plan démographique, on est alors en pleine période de transition démographique pour atteindre un nouvel équilibre de bas niveau.

Enfin, la dernière étape est celle de la consommation de masse. Les demandes de biens se sont diversifiées. L'organisation économique est efficace mais peut être contraignante (travail à la chaîne, taylorisme), tandis que la structure de la population active se déforme, au profit du secondaire, puis du tertiaire.

Au-delà de ces étapes étudiées par Rostow (à la fin des années 50), il est possible d'envisager d'autres évolutions. Dans les années 60, on croyait avant tout à la poursuite de la croissance rapide et essentiellement matérielle, massifiante, industrielle autour de grandes entreprises fortement syndicalisées. A la fin des années 60 et au début des années 70, la contestation de la croissance domine au contraire, au nom des inconvénients de la croissance (dégradation de l'environnement, épuisement des ressources naturelles) et de la peur de l'explosion démographique : la mode est alors à la croissance zéro, c'est-à-dire à l'arrêt de la croissance, au nom de ses inconvénients (Club de Rome).

Par la suite, la crise des années 70 amène effectivement un ralentissement de la croissance (et même la croissance zéro!) et l'on découvre alors paradoxalement les bienfaits de cette croissance en termes de niveau de vie, de consommation, d'emplois. La croissance alors revient à la mode, mais elle s'oriente d'elle-même vers des chemins différents, en fonction des choix des consommateurs : plus de services, des productions parfois plus personnalisées; de la même façon, les modes tayloristes de production font place à d'autres organisations, mettant en avant la décentralisation des décisions, l'information, la responsabilité personnelle des salariés, avec des expériences comme les équipes autonomes de production, les cercles de qualité et la gestion participative. La croissance devient alors plus qualitative que quantitative sur le plan de la consommation comme sur celui de la production. Avec la nouvelle économie, elle touche au plus prés les choix personnalisés des ménages dans leur vie quotidienne.

Il est également possible de s'interroger sur les facteurs de croissance à plus court terme. Selon l'analyse économique traditionnelle, la production, donc la croissance, dépendent des deux facteurs de production que sont le travail et le capital. Plusieurs auteurs, à commencer par Denison aux États-Unis, ont souligné que d'autres facteurs intervenaient dans la croissance.

En France, l'étude de Carré-Dubois-Malinvaud essaie de chiffrer l'importance de chacun des facteurs. C'est par exemple le cas pour l'après-guerre, pendant les « trente glorieuses », ce qui correspond à la période de croissance rapide du PIB, au rythme de 5 % par an en moyenne.

Il s'agit d'examiner le poids, dans la croissance, de chaque facteur, en supposant stables les autres facteurs de croissance. Le premier élément mis en évidence, c'est le facteur travail. Certes, le nombre de travailleurs n'a pas varié dans la période, ce qui n'explique donc pas la croissance; la durée du travail a même légèrement diminué, ce qui aurait dû entraîner une décroissance de 0,1 % par an de l'activité.

Par contre, la qualité du travail s'est fortement améliorée (rajeunissement de la population active, meilleure formation professionnelle...), expliquant 0,4 % de croissance. Pour leur part, les migrations professionnelles se sont intensifiées (les travailleurs passant des secteurs en déclin peu productifs vers les secteurs en expansion plus productifs), ce qui explique 0,6 % de croissance. Résultat d'ensemble pour le facteur travail : sur les 5 % de croissance par an, il en expliquerait 0,9 %.

Deuxième facteur explicatif, le capital : d'un côté, la quantité de capital net a fortement progressé dans la période, c'est-à-dire que les entreprises ont investi et se sont équipées : cela contribue fortement à la croissance (1,1 %) ; de l'autre, le rajeunissement du capital s'est poursuivi, grâce à l'amortissement, ce qui, là aussi, a poussé la production vers le haut (0,4 %) puisque l'on remplace d'anciens équipements par de nouvelles machines plus productives; au total, le facteur capital contribue donc pour 1,5 % à la croissance.

Le principal résultat de cette analyse, c'est donc que les facteurs de production « traditionnels » n'expliquent à eux seuls qu'environ la moitié des 5 % de croissance (0,9 % pour le travail, 1,5 % pour le capital). Il y a donc une fraction très importante de la croissance qui ne s'explique ni par le travail, ni par le capital, soit la moitié de ce rythme de croissance.

Ce résidu représente le rôle du progrès technique, mais aussi d'une meilleure diffusion des connaissances, d'une gestion plus efficace des entreprises, permettant une meilleure combinaison du travail et du capital, et donc du rôle des entrepreneurs et des dizaines d'autres facteurs qui contribuent à la croissance économique.

Cette analyse signifie que la croissance est un phénomène très complexe, aux raisons multiples, et qu'il est vain de penser pouvoir la contrôler ou la modifier à volonté en manipulant quelques variables globales, dans un domaine où les facteurs humains sont si essentiels. De la même façon, dans les pays moins avancés, c'est une illusion de croire qu'il suffira d'un peu de capital supplémentaire pour déclencher le processus de croissance : là encore, de nombreux facteurs liés aux mentalités, aux institutions (droits de propriété, liberté économique), à l'éducation, etc. jouent un rôle essentiel dans ce processus. Il en va de même dans les pays de l'Est où mentalités et institutions importent plus que les facteurs conjoncturels ou quantitatifs. C'est ainsi que la croissance est faible dans les pays sans état de droit puisque les institutions ne peuvent plus jouer leur rôle de vecteur d'information.

L'irrégularité de la croissance et les cycles économiques

La croissance est irrégulière, aussi bien dans l'espace que dans le temps. Les économistes ont d'abord cherché à établir des régularités dans ces fluctuations : c'est la théorie du cycle à la mode dans la deuxième moitié du XIXe siècle et au début du XXe siècle.

Les analyses du cycle mettent en évidence quatre phases successives : une phase longue, celle de l'expansion, pendant laquelle la production, l'emploi, mais aussi les prix progressent; puis un point de retournement, la crise au sens strict du terme, moment où la conjoncture bascule; le troisième temps est à nouveau long : c'est la phase de dépression, pendant laquelle la production diminue, l'emploi se dégrade, les prix baissent; enfin, un nouveau point de retournement, la reprise, phase dans laquelle les entreprises les plus fragiles ont disparu, la situation est assainie et l'économie repart pour un nouveau cycle.

Par contre les économistes divergent quant à la durée de ces cycles : cycles de durée brève ou moyenne (quelques années) avec Juglar ou Kitchin, cycles longs avec Kondratieff; les divergences portent aussi sur les causes du cycle : variation de la quantité de monnaie, des taux d'intérêt, des profits, de l'investissement, etc. Parmi ces analyses, on peut aussi souligner celle de Schumpeter qui met en avant les phénomènes d'innovation : une innovation majeure entraîne une phase d'expansion, grâce à toute la grappe d'innovation qui stimule ensuite l'activité; mais peu à peu l'effet de ces innovations s'essouffle et l'économie décline jusqu'à la prochaine innovation majeure.

Toutes ces analyses, à la mode à la veille de la deuxième guerre mondiale, s'effondrent au lendemain de celle-ci : alors que l'on attend un nouveau cycle, on observe une longue période de croissance ininterrompue avec les trente glorieuses. Les fluctuations sont moins amples et changent de nature. Certes, après 1973, le retour aux difficultés économiques fait songer à certains au retour des crises cycliques; le mot de crise lui-même revient au premier plan.

En réalité, il y a bien récession, c'est-à-dire ralentissement de la croissance (au sens strict, il y a récession lorsque la croissance est négative deux trimestres consécutifs) ; mais il ne s'agit en aucun cas d'une dépression. La comparaison entre la grande crise de 1929 et celle de 1973 montre bien les différences. D'un côté, la production s'effondre, fléchissant de moitié aux États-Unis et de 28 % en France ; de l'autre, dans les années 70, on assiste à un simple ralentissement de la croissance. Au pire, en 1975, la croissance devient très légèrement négative (- 1 à – 3 %).

En outre, différence essentielle, dans les années 30, les prix s'effondrent, diminuant de 30 % dans l'industrie américaine, de 18 % en France ; dans la crise récente, les prix au contraire montent, dépassant souvent le rythme annuel de 10 %, voire de 20 % dans certains pays. C'est un élément important, qui rend caduques les tentatives pour trouver une solution du même type aux deux crises en espérant agir sur la demande globale.

Certes, dans les deux cas le chômage augmente, mais il atteint dans les années trente près d'un actif sur quatre aux États-Unis, prés d'un sur trois en Allemagne ; dans la période récente, il n'a pas dépassé les 10 % en moyenne, culminant dans certains pays à 12 ou 13 %.

Enfin, le commerce extérieur s'effondre dans les années 30, sous l'effet du protectionnisme comme de la montée des régimes totalitaires. Les prix des matières premières reculent, les échanges se réduisent, chacun essayant de s'en sortir seul, ce qui aggrave la crise. Dans les années 70, il s'agissait au contraire d'exporter plus pour payer des matières premières, et notamment le pétrole, devenues plus chères ; les échanges extérieurs se sont donc développés, contribuant à soutenir l'activité et les économies sont de plus en plus interdépendantes.

Si la crise a paru si grave dans les années 70, c'est surtout de manière relative, parce qu'elle intervenait après des années de croissance ininterrompue. Mais, dès le début des années 80, la reprise est sensible, grâce notamment à l'application de politiques économiques moins conjoncturelles, plus structurelles et surtout plus tournées vers le développement de l'offre, et cela d'abord aux États-Unis et en Angleterre, puis dans la plupart des autres pays. Cette reprise a été plus tardive en France et depuis, les fluctuations ont repris avec l'habituelle alternance des phases d'expansion et de récession. Mais d'autres facteurs de la « crise » se sont bien atténués, à commencer par l'inflation. Et dans de nombreux pays – comme la Grande-Bretagne – le chômage a fortement diminué (3 % à peine en 2004), ce qui n'est pas le cas en France où persistent les causes structurelles du chômage.

A son tour, la crise de 2008-2009 a été comparée à celle de 1929. Or les différences sont les mêmes que pour les années 70 : dépression (1929) contre récession (2009), déflation (1929) contre inflation ou au moins stabilité des prix (2009), protectionnisme (1929) contre mondialisation (2009). Dans ces conditions, appliquer en 2008-2009 la même politique qu'en 1929 (La relance keynésienne de la demande) est absurde et ne peut que conduire à un échec : on ne soigne pas deux maladies différentes avec le même remède. En 2009 nous n'étions pas dans la même situation qu'en 1929.

§ 2. LE TIERS-MONDE SOUS-DÉVELOPPÉ

La notion de tiers-monde, terme inventé par A. Sauvy dans les années 50, par analogie au « tiers-état » de la révolution, notion aujourd'hui remise en cause, représente les pays qui sont restés à l'écart du mouvement de développement économique qui a touché l'Europe, l'Amérique du Nord et le Japon. Il s'agit donc des pays sous-développés, pudiquement appelés « en voie de développement ».

Les critères de ce sous-développement ne sont pas évidents. En général, c'est un indicateur de production qui donne une idée du niveau de développement. C'est le cas du PIB ou du PNB mesuré par habitant. Alors qu'il est dans le monde en moyenne de l'ordre de 10.000 dollars, et qu'il est souvent supérieur à 25.000 dollars pour les principaux pays développés, il est très inférieur pour les pays du tiers-monde : 1 000 dollars à 2000 dollars pour les pays les plus pauvres, parfois moins dans les cas les plus extrêmes (Les pays les moins avancés ou P.M.A.).

Mais cet indicateur pose un certain nombre de problèmes. En particulier, beaucoup d'éléments de production échappent à cette estimation, notamment en raison de toute l'autoconsommation et de l'économie non monétaire, importantes dans ces pays.

Le programme des Nations-Unies pour le développement a créé un indicateur plus vaste, visant à mesurer le bien être des individus. Il s'agit de l'IDH (Indicateur de développement humain), qui inclut, outre le niveau de production, des éléments liés à l'espérance de vie, au taux d'alphabétisation, etc. Mais, quel que soit son intérêt, ce type d'indicateur lui aussi se heurte à des problèmes de crédibilité et de signification ; la prétention à mesurer le bien être s'est toujours heurtée au flou de cette notion.

Ceci étant, le sous-développement s'apprécie bien par la faiblesse des principaux indicateurs économiques, de la production, du revenu, ainsi que les taux élevés d'analphabétisme et l'importance de la malnutrition.

Les variables démographiques elles aussi représentent un indice important du niveau de développement. Habituellement, avant le développement économique, la situation démographique est caractérisée par un haut niveau de mortalité et de natalité. Ensuite, la mortalité régresse en raison des progrès de la médecine, de l'hygiène, de la production agricole, alors que la natalité reste encore un temps à un niveau élevé : c'est la phase de transition démographique dans laquelle se trouverait aujourd'hui le tiers monde, avant de connaître à son tour un recul de la natalité.

Il est vrai qu'il n'est pas rare d'avoir dans ces pays des taux de natalité supérieurs à 40 pour mille. L'indice synthétique de fécondité (enfants par femme), qui est en moyenne de 2,7 dans le monde (et de 2 dans un pays comme la France) est parfois supérieur à 5 voire 6, dans certains pays du tiers monde.

Le taux d'accroissement naturel, qui est en moyenne de 1,2 % par an dans le monde, se situe alors entre 2 et 3 % dans beaucoup de pays non développés. La proportion de personnes de moins de 15 ans est très élevée (parfois située entre 40 et 50 %) tandis que celle des personnes de plus de 65 ans est très faible (de 2 à 7 %).

Plus généralement, ces économies ont du mal à rompre le cercle du sous-développement, et ce sont des économies au jour le jour, à horizon économique court sans véritables décisions à long terme. Elles sont parfois désarticulées, avec un secteur industriel peu entraînant et un secteur traditionnel archaïque et parfois amonétaire. Le chômage y est élevé, souvent déguisé et le commerce extérieur est, dans certains cas, dépendant de l'exportation d'un ou deux produits de base, dont les cours fluctuent largement.

Cette vision pessimiste des difficultés du tiers-monde doit être corrigée par un certain nombre d'autres facteurs.

Tout d'abord, il n'est plus possible de parler aujourd'hui du tiers-monde comme étant un tout homogène. Quoi de commun entre des pays riches et rentiers, comme certains pays de l'OPEP, des pays en développement très rapide, tels que les NPI (nouveaux pays industrialisés) en Asie du Sud-Est par exemple, ou encore dans l'Océan indien avec l'île Maurice sans parler des pays émergents (Chine, Inde, Brésil) et les PMA (Pays les moins avancés) qui eux, restent largement sous-développés, en particulier en Afrique.

Ensuite, la question démographique est avant tout celle de la transition entre deux équilibres. Partout, la natalité a régressé, parfois très brutalement, ailleurs plus lentement. Comme dans les pays développés, l'équilibre démographique de bas niveau sera atteint au terme du processus de transition, mais il est vrai que ce processus peut être long et cela à un moment où existent de graves difficultés économiques. Mais de nombreux pays du tiers-monde ont déjà achevé leur transition démographique.

Le nombre moyen d'enfant par femme, qui était de 6,13 dans le tiers-monde au début des années 50, était tombé 5,39 au début des années 70, à 4,15 au début des années 80, à 3,48 au début des années 90, est aujourd'hui de moins de 3 : on mesure le chemin parcouru ; or, il ne s'agit que de moyennes ; dans beaucoup de pays du tiers-monde, la démographie est comparable à celle de l'Occident : inférieure au seuil de renouvellement des générations (1,1 enfant par femme en Corée du sud, 1,6 en Chine).

De même, la croissance de la production est considérable ; elle est supérieure à celle des pays développés par exemple de 10 % en Chine ou de 8 % en Inde ; mais elle est effectivement très variable d'un pays à l'autre. Presque partout la croissance est certes plus rapide que dans les pays riches, mais l'Afrique progresse moins vite que l'Asie. Il est clair en tous cas, contrairement aux idées reçues, que les écarts moyens entre pays riches et pauvres se réduisent.

Il est pourtant possible de constater certains critères communs aux pays qui se développent le plus vite. Sur le plan externe, ce sont toujours les pays les plus ouverts aux échanges internationaux. D'une façon ou d'une autre, ils bénéficient de ces échanges, par les importations comme par les exportations (cela se vérifie en Asie du Sud-Est aussi bien qu'à l'île Maurice ou ailleurs). Au contraire, les pays qui ont refusé les échanges internationaux, l'ouverture vers les autres, et qui ont voulu vivre en autarcie sont toujours ceux qui sont restés les moins développés. C'est bien la preuve que le commerce, même entre pays différents, et, d'ailleurs, surtout entre pays différents, justement en raison de ces différences, bénéficie à tous. On dit à juste titre que le commerce est la meilleure forme d'aide au tiers-monde, l'un des moteurs du développement.

Sur le plan interne, les obstacles au développement sont avant tout d'ordre institutionnel. Les études montrent que les pays qui ont la plus grande part de leur économie étatisée, avec un vaste secteur public improductif, des prélèvements élevés, des rigidités, un interventionnisme sur les prix, etc. sont ceux qui ont le plus de mal à se développer.

Au contraire, les pays qui ont su laisser le secteur privé prendre des initiatives ont connu un développement rapide, comme en Asie du Sud-Est avec les « quatre dragons » ou dans les NPI en général ou dans les pays émergents de la Chine à l'Inde. Mais cela implique des réformes institutionnelles, par exemple une bonne définition et une garantie des droits de propriété et un cadre juridique approprié, permettant en particulier le respect des contrats. C'est ce que l'on appelle l'État de droit. Tout l'aspect personnel et humain du développement est fondamental et ne doit pas être empêché de s'exprimer par un poids excessif de l'État, qui est l'un des principaux obstacles au développement, avec l'insécurité juridique.

Le capital humain, via l'éducation, est aussi un facteur majeur du développement. Mais pour lui, comme pour les autres facteurs, c'est la liberté qui est l'élément déterminant. Plusieurs indicateurs de liberté économique existent, mesurant la part plus ou moins grande des réglementations, de l'État, du secteur public, des impôts, etc...Or la réponse est sans appel : partout où la liberté progresse, le développement se produit; partout où l'État étend son emprise, l'économie s'enfonce dans le sous-développement. Il existe une façon certaine de maintenir un pays dans la misère : fermer les frontières et étendre le rôle de l'État. A l'inverse, plus l'indice de liberté est élevé, plus le pays se développe. Cela veut dire que ce n'est pas la mondialisation qui provoque la misère. Elle donne au contraire les moyens de s'en sortir. Par contre, partout où l'on refuse l'ouverture des frontières et la mondialisation, la misère progresse. Si les écarts s'aggravent dans le monde, ce n'est pas entre pays riches et pays pauvres mais entre pays libres et pays étatisés. C'est la liberté qui est le principal facteur de développement.

SECTION – II. LA PENSÉE ÉCONOMIQUE

Chronologiquement, la période contemporaine est d'abord marquée par la pensée néo-classique, puis par la pensée keynésienne et enfin par le renouveau des thèses libérales.

§ 1. LA PENSÉE NÉO-CLASSIQUE

Vers 1870, trois écoles développent des analyses parallèles. Il s'agit de l'école de Vienne, plus tard appelée l'école autrichienne, avec Carl Menger, de celle de Cambridge, avec Stanley Jevons et de celle de Lausanne avec Léon Walras.

Ces écoles néo-classiques ont été dominantes dans la pensée économique jusque vers 1930, par exemple avec des auteurs comme Böhm-Bawerk, Vilfredo Pareto ou Alfred Marshall.

Ces écoles sont également qualifiées de marginalistes, car elles mettent l'accent sur le raisonnement marginal, propre à l'analyse économique. Cela signifie que les décisions économiques portent sur la dernière unité, pour laquelle on compare les avantages et les inconvénients.

C'est ainsi que l'analyse du producteur part d'une comparaison entre le coût marginal et la recette marginale d'une unité supplémentaire pour savoir s'il convient de produire plus ou non. De même, le consommateur qui s'interroge sur le choix d'une unité supplémentaire compare prix et utilité marginale.

En particulier, ces analyses mettent en avant la notion d'utilité, ce qui permettra de développer toute une théorie microéconomique du consommateur débouchant sur la notion de demande ; de la même façon, l'analyse du producteur débouche sur la notion d'offre ; offre et demande se rencontrent sur un marché, dont les formes peuvent être diverses. Autrement dit, toute l'analyse microéconomique en partie utilisée aujourd'hui encore repose sur les développements faits par les néoclassiques, même si certaines hypothèses (comme l'information parfaite) sont fausses ou conduisent à des impasses (la concurrence pure et parfaite en particulier).

En fait, ces analyses donneront certaines bases acceptables de la micro-économie (Offre et demande par exemple), mais dans d'autres domaines elles empêcheront de voir la richesse de la réalité économique : le temps est négligé, l'information a un coût et n'est donc pas parfaite, le consommateur n'est pas final et passif, mais est un véritable producteur, etc. Mais les néoclassiques ont le mérite d'ouvrir la voie dans ces domaines microéconomiques, même si, après eux, la microéconomie sera profondément renouvelée dans la deuxième moitié du XXème siècle.

Par contre, l'analyse macroéconomique des néoclassiques apporte peu d'éléments supplémentaires. Les événements macro-économiques n'ont pas pour eux de spécificité, ce qui fait que les déséquilibres au niveau global sont résorbés comme les déséquilibres sur un marché, notamment par la variation des prix ou des salaires. Il n'y a donc pas de déséquilibre durable et, à long terme, ceux-ci disparaissent grâce aux ajustements des marchés. La macroéconomie n'a pour eux rien de spécifique. Elle ne fait que généraliser la microéconomie (Thèse du « Bridge »).

Dans ces conditions, la pensée néoclassique est avant tout libérale, puisque le rôle de l'État doit être réduit au minimum pour ne pas perturber les mécanismes de rééquilibrage automatique du marché. Mais, comme les rigidités font que ces rééquilibrages peuvent être longs à venir, lorsque la grande crise des années 30 apparaît, avec ses déséquilibres profonds, la pensée néoclassique paraît comme impuissante à l'expliquer ou à trouver des solutions rapides à ces déséquilibres. Les auteurs qui avancent des analyses originales de la crise (comme F.-A. Hayek) sont, à tort, marginalisés.

§ 2. LA PENSÉE KEYNÉSIENNE

John Maynard Keynes (1883-1946), économiste anglais, appartenant au départ à l'école néoclassique (Cambridge), développe par la suite des analyses originales qui marqueront durablement la politique économique. C'est en particulier le cas dans la « Théorie générale de l'emploi, de l'intérêt et de la monnaie », parue en 1936.

La pensée keynésienne est profondément marquée par les caractéristiques de la crise des années 30 : effondrement de la production, chômage élevé, avec une chute des prix (déflation). Il s'agit avant tout de trouver des solutions rapides à une crise majeure, de type déflationniste : l'analyse keynésienne mettra donc l'accent sur le court terme, sur la conjoncture.

En outre, elle sera avant tout macro-économique en ce sens que Keynes considère qu'on ne peut étudier de la même façon les phénomènes micro et macro-économiques ; il faut des instruments spécifiques, d'où une politique économique, elle aussi macroéconomique. (Thèse de No bridge).

Keynes cherche notamment des explications au chômage important dans cette période. Pour lui, la situation est celle d'un équilibre de sous-emploi : il y a bien équilibre macro-économique, sur les marchés des biens et services, mais cet équilibre ne correspond pas à celui du marché du travail; les mécanismes rééquilibrants ne jouent pas, notamment en raison de la rigidité des salaires nominaux à la baisse.

Fondamentalement, ce déséquilibre s'explique avant tout, pour Keynes, par l'insuffisance de la demande globale (consommation, investissement, dépense publique), et le redressement économique ne peut alors passer que par une relance de cette demande globale, qui déplacera l'équilibre jusqu'au niveau du plein emploi. Cette relance peut être budgétaire (plus de dépenses publiques, moins d'impôts, plus de déficits) ou monétaire (baisse du taux d'intérêt).

Inversement, il peut aussi exister un équilibre de suremploi, c'est-à-dire une situation d'inflation sans chômage. Cette fois, l'explication vient d'un excès de demande globale et les politiques de rigueur visent à réduire celle-ci pour lutter contre l'inflation (politiques de freinage).

La politique keynésienne est une politique active, visant à agir directement sur la conjoncture. Il s'agit donc avant tout d'une politique très interventionniste. Elle aura un succès considérable, notamment après la deuxième guerre mondiale, et la plupart des gouvernements, au moins jusqu'aux années 60, seront largement keynésiens dans leur politique économique.

Mais la situation s'est modifiée et l'on a été longtemps proche du plein emploi : les politiques conjoncturelles keynésiennes visaient donc à effectuer un réglage fin, sous forme de politiques de relance (pour assurer le plein emploi), parfois de politiques de freinage (pour éviter l'inflation), cherchant à suivre au plus près la conjoncture.

La situation se modifie à partir des années 60, sous l'influence de deux phénomènes : tout d'abord, l'inflation peu à peu se redresse et les politiques keynésiennes, avant tout tournées vers le chômage, se révèlent inaptes à régler cette question. Ensuite, le chômage lui aussi se développe parallèlement à l'inflation, marquant l'efficacité de plus en plus réduite de ces politiques.

Cette situation de stagflation (stagnation et chômage plus inflation) rend inopérant le schéma keynésien, puisqu'il n'y a plus d'explication cohérente des déséquilibres conjoncturels : le schéma keynésien prévoit ou le chômage ou l'inflation; il ne peut y avoir les deux en même temps, car cela signifierait à la fois trop et trop peu de demande. Il n'y a surtout plus de solution keynésienne aux difficultés économiques des années 70, puisqu'on ne peut en même temps relancer la demande (pour réduire le chômage) et freiner cette même demande (pour réduire l'inflation). Cela contribuera à expliquer le renouveau des pensées néoclassiques et des politiques économiques libérales. Pourtant, à l'occasion de la crise financière et économique de 2008-2009, on assiste à un retour en force des politiques de relance keynésiennes, alors que les critiques du keynésianisme restent pertinentes. On peut donc être sceptique sur l'efficacité de ces plans de relance.

§ 3. LE RENOUVEAU DES PENSÉES LIBÉRALES

Après la période d'éclipse due aux succès de la pensée keynésienne, on assiste à un renouveau de divers courants économiques, d'inspiration néoclassique et libérale. Le terme de néoclassique est à utiliser avec précautions, car bien des courants actuels en économie ne se réclament pas de la lignée néoclassique, dont on a vu ci-dessus les limites et, par exemple, le courant autrichien, le plus dynamique de ces diverses écoles, n'accepterait pas le terme de néoclassique. Par contre ces divers courants ont en commun le fait d'être libéraux, par opposition à l'interventionnisme des keynésiens.

Cela prend des formes très diverses, qui marquent beaucoup la pensée économique à partir des années 60.

Il s'agit d'abord du courant monétariste, ou école de Chicago, autour de l'Américain Milton Friedman. En particulier, cette école met l'accent sur les analyses de la monnaie, en termes de stabilité de la fonction de demande de monnaie et d'exogénéïté de l'offre de monnaie. Le monétarisme analyse notamment les déséquilibres inflationnistes comme étant avant tout d'ordre monétaire (théorie néo-quantitative de la monnaie). Pour M. Friedman (Prix Nobel d'économie), l'inflation est toujours et partout un phénomène monétaire.

Le monétarisme va donc offrir un support théorique aux politiques de lutte contre l'inflation qui se développeront avec succès à partir des années 75 et surtout dans les années 80. Ces politiques reposent avant tout sur une maîtrise de la création monétaire et l'abandon des politiques conjoncturelles, pour inscrire la politique économique dans la durée (la « politique monétaire automatique » ou règle du k % qui signifie qu'on augmente chaque année la masse monétaire d'un même pourcentage). En outre, Friedman préconise, dans le système monétaire international, des taux de change flottants qui vont effectivement se généraliser dans les années 70.

Ensuite, on assiste aussi au développement d'un autre courant, qui s'intéressera avant tout à la faiblesse de la production et de la croissance. Il s'agit en particulier de l'économie de l'offre, qui insiste dans les années 70 sur les obstacles à la production, à l'offre. Ces obstacles sont avant tout d'ordre fiscal, car la pression fiscale excessive décourage l'effort productif (courbe de Laffer), et d'ordre administratif, car les entreprises sont paralysées, dans leurs efforts pour produire, par des réglementations d'origine étatiques.

La politique économique libérale revient alors à la mode, surtout dans les années 80, notamment en premier lieu dans l'Angleterre de madame Thatcher et aux États-Unis avec R. Reagan. Il s'agit de la défiscalisation (visant à réduire l'impôt et sa progressivité) et de la déréglementation (de façon à réduire le poids de l'État et de ses réglementations dans l'économie).

La conjonction des politiques monétaires ayant pour objet de réduire l'inflation et des politiques de l'offre visant à agir sur la croissance et le chômage, a permis largement de réduire les déséquilibres observés à la suite des chocs pétroliers, dans les années 70, et de redresser peu à peu les économies occidentales dans les années 80, en libérant les forces productives. Les succès actuels de la nouvelle économie ne viennent pas tant des technologies nouvelles que de cette vaste libéralisation par rapport à l'État, à ses charges et à ses contraintes. Malheureusement, face à la crise de 2008-2009 certains incrimineront ces politiques libérales, provoquant un retour en force des politiques interventionnistes et de relance.

D'autres auteurs, proches de ces courants, renouvellent eux aussi en même temps en profondeur l'analyse économique. C'est sans doute moins spectaculaire, mais plus fondamental que les courants décrits ci-dessus, car, après leurs analyses, l'économie a profondément changé – thème qui sera développé dans le cours du second semestre.

C'est le cas du courant autrichien, avec Mises et Hayek, auteurs longtemps oubliés et qui reviennent à la mode à partir des années 70. Ils mettent en cause beaucoup de fondements de la pensée néoclassique, mais pour aboutir à des conséquences proches en matière de non-intervention de l'État. Ils insistent sur le rôle des prix, comme vecteur d'information sur les marchés.

Ils présentent aussi des analyses originales en matière de monnaie (concurrence monétaire et privatisation de la monnaie chez Hayek) et développent une analyse économique des institutions, une théorie des droits de propriété ou encore diverses analyses économiques de phénomènes non marchands.

Certains auteurs, comme G. Becker, renouvellent profondément d'autres domaines de l'analyse économique. C'est le cas de l'introduction du temps et du développement d'analyses nouvelles de la consommation (théorie de la production domestique) ou de la famille et des phénomènes démographiques.

Mais c'est aussi le cas avec l'apparition de concepts nouveaux comme celui de capital humain, (principal facteur de développement économique), d'anticipations rationnelles, de coûts de transaction et d'information, d'une nouvelle analyse de la concurrence en termes d'ouverture des marchés, et non de nombre d'entreprises, de l'analyse du marché politique, etc. Des auteurs comme G. Stigler, J. Buchanan, R. Coase, ouvrent de nouvelles perspectives à l'analyse économique. En outre se développe une nouvelle voie de recherche prometteuse, celle de l'analyse économique du droit.

Le Prix Nobel d'économie vient d'ailleurs souvent récompenser les économistes des diverses écoles autrichiennes et libérales. On peut citer en particulier, parmi les auteurs ayant reçu cette récompense, Hayek, Friedman, Stigler, Coase, Buchanan, Becker, Lucas et dans une certaine mesure le français Allais. Tout ce renouveau de la pensée économique, qui trouve l'essentiel de son expression dans tous ces courants, concerne surtout les analyses microéconomiques, en reposant notamment sur l'individualisme méthodologique. La politique économique conjoncturelle passe de fait au second plan et on met l'accent d'abord sur la liberté des agents micro-économiques et les conditions d'exercice de cette liberté pour réduire les déséquilibres. Liberté, responsabilité deviennent les concepts fondamentaux.

Ces concepts micro-économiques, ces nouvelles analyses et leurs conséquences de politique économique seront largement développés et intégrés, dans les chapitres ultérieurs, représentant le programme du second semestre, pour montrer ce renouvellement très récent et profond de l'analyse économique. Ce renouvellement ouvre de fait beaucoup de perspectives à la réflexion des économistes et élargit en même temps le champ d'application de la science économique.

Deuxième partie

LES SYSTÈMES ÉCONOMIQUES

Avant d'examiner les caractéristiques des deux systèmes économiques, celui de plan et celui de marché, en théorie comme en pratique, il faut s'interroger sur le principe même de l'existence des systèmes économiques et sur l'impossibilité d'un tiers système.

Cette question est essentielle. En effet, le XXe siècle a été dominé par la question du choix du système économique et par l'affrontement du plan et du marché, du « socialisme » et du « capitalisme ». Cet affrontement s'est terminé comme l'on sait, avec l'effondrement des systèmes planifiés à la suite de la chute du mur de Berlin : ces économies de plan sont devenues des économies de marché, après avoir été des systèmes en transition vers le marché, selon l'expression de l'OCDE.

Mais un autre phénomène a dominé ce siècle dans ce domaine : c'est l'idée d'échapper à cet affrontement en cherchant une solution alternative, une troisième voie, un tiers système, une économie mixte. Cette illusion, – comme le prouve la théorie des systèmes économiques – a eu des conséquences graves, car elle a poussé à chercher une autre solution, un ailleurs, au lieu de s'intéresser au réel – qui est l'économie de marché – et de chercher les moyens de la rendre toujours plus efficace et toujours plus humaine.

C'est pour éviter de retomber dans ces illusions que l'étude de la dichotomie des systèmes est importante, en raison de ses conséquences pratiques et concrètes.

CHAPITRE I

LA DICHOTOMIE DES SYSTÈMES

SECTION I. LES DEUX SYSTÈMES ÉCONOMIQUES

L'activité économique est très complexe, car, dès qu'on abandonne l'autoconsommation, elle se déroule entre une multitude de centres de décisions, dont chacun prend, apparemment indépendamment des autres, un grand nombre de décisions. Tout ceci donne une – fausse – impression de désordre, alors qu'il s'agit de construite au contraire un ordre économique. Et surtout cela pose d'emblée la question économique fondamentale de la coordination des décisions, qui est le rôle essentiel de l'économie.

C'est ainsi que, dans un pays comme la France, existent plus de 25 millions de ménages, qui sont les centres de décisions en matière de consommation. Chaque ménage prend en permanence des centaines de décisions. De la même façon, les entreprises ou centres de décisions en matière de production, sont au nombre de plusieurs millions, si on tient compte, aux côtés des entreprises industrielles, des entreprises agricoles, artisanales, commerciales ou libérales. Or chacune prend également des centaines de décisions.

Lorsqu'il y a autoconsommation, la question de la coordination entre les diverses décisions ne se pose pratiquement pas, puisque chaque agent est à la fois producteur et consommateur de sa propre production. Mais dès que l'on introduit la division du travail, la spécialisation des tâches, l'échange, se pose un problème de plus en plus complexe de coordination des multiples décisions de ces centres de plus en plus spécialisés. Et plus l'économie est développée, plus des informations et décisions sont nombreuses et posent des problèmes de traitement et de coordination.

Ce sont les mécanismes de coordination et d'harmonisation entre toutes les décisions de tous ces agents qui constituent un système économique. Celui-ci comprend donc un ensemble de règles et d'institutions appliquées à la vie économique. Il a pour but de résoudre le problème économique fondamental, qui est celui de la rareté. Face à cette rareté, un système doit permettre aux divers agents d'effectuer des choix.

Le premier choix est résumé par la question « que produire ? ». La rareté implique en effet un choix dans les besoins : quels sont les besoins considérés comme prioritaires ? Quels biens peuvent répondre à ces besoins ? Qui établit la liste des priorités ?

Le second choix concerne le « comment produire ? ». La rareté implique en effet une deuxième série de choix, concernant cette fois le domaine de la production. Choix des techniques productives, choix de la combinaison optimale des facteurs de production : quels facteurs ? En quelle quantité ? Quel est le type de l'organisation productive ?

Enfin, le troisième choix porte sur le « pour qui produire ? ». La rareté implique en effet une troisième série de choix, portant sur les bénéficiaires des biens et services produits. Comment sont repartis ces produits ? Dans un système monétaire, où ce sont les titulaires de revenus qui peuvent se procurer les biens et services, cela revient à poser une autre question : quelle est la répartition des revenus ?

A chacune de ces trois questions, il est possible d'imaginer deux types de réponses et deux seulement : l'une décentralisée, l'autre centralisée. Dans un cas, la réponse appartient à une autorité centrale : elle est globale ; dans l'autre, elle appartient aux agents décentralisés : elle peut être plus diversifiée. Mais, pour autant, on n'obtient pas ainsi un grand nombre de systèmes, en combinant des réponses centralisées ici, décentralisées là.

Il faut en effet en outre que les réponses soient cohérentes entre elles. Si la réponse est centralisée à chacune des trois questions, il s'agit d'un système d'économie de plan. Si la réponse est décentralisée à chacune des trois questions, il s'agit alors d'un système d'économie de marché.

Par contre, toute combinaison intermédiaire est source d'instabilité et ne peut donner un véritable système économique. Prenons un exemple simple : soit un système d'économie de plan, avec réponse centralisée aux trois questions, comme on le trouvait en URSS avant les tentatives de réformes, puis l'effondrement du système. Souvent, dans un tel système, on a cherché à introduire des réformes, qui portent la plupart du temps sur l'entreprise, comme par exemple en 1965 : on cherche à donner aux entreprises plus d'autonomie, plus de liberté de décision.

Que va-t-il alors se passer si l'on cherche ainsi peu à peu à apporter une réponse décentralisée à la deuxième question (« que produire ? ») tout en laissant une réponse centralisée aux deux autres questions ? L'entreprise n'est alors pas libre de ses objectifs, puisque la liste des biens à produire est fixée par le plan, de manière centralisée (« que produire ? »).

De la même façon, elle n'est pas libre de sa combinaison des facteurs de production, du choix de ses matières premières ou de ses biens d'équipement, puisqu'elle ne peut les trouver que si ces fournitures ont été prévues dans les objectifs de production par le plan (toujours la question « que produire ? »).

L'entreprise n'est pas plus libre de la rémunération des facteurs de production, puisque les prix des facteurs (travail, capital) sont fixés par le plan, avec la réponse à la question « pour qui produire ? ». Cela signifie au total que l'entreprise n'a aucune autonomie en matière de gestion. Elle n'est donc libre ni de ses objectifs, ni de ses moyens.

Dans ces conditions, toute réforme visant à accorder plus d'autonomie aux entreprises, plus de décentralisation, aboutit soit à une décentralisation partielle et provisoire, et on retourne au système de plan après l'illusion des réformes comme en URSS après 1965 (période Brejnev), soit au contraire à une dynamique de la décentralisation et peu à peu la liberté économique touche tous les secteurs et on passe au système de marché comme en URSS à partir de 1985 (période Gorbatchev). C'est bien le dilemme de toutes les économies des pays socialistes qui ont cherché à se réformer en se décentralisant : elles sont brutalement retournées à une planification centralisée ou elles ont basculé du côté du marché.

Cela éclaire d'un jour cruel les tentations toujours présentes de tiers système, voire d'économie mixte, parfois à la mode, notamment en France. Un tiers système n'existe pas, en tout cas de manière stable, car il y a contradiction entre les éléments centralisés et décentralisés.

L'économie mixte, qui prétend mêler certains éléments de décentralisation (par exemple des entreprises privées, des consommateurs libres) et d'autres de centralisation (un contrôle des prix, un vaste secteur public, une politique industrielle active,...)

n'est pas véritablement un système économique stable et cumule en général les déséquilibres. L'expérience récente des anciennes économies socialistes d'Europe de l'Est montre bien les déséquilibres des phases de transition, lorsque l'on procède trop lentement aux réformes ou que l'on prétend s'arrêter en chemin, entre le plan et le marché.

De la même façon, on a cherché un tiers système ou économie mixte avec la social-démocratie : on garde les principes du marché pour les questions 1 (que produire) et 2 (comment produire), mais l'état intervient de manière centralisée pour la question 3 (pour qui produire) en modifiant la répartition spontanée des revenus, réputée injuste. Cela se traduit par un État providence, beaucoup de prélèvements obligatoires et de prestations sociales. Mais le poids des impôts et des cotisations réduit l'efficacité productive et l'incitation à produire, provoquant un ralentissement économique et la crise de l'État providence. La social-démocratie a donc décliné ou a dû se rapprocher de l'économie de marché (comme en Angleterre avec le New Labour de Tony Blair).

SECTION II. DES SYSTÈMES AUX RÉGIMES

Sur le plan des principes, il n'y a donc que deux systèmes : le marché et le plan.

Le système d'économie de marché est avant tout un système décentralisé : ce sont les agents micro-économiques (les ménages, les entreprises) qui prennent librement les décisions essentielles.

En particulier, la réponse à la question « que produire ? » est fournie par les ménages, dans leurs choix de consommation. Ce sont eux qui affectent librement leurs revenus aux différents biens et services qu'ils souhaitent consommer, utilisant ainsi en quelque sorte des « droits de vote monétaires ». Cela constitue ce que F. Hayek appelle « le plébiscite quotidien du marché ».

Certes, ce sont les entreprises qui produisent, mais elles le font en fonction des demandes des consommateurs et des signaux que transmet à ce sujet le marché. La demande influence en effet les prix, donc les profits, et, en fonction de ces indicateurs, les entreprises produisent ce que les consommateurs demandent.

La réponse à la question « comment produire ? » est, elle aussi, décentralisée, mais fournie par les entreprises. Elles sont libres de leurs décisions, de leur gestion, et elles choisissent notamment des facteurs de production en fonction des indicateurs fournis là aussi par le marché, notamment le prix de ces facteurs, compte tenu de leur productivité.

Enfin, pour assurer la cohérence du système décentralisé, il faut que la réponse à la question « pour qui produire ? » soit elle aussi fournie par les agents micro-économiques agissant librement sur des marchés. Cela veut dire que les rémunérations dépendent avant tout des prix des facteurs de production (travail, capital, entreprise), fixés sur les marchés : salaire, intérêt, profit.

Certes, cela n'exclut pas, dans une certaine mesure une redistribution possible de ces revenus, mais d'une part on ne peut redistribuer que ce qui existe, de l'autre, si celle-ci vient trop perturber la signification de la rémunération des facteurs, les choix de facteurs peuvent être faussés et la combinaison de ceux-ci dans l'entreprise risque de ne pas être optimale (comme cela existe avec la social-démocratie).

Tout cela signifie que l'économie de marché repose avant tout sur des décisions décentralisées, coordonnées par un mécanisme, celui du marché et des prix. Ces choix ne sont donc pas globaux, mais portent sur des produits. Ils peuvent être remis en cause en permanence. Et l'ensemble, pour fonctionner correctement, a besoin de la monnaie qui permet de rendre ces choix optimaux en diminuant les coûts de transaction et d'information, et même d'une monnaie stable, pour éviter de troubler la qualité de l'information diffusée par les prix. Le marché a également besoin, pour fonctionner, d'institutions stables (état de droit) à commencer par une garantie des droits de propriété (exclusifs et transférables) et du bon déroulement des contrats librement signés.

Toujours sur le plan des principes, l'économie de plan est apparemment beaucoup plus simple. C'est un système centralisé, la réponse aux trois questions économiques fondamentales étant avant tout fournie par le plan.

C'est pour la question « que produire ? » que c'est le plus évident. Par définition, le plan présente une série d'objectifs de production et il définit donc les priorités, c'est-à-dire les besoins auxquels on va chercher à répondre. Ces choix s'imposent aux ménages, qui ne peuvent consommer que ces biens et qui doivent se passer des autres, d'où les risques de pénurie, de file d'attente, si les choix du plan sont différents de ceux des ménages.

De la même façon, le plan répond à la question « comment produire? » en affectant directement aux entreprises leurs moyens, après avoir défini leurs objectifs. Le plan en particulier attribue les capitaux, les matières premières, les emplois aux entreprises, qui ne sont que des centres d'exécution.

Quant à la dernière question, « pour qui produire? », elle signifie que les biens, ou les revenus qui permettent de les acquérir, sont répartis par le plan. Le plan répartit donc les biens, ou encore, lorsque l'économie est monétaire, il fixe les divers niveaux de rémunération.

Dans ces conditions, la monnaie n'est pas nécessaire au système de plan, qui peut fonctionner sans elle même si elle a de fait été en général conservée. Les prix ne sont plus des indicateurs significatifs : ils n'apportent pas d'information. Pour fonctionner, le système repose donc uniquement sur un plan et la question fondamentale est alors de savoir qui établit le plan, et comment.

Dans un tel système, le choix ne porte plus sur des produits, mais il s'agit d'un choix discontinu et global, qui porte sur des programmes économiques d'ensemble. De fait, la centralisation politique allant de pair avec la centralisation économique, les citoyens n'ont guère de marge de manœuvre dans ces choix et l'élaboration du plan est le fait d'une minorité, celle qui tient les commandes politiques (à commencer par le parti unique). La planification ne serait démocratique que si les citoyens pouvaient choisir entre plusieurs partis proposant des plans différents.

En outre, le plan se heurte à deux autres problèmes : le premier est celui de l'ouverture internationale. Le plan doit « tout prévoir »; mais il ne maîtrise évidemment pas la situation à l'étranger, depuis le cours des monnaies jusqu'au prix du pétrole ou aux récoltes de céréales. Si une économie de plan commerce avec des économies de marché, il y aura en permanence des chocs extérieurs imprévus, déséquilibrants, qui remettront en cause les prévisions du plan. C'est pour cela que les économies de plan étaient souvent des économies fermées, vivant en autarcie ou simplement en relation entre elles.

L'autre question est celle du traitement de l'information : l'économie est en effet avant tout un système de traitement des informations; plus l'économie est complexe et développée, plus les informations sont nombreuses : c'est l'avantage du système décentralisé (le marché) que de pouvoir facilement traiter l'information, avec les signaux appropriés (les prix par exemple) ; le plan s'avère rapidement incapable, au-delà d'un certain niveau de développement, de gérer l'information disponible d'une manière efficace. Ce qui fait que, contrairement aux idées reçues ou à la notion de sens de l'histoire, le plan s'avère de moins en moins utilisable au fur et à mesure du processus de développement : le plan peut gérer plus facilement une économie de pénurie ou de guerre qu'une économie riche et complexe.

Ces deux systèmes théoriques, le plan et le marché, peuvent sembler ne pas correspondre à la réalité observée dans certains pays. En fait, suivant les époques ou les pays, les applications de ces deux systèmes connaissent des variantes importantes. On parle alors d'un régime économique, pour caractériser ces applications concrètes des systèmes.

Du côté des économies de marché, il existe toute une palette de régimes, plus ou moins proches de la référence théorique. Certains sont réellement décentralisés, même s'il existe des interférences avec les interventions étatiques. Mais d'autres comprennent des éléments importants du système de plan, du contrôle des prix jusqu'à un important secteur public. A la limite, cela peut aller jusqu'à l'économie mixte (comme en France où secteur public, prélèvements obligatoires et interventions publiques ont eu longtemps et ont encore aujourd'hui plus qu'ailleurs une place considérable) ou comme dans la social-démocratie.

De même, du côté du plan, certains régimes sont très proches de la référence théorique, comme pouvait l'être l'URSS ; d'autres, comme la Yougoslavie des années 1960, puis la Hongrie des années 70-80 et évidemment les pays de l'Est en transition après la chute du mur de Berlin, s'éloignent de plus en plus de ces principes centralisés.

Il existe donc tout un ensemble de régimes économiques concrets, suivant les pays et les moments de l'histoire, se rattachant plus ou moins étroitement aux deux systèmes de référence. Mais c'est justement un débat permanent, qui s'est accentué par exemple dans les économies de marché dans les années 80, qui consiste à savoir si les économies sont plus stables et efficaces lorsqu'elles s'éloignent de ces références théoriques que sont les systèmes, ou au contraire lorsqu'elles cherchent à s'en rapprocher. Beaucoup de réformes de la période récente (de la liberté des prix aux privatisations, de la défiscalisation à la dérégulation) vont dans le sens d'un rapprochement de ces régimes par rapport aux principes d'un système de marché. Quant aux économies de plan, leur inefficacité les a rendu de plus en plus rares et ce qui domine aujourd'hui, en particulier en Europe de l'Est, ce sont des économies dans un premier temps en transition vers le marché et aujourd'hui devenues souvent plus libérales et proches du marché que les économies d'Europe de l'ouest.

En réalité, on a connu plusieurs étapes successives : dans les années 60, la mode était à la convergence des systèmes : un peu d'interventionnisme et de centralisation à l'Ouest, un peu de liberté et de décentralisation à l'Est, et les systèmes allaient converger vers un tiers système unique. Ces illusions ont disparu dans les années 70.

On a alors connu le mouvement inverse : chacun s'est rapproché des principes théoriques de son propre système : la période Brejnev a été un retour aux principes purs et durs du plan; un peu plus tard, à l'Ouest, les figures de R. Reagan ou de madame Thatcher symbolisent le retour aux principes forts de l'économie de marché, s'éloignant des tentations de l'économie mixte.

Enfin, plus récemment, la donne a été une nouvelle fois changée, puisque la chute du mur de Berlin et avec elle celle des économies de plan n'a laissé véritablement qu'un seul système, le marché, vers lequel tous les systèmes concrets convergent peu à peu, même si beaucoup restent encore très interventionnistes.

Mais il n'en reste pas moins qu'au cours du XXe siècle, et encore aujourd'hui dans beaucoup d'esprits, la référence au système de plan est essentielle. C'est une forme d'organisation économique qui a échoué, mais qui a eu un impact considérable sur certains pays et qui a partout fortement marqué les mentalités.

Il faut donc en faire une étude à part (Chapitre II), tandis que l'économie de marché, aujourd'hui dominante, sera brièvement présentée (Chapitre III) avant de faire l'objet de tout le second semestre.

Chapitre II

L'ÉCONOMIE DE PLAN

SECTION I. LE RÉGIME ÉCONOMIQUE DE L'URSS

§ 1. PRÉSENTATION HISTORIQUE

La Russie est, à la fin du XIXe siècle, un pays qui connaît à la fois un développement industriel rapide (notamment financé grâce aux capitaux étrangers, les fameux « emprunts russes ») et un monde rural encore dominant et n'ayant pas encore subi toutes les réformes agraires nécessaires. Ce régime, par ailleurs fragilisé par la première guerre mondiale, s'effondre en 1917 avec la révolution bolchevique qui aboutira à la création de l'URSS.

Le communisme de guerre qui s'implante alors, sous la direction de Lénine, et qui durera jusqu'en 1921, est une phase qui instaure la dictature du prolétariat. Sur le plan économique, on assiste à la nationalisation des activités économiques, à la socialisation des terres, au monopole étatique sur le commerce extérieur.

Cette phase très dure, notamment pour le monde rural, est suivie d'une période de pause dans la révolution, la NEP (Nouvelle politique économique), qui dure de 1921 à 1927.

C'est une période qui comporte des dénationalisations, avec un retour à certaines entreprises privées dans l'industrie et surtout dans le commerce, où la plupart des points de vente, représentant près de la moitié du chiffre d'affaire, sont privatisés.

Dans l'agriculture, le régime est assoupli et les paysans peuvent disposer sur le marché d'un surplus important, d'où le développement progressif d'une classe moyenne de paysans, les koulaks.

L'orientation définitive apparaît alors, avec la période stalinienne. Les Koulaks sont brutalement éliminés. La propriété privée disparaît dans tous les secteurs, avec la collectivisation totale des terres, mais aussi la nationalisation complète de l'industrie et du commerce, même des commerces de proximité.

Les plans quinquennaux font leur apparition, avec la fixation d'objectifs et de moyens autoritairement définis ou affectés. La priorité est donnée au secteur lourd, avec de faibles résultats pour les biens de consommation et des déboires dans l'agriculture. Après la deuxième guerre mondiale, le rythme de planification reprend, avec les mêmes déséquilibres, dénoncés après la mort de Staline, notamment à propos de l'agriculture et de sa situation déplorable. Un plan plus long, de 1959 à 1965, prépare alors la première phase de réformes.

§ 2. LES PRINCIPALES CARACTÉRISTIQUES

En dehors de l'abolition totale de la propriété privée des moyens de production, et de la priorité donnée aux besoins collectifs sur les besoins individuels, on observe aussi une priorité donnée au secteur 1 (ou secteur lourd), qui se voit affecter l'essentiel des investissements, par rapport au secteur 2 (celui des biens de consommation), beaucoup plus négligé.

La planification qui est mise en place est à la fois administrative, en volume et centralisée.

Elle est administrative, en ce sens que l'administration du plan (qui comprend plusieurs millions de personnes) est chargée à la fois de l'élaboration et de l'exécution de celui-ci. Les ministères et administrations jouent un rôle essentiel, surtout par leurs divisions sectorielles, qui font qu'il existe un ministère pour chaque secteur de production.

Elle est en volume, c'est-à-dire que les prix sont artificiels et fixés par le plan. La planification n'a pas lieu en valeur, mais en quantités physiques. Le système des balances établit pour chaque production un équilibre entre besoins et emplois. Cette planification en volume s'oppose donc à l'utilisation des notions de valeur et de prix.

Enfin, la planification est centralisée, organisée autour du Gossplan, tandis que l'entreprise ne dispose d'aucune autonomie et elle n'est qu'un élément de l'administration, au lieu d'être un centre de décision.

A la fin des années 50 et au début des années 60, les déséquilibres sont manifestes et vont imposer des réformes profondes. Les retards dans le plan sont nombreux ; les gaspillages des produits et des facteurs considérables ; la routine et la fraude sont omniprésentes. Mais c'est surtout la pénurie des biens de consommation qui caractérise le régime : produits absents des magasins, files d'attentes, marché noir et économie souterraine. La dénonciation de ces situations prépare l'opinion à la nécessité d'une phase de réformes.

SECTION II. DES PHASES DE RÉFORMES À LA DISPARITION DE L'URSS

§ 1. LA RÉFORME DE L'ENTREPRISE

La première réforme, qui interviendra en 1965, porte avant tout sur l'entreprise. Celle-ci se voit imposer par l'administration ses objectifs comme ses moyens. Les liens directs entre entreprises n'existent pas, et tout doit repasser par l'administration centrale, ce cloisonnement étant source de déséquilibres. Enfin, la priorité est donnée aux indices quantitatifs, nombreux et détaillés, ce qui entraîne certaines productions absurdes, uniquement pour atteindre l'objectif quantitatif (en tonnes, ou en nombre de biens ou en kilomètres parcourus, etc.) du plan.

La réforme est due en particulier à Liberman et Kantorovitch (qui obtiendra plus tard le prix Nobel d'économie) et elle est mise en œuvre par Kossyguine. Le thème général est celui de l'efficacité de l'entreprise. Les économistes ont montré que celle-ci gaspillait ses capitaux, car ils étaient mis gratuitement à sa disposition, d'où l'absence totale d'incitation à bien gérer : pourquoi économiser ce qui « ne coûte rien » ; la « gratuité » est toujours source de gaspillages. Les indices de planification vont être réduits et ils ne sont plus regroupés qu'en 5 rubriques (dont un indice de rentabilité). Les liens entre entreprises sont un peu assouplis.

L'aspect le plus spectaculaire de la réforme porte sur la réintroduction de la notion de profit. Celui-ci est désormais défini comme un « indice synthétique qui exprime le résultat économique final de l'activité de l'entreprise ». Des trois fonctions essentielles du profit, en économie de marché (indicateur de rentabilité, élément de financement des investissements, incitation pour les entrepreneurs), la réforme soviétique retient avant tout le premier, cherchant ainsi une certaine efficacité de l'entreprise : il faut bien exprimer l'efficacité de la gestion par un indicateur; c'est le rôle du profit.

Mais le profit est avant tout réparti entre l'État et les banques, les capitaux n'étant plus fournis gratuitement aux entreprises, pour les inciter à ne pas les gaspiller. Une part du profit revient à l'entreprise elle-même, pour alimenter un fond d'encouragement matériel (destiné aux salariés) et un fond des œuvres socioculturelles et de l'habitat.

Par contre, le fonds de développement de la production, comparable à l'autofinancement des entreprises dans les économies occidentales, qui aurait permis de financer des investissements destinés à améliorer l'efficacité de l'appareil productif, est négligé. Il y a à cela une raison essentielle, car développer ce fonds aurait permis aux entreprises de réaliser certains investissements de leur choix, échappant ainsi peu à peu au carcan de la planification autoritaire.

Ne voulant pas remettre en cause cette planification obligatoire, le système n'utilise pratiquement pas cette technique. Dans ces conditions, la réforme reste limitée et de peu d'effets durables, puisque la logique du système reste inchangée. On retrouve ici le dilemme des réformes en économie de plan : ou on laisse agir la dynamique des libertés (et on passe peu à peu en économie de marché), ou on refuse la logique des réformes et on retourne vite à la planification centralisée; c'est cette deuxième possibilité qui l'a d'abord emporté en URSS.

§ 2. L'ACCENTUATION DES DESÉQUILIBRES

La période qui correspond ensuite notamment à l'ère Brejnev est alors marquée par un grand immobilisme et un retour à la conception traditionnelle et centralisée de la planification, ce qui provoque l'accentuation de la plupart des déséquilibres.

La croissance économique se ralentit sensiblement, et cela que l'on se réfère aux statistiques d'origine soviétique ou occidentale. La plupart des indicateurs sont en recul et les investissements industriels connaissent d'importants retards de réalisation.

Sur le plan agricole, la production, notamment de céréales, est très irrégulière, inférieure aux objectifs et conduit à la nécessité d'importations massives des autres pays. Les lopins de terre individuels, fort peu développés en surface, mais dont les paysans ont une libre disposition, assurent une part considérable (parfois prés de la moitié) de certaines productions : fruits, légumes, animaux. Mais cela ne suffit pas à compenser la faiblesse des productions officielles.

Plus globalement, un déséquilibre majeur se développe entre une offre réduite, notamment pour les biens de consommation, et une demande soutenue. Ce déséquilibre inflationniste trouve des formes diverses. En premier lieu, il se manifeste sur les marchés libres, kolkhoziens, où les paysans vendent librement leurs produits, qui sont de bonne qualité : la forte demande y fait monter les prix.

Ensuite, le marché noir se développe considérablement, concernant tous les produits et services que l'on trouve en trop faible quantité, voire pas du tout, sur le marché officiel. Les prix sont donc élevés sur ces marchés parallèles (ou économie souterraine), surtout alimentés par des biens « détournés » des circuits officiels.

Par contre, sur les marchés officiels, l'excès de demande sur l'offre ne peut se traduire par une hausse des prix, puisque ceux-ci sont fixés par le gouvernement et maintenus artificiellement bas par un système coûteux de subventions. Le déséquilibre se manifeste alors sur les quantités, l'excès de demande expliquant la pénurie ou la file d'attente, qui représente donc la forme habituelle de l'inflation en économie de plan à prix bloqués : les prix ne sont pas élevés, mais, à ce prix là, il n'y a pas – ou pas assez – de produits.

Enfin, le pouvoir d'achat qui ne trouve à s'employer ni dans les marchés noirs, ni sur les marchés officiels, conduit obligatoirement, faute de pouvoir être utilisé ailleurs, à constituer une épargne importante, qui progresse ainsi beaucoup plus rapidement que le revenu. C'est le signe d'un déséquilibre majeur entre l'offre et la demande.

Par ailleurs, les indicateurs démographiques montrent bien les difficultés existantes. Le taux de mortalité infantile, qui n'avait cessé, comme ailleurs, de se réduire, jusque vers 1970, remonte brusquement (les statistiques officielles cessant alors d'être publiées). Même chose pour l'espérance de vie, qui progresse jusqu'en 1965, avant de régresser rapidement, ce qui est sans équivalent ailleurs en temps de paix. En dix ans, selon des sources occidentales, la mortalité infantile double pratiquement, tandis que l'espérance de vie des hommes se réduit de près de 5 ans. Ces indicateurs montrent la dégradation de la situation, en raison des problèmes alimentaires, médicaux, mais aussi du développement d'autres fléaux comme l'alcoolisme.

§ 3. LES RÉFORMES GORBATCHEV

Après la mort de Brejnev (1982) et les disparitions rapides de I. Andropov (1984) et de K. Tchernenko (1985), c'est M. Gorbatchev qui devient secrétaire général du parti communiste d'Union Soviétique.

A partir de 1985, M. Gorbatchev insiste sur la nécessité de réformes économiques. Il s'agit dans un premier temps d'expériences limitées, visant à réduire le rôle des administrations intermédiaires entre le Gossplan et les entreprises. Celles-ci disposeraient de plus d'autonomie, dans la gestion de leurs capitaux. En outre, un système de modulation des prix est mis en place pour encourager les entreprises qui fabriquent des produits de qualité et pénaliser les autres. Les fonds de stimulation matérielle voient leur rôle accru. Mais on reste dans une logique administrative : les prix restent fixés par l'autorité politique, même s'ils sont modulés.

En 1986, à l'occasion du 27e congrès du Parti communiste, Gorbatchev réclame une « réforme radicale » de l'économie.

Diverses pistes de décentralisation et de responsabilisation sont envisagées. En novembre 86, la loi sur le travail individuel autorise partiellement le petit commerce privé. Ces activités privées dans divers domaines de l'artisanat, du commerce, des services doivent reposer uniquement sur le travail personnel et sur celui de la famille de l'entrepreneur. Il n'est pas question d'autoriser une extension vers un salariat dans ces entreprises, qui resteront donc individuelles, car, d'un point de vue idéologique – qui reste alors dominant – rétablir le salariat dans des entreprises privées serait rétablir l'exploitation. Ces réformes font penser à une sorte de nouvelle « NEP ».

A partir du 1er janvier 87, l'éventail des salaires dans les entreprises pourra par ailleurs être élargi : c'est l'abandon de la politique de nivellement hiérarchique pratiquée sous Brejnev, de façon à encourager l'effort de promotion et de formation par des incitations en termes de salaires.

En juin 87, le parti prend position pour une plus grande indépendance des entreprises, avec des possibilités d'autofinancement et d'autonomie comptable, et un lien direct entre revenus et productivité. Une réforme radicale de la planification est annoncée, ainsi que du système de prix et des subventions. La loi sur l'entreprise prévoit trois systèmes de prix : planifié, contractuel, libre. La mise en faillite est possible. Tout ceci constitue peu à peu les éléments de la politique dite de « perestroïka », mais la mise en œuvre en sera étalée sur des années.

En 1989, d'autres mesures sont prises. En particulier, des entreprises soviétiques pourront être contrôlées par des capitaux étrangers, qui pourront donc avoir la majorité dans des entreprises mixtes. Diverses formes de propriété pourront coexister. Peu à peu, les dirigeants admettent que les réformes conduiront à des déséquilibres en matière d'emplois et à un chômage qui va rapidement progresser.

L'année 90 montre à la fois une accélération des réformes et une montée apparente des déséquilibres, ce qui est logique : plus le système s'assouplit, plus les déséquilibres, jusque là masqués, apparaissent, avec toutes les faiblesses des économies en transition. Les pénuries alimentaires s'aggravent et le rationnement des produits de base est introduit, notamment à Moscou. Le système donne le sentiment de se désagréger.

A l'automne 90, divers projets s'opposent, dont celui de Ryjkov, qui prévoit des réformes lentement mises en œuvre, et celui de Chataline, plus radical, qui préconise 500 jours de réformes accélérées. Finalement, Gorbatchev adopte un compromis entre les deux plans, tandis que le Soviet suprême l'autorise à légiférer par décret.

Il s'agit d'un passage progressif, mais explicite, vers l'économie de marché, à un moment où la production recule, où l'inflation fait ouvertement son apparition et où les déséquilibres politiques (notamment entre les républiques qui veulent leur indépendance et le système central) s'ajoutent aux difficultés économiques. Après des mesures globales de stabilisation, la réforme des prix sera mise en œuvre, avec de vrais prix de marché, et, peu à peu, des relations de marché seront établies : la perspective est donc radicalement nouvelle ; il ne s'agit plus d'aménager des réformes dans le système, mais de changer de système.

Mais l'absence de consensus entre les divers courants a rendu ambiguë la réforme, qui n'est que très progressive. Les débats fondamentaux ne sont pas tranchés, à commencer par la question de la propriété. Gorbatchev semble écarter la propriété privée de la terre et même la République de Russie, qui pousse aux réformes, n'adopte un texte autorisant les paysans à posséder des terres qu'avec des réserves : ils ne pourront les revendre qu'à l'État lui-même. C'est un des éléments essentiels des droits de propriété qui est ainsi négligé, puisqu'on n'introduit que l'exclusivité et pas la transférabilité des terres, ce qui ne permettra pas une gestion optimale de celles-ci.

La situation restait donc, en 1991-1992, fondamentalement ambiguë : sur le plan des discours, il n'est question que de passage au marché, de liberté économique, de concurrence, y compris dans la bouche de Gorbatchev ; sur le plan des textes adoptés, les réformes ne sont que lentes et limitées ; et plusieurs décrets de Gorbatchev visent surtout à remettre de l'ordre, lutte contre les spéculations, ou imposer autoritairement une réforme monétaire (par exemple en 1991 par une conversion limitée des billets de 50 et 100 roubles, retirés de la circulation, dans l'espoir d'assécher le marché noir).

Enfin, même le vocabulaire restait ambigu, puisqu'il est question d'un « marché régulé socialiste », ce qui évoque plutôt un assouplissement du régime, et non un véritable passage au marché. Dans une telle situation, tout était possible, depuis le véritable passage au marché, dans une dynamique des libertés économiques, jusqu'à la reprise en main, qui ramènerait peu à peu l'économie vers son modèle centralisé. Mais ce sont les questions politiques qui ont tranché ce débat, qu'il s'agisse du rôle des diverses républiques ou de la question du pouvoir central.

§ 4. LA DISPARITION DE L'URSS ET LE PASSAGE À L'ÉCONOMIE DE MARCHÉ

C'est ce dernier risque – celui de la bataille pour le pouvoir central – qui s'est concrétisé au moment du coup d'état du 19 août 1991. Mais l'échec de la reprise en main par les communistes les plus orthodoxes a provoqué l'effet inverse de ce que souhaitaient les putschistes et c'est l'effondrement du communisme – et du parti communiste lui-même – qui a été, grâce à l'action d'Eltsine en particulier, la conséquence la plus visible.

L'U.R.S.S. a donc disparu en tant que telle en 1992, les pays baltes, puis toutes les autres républiques devenant indépendants. La C.E.I. (Communauté des États Indépendants) la remplace, mais la réalité du pouvoir s'est déplacée au niveau de chaque pays (Russie, Ukraine, Biélorussie, etc.). L'U.R.S.S. n'existe plus. Sur le plan économique l'heure n'est donc plus aux réformes de l'économie de plan, mais au passage à l'économie de marché : en retrouvant les libertés politiques, ces pays ont retrouvé parallèlement les libertés économiques.

En Russie, principal pays issu de l'ex-U.R.S.S., B. Eltsine a préparé une libération des prix en 1992, de façon à rétablir le principal indicateur du marché : c'est un élément essentiel car sans prix libre il n'y a pas de marché, puisque l'information économique ne circule plus; il a autorisé la vente de la terre dans certaines conditions, puis la privatisation des entreprises, de façon à permettre un développement de l'offre.

Naturellement, dans un premier temps, l'inflation a été forte, entretenue par la création monétaire excessive. Mais les marchés ont peu à peu retrouvé leur équilibre, surtout avec le développement de l'offre lié aux créations d'entreprise et aux privatisations (rendues possibles par un système de bons, distribués à la population et permettant de se rendre propriétaire des entreprises). Un système bancaire privé se met en place rapidement.

Cependant, les années 1993 et suivantes ont été marquées par un freinage des réformes et une dégradation des principaux indicateurs économiques. Certes, la privatisation est un succès, aussi bien pour les grandes que les petites entreprises et l'actionnariat s'est largement répandu. Plus de la moitié du PIB est privatisée en 1996. L'inflation s'est ralentie, passant de 1.500 % en 1992 à 130 % en 1995. Les incertitudes politiques (comme la victoire des ex-communistes aux législatives de 1995) ont compliqué cependant la situation. Le mécontentement est politiquement exploité et la volonté de réforme a semblé plus incertaine.

Par la suite, les incertitudes politiques, l'affaiblissement politique et physique du président Eltsine, ses changements fréquents de gouvernement et donc de politique ont rendu les choses plus obscures. L'élection présidentielle de l'an 2000, après la démission d'Eltsine, ont permis au président Vladimir Poutine d'accéder au pouvoir, redonnant une stabilité politique, mais sa position n'est pas très claire sur le plan économique. Il a d'abord été élu pour remettre de l'ordre, terminer la guerre en Tchétchénie, plus que sur un programme de réformes économiques. La période la plus récente a été marquée par un durcissement politique et économique, avec en particulier une reprise en mains des entreprises, qui disposent de moins d'autonomie. L'intervention de l'État dans l'économie est à nouveau très forte. Mais, en dépit des difficultés et des lenteurs, la Russie est bien en transition vers l'économie de marché, même si beaucoup reste encore à faire. En 2008, après deux mandats, V. Poutine n'a pas pu se représenter. C'est son ancien premier ministre Dimitri Medvedev qui a été élu, V. Poutine devenant à son tour Premier ministre. Mais c'est lui qui exerce la réalité du pouvoir : sur le plan économique, l'intervention de l'Etat est à nouveau très forte et les entreprises publiques (comme GAZPROM) sont aux mains des hommes du pouvoir. La Russie n'est donc pas encore une véritable économie de marché, d'autant plus que l'état de droit n'y est pas assuré.

En effet, on peut souligner en particulier qu'il n'y a pas d'économie de marché stable sans état de droit : le respect de la propriété et des contrats est essentiel pour le bon fonctionnement du marché. Or, en Russie, cet état de droit est loin d'être acquis : le rôle des mafias et de la corruption en témoignent. C'est l'occasion de rappeler que la vie économique ne se déroule pas dans un vide institutionnel et que les institutions sont essentielles pour canaliser et guider nos décisions économiques, nous apporter des informations, voire des certitudes; si cet environnement n'existe pas ou n'est pas respecté, l'économie s'en ressent fortement : qui va investir dans une entreprise ou un commerce si la violence physique suffit à rendre caduque un droit de propriété légitime? Le rétablissement de l'état de droit est un donc préalable indispensable à la poursuite de la transition effective vers le marché.

Au total, ce qui est intéressant, c'est que l'on retrouve dans tout cet épisode à la fois la difficulté de transformer le système, dans la mesure où les déséquilibres sont difficilement supportables en phase de transition et peuvent être exploités par des groupes nostalgiques de l'ordre ancien, et une désagrégation de la situation de l'ensemble de l'ancien empire soviétique. Mais le passage au marché est inévitable et irréversible, car en quelques années les mentalités ont bien changé et les jeunes, en particulier, au contact des jeunes des autres pays, n'accepteraient en aucun cas le retour à un système uniformisé, totalitaire et centralisé, sans liberté de choix, y compris de consommation.

Ce passage au marché est en route en Russie comme dans les autres Républiques de l'ex-U.R.S.S., comme d'ailleurs aussi dans toute l'Europe de l'Est : tous ces anciens pays socialistes sont devenus des économies « en transition vers le marché » et même pour beaucoup d'entre eux, de véritables économies de marché.

SECTION III. LES ÉCONOMIES EST-EUROPÉENNES EN TRANSITION

Au-delà de l'URSS, l'économie de plan a, en effet, été appliquée dans de nombreux autres pays. C'est avant tout le cas dans les pays d'Europe de l'Est, en raison de l'influence directe considérable – et notamment militaire – sur ceux-ci de l'URSS. Mais, peu à peu, d'autres pays deviendront à leur tour socialistes, appliquant strictement les principes de l'économie de plan, par exemple la Chine ou encore Cuba, le Viêt-nam ou la Corée du Nord.

En ce qui concerne l'Europe de l'Est, les principaux pays concernés ont été regroupés, sur le plan économique, au sein du CAEM (Conseil d'Assistance Économique Mutuelle) ou COMECON. Créé en 1949, celui-ci comprenait, outre l'URSS, la Pologne, la Tchécoslovaquie, la Hongrie, la Bulgarie, la Roumanie et la République Démocratique Allemande (Le COMECON s'étendra ultérieurement hors d'Europe, avec les adhésions de la Mongolie, de Cuba et du Viêt-nam). Par contre, en Europe, l'Albanie quittera rapidement le CAEM, en raison de divergences avec Moscou, tandis que la Yougoslavie restera en dehors, développant peu à peu certaines structures originales (autogestion).

Cette organisation poursuivait un double but. Il s'agissait d'abord de ce que l'on appelle couramment un « marché commun des pays socialistes » : en clair, les échanges devaient par priorité se développer entre pays membres. Effectivement, le commerce intra-COMECON représente largement plus de la moitié des échanges de ces pays.

Mais le COMECON voulait aller plus loin, imposant aux États membres une sorte de division internationale socialiste du travail, c'est-à-dire une spécialisation économique appliquant ainsi les thèses de Ricardo. C'est un point qui a rencontré beaucoup de résistances et, pour l'essentiel, chaque pays gardera ses propres rythmes de planification, ou ses objectifs spécifiques de production, même si le rôle dominant de l'URSS pesait beaucoup sur l'ensemble.

Globalement, ces pays ont connu des régimes économiques proches de celui de l'URSS : nationalisation presque totale des entreprises, planification administrative, en volume et centralisée. Par la suite, les réformes intervenues peu à peu visent à atténuer l'un ou l'autre des ces trois éléments.

Parfois, la planification est moins administrative, les directeurs d'entreprise étant par exemple associés à celle-ci, notamment en RDA. Ailleurs, la planification est moins en nature, avec l'apparition progressive du rôle des prix dans l'orientation économique. Enfin, la principale tentative pour rendre la planification moins centralisée, avec l'expérience d'un « socialisme de marché », s'est déroulée en Tchécoslovaquie, au moment du Printemps de Prague. Mais l'expérience tentée notamment par Ota Sik a été rapidement interrompue par la force, avec l'intervention militaire des troupes du pacte de Varsovie.

Finalement, seuls deux pays, avant la grande vague de réformes des années 89-90, ont pu entamer un changement plus radical. C'est d'abord le cas de la Hongrie, qui, dès 1968, a mis en place un Nouveau Mécanisme Économique, introduisant, aux côtés de prix imposés, des régimes plus souples, allant dans de nombreux cas jusqu'aux prix libres.

Cette introduction de la liberté des prix allait peu à peu entraîner une dynamique des libertés économiques, surtout dans les années 80. Le secteur privé, certes toujours minoritaire, allait se développer, notamment dans l'agriculture et dans le bâtiment. La notion de rentabilité des entreprises allait aussi être remise à l'honneur, avec la possibilité de disparition des entreprises non rentables. Un véritable marché du travail va ainsi apparaître, ainsi que l'embryon d'un marché des capitaux.

En contrepartie, la planification perd peu à peu de son influence. En même temps, les rigidités de l'offre, incapable de répondre rapidement à la demande, allaient provoquer certains déséquilibres, à commencer par l'inflation. On observe donc en Hongrie une tentative progressive de réforme, accompagnée de déséquilibres, qui montre en même temps comment les libertés économiques sont liées et comment une volonté de décentralisation de la planification aboutit peu à peu en réalité à se rapprocher du système de marché.

Ailleurs, les réformes restent plus limitées, même si certains indices (comme le rôle du syndicat libre Solidarité de L. Walesa en Pologne, avant l'état de siège) montrent les craquements qui interviennent dans ces régimes. Il n'y a qu'en Yougoslavie, pays non adhèrent au COMECON, que les réformes ont été poussées très loin. La rupture Staline-Tito amène ce dernier à chercher une voie économique originale, celle de l'autogestion. Mais le principe même reste ambigu.

En fait, la Yougoslavie va rapidement évoluer vers l'économie mixte, avec des privatisations nombreuses, une réapparition du marché et des prix libres, une libéralisation du commerce extérieur, un effacement de la planification et l'apparition d'un véritable marché du travail (avec un chômage élevé) et d'un marché des capitaux. Mais, là aussi, surtout après la mort de Tito, les déséquilibres (inflation, chômage, déficit extérieur) sont manifestes et la Yougoslavie a réintroduit des éléments de rigidité (contrôle des prix) et de centralisation dans son régime économique, avant d'exploser – comme l'ex-U.R.S.S. – et de sombrer dans l'anarchie et les conflits militaires, depuis les problèmes de la Bosnie ou de la Croatie avec les Serbes, jusqu'au Kosovo aujourd'hui : le totalitarisme communiste avait un temps masqué les problèmes, mais ils ont vite resurgi après sa chute et il faut maintenant les résoudre.

C'est à la fin de 1989 (chute du mur de Berlin) et surtout en 1990 que toutes ces économies cessent rapidement d'être de véritables économies de plan, pour devenir ce que l'OCDE appelle des « économies en transition » vers le marché. Les événements politiques qui interviennent simultanément dans la plupart de ces pays, à commencer par le symbole de la chute du mur, rendent possible une évolution radicale. Officiellement, tous ces pays aspirent désormais à devenir, en même temps que des démocraties, des économies de marché, même si la situation est très contrastée d'un pays à l'autre.

Le sabordage rapide du COMECON en est l'un des symboles. C'est ainsi que, depuis le 1er janvier 1991, les échanges entre pays membres cessent d'être réalisés sous forme de troc ou avec l'utilisation du rouble, mais sur la base des devises convertibles et aux prix mondiaux. Les échanges se réorientent spontanément vers les pays occidentaux, comme le montre l'adhésion de la majorité d'entre eux à l'union européenne (2004), ce qui sans doute représente le tournant essentiel de la période.

Mais le processus de réforme économique pose beaucoup de questions. En effet, pour passer au marché, il faut d'abord que les marchés eux-mêmes existent, et cela pour les marchandises, mais aussi pour les capitaux et la main d'œuvre. Ces marchés permettent une allocation des ressources sur la base des informations diffusées par les prix, qui reflètent notamment les raretés.

Pour cela, il faut donc non seulement une liberté de décision des agents micro-économiques, mais aussi que les prix jouent leur véritable rôle en étant à leur vrai niveau. Or, dans tous les pays de l'Est, comme en URSS, les subventions, fort coûteuses pour le budget de l'État, garantissaient jusque-là de faux prix, artificiellement faibles. La liberté des prix est donc l'un des aspects importants de la réforme.

Ensuite, la création de marchés des capitaux est aussi indispensable, mais il faut pour cela créer un secteur bancaire indépendant, puis un marché financier. A titre indicatif, c'est la Hongrie qui a, la première, créé une bourse des valeurs et, fin 1990, seules quatre valeurs y étaient cotées. La question de l'insuffisance des capitaux et donc du financement des entreprises joue un rôle important, même si les capitaux étrangers y suppléent en partie et si les marchés financiers se développent rapidement : il s'agit de ce que l'on appelle les « marchés émergents », qui peuvent se révéler attractifs. Et qui sont dans l'ensemble très dynamiques. Chaque pays de l'Est a désormais sa bourse des valeurs.

Mais la planification s'était aussi accompagnée de structures monopolistiques, très importantes et centralisées, alors que le marché nécessite un climat général de concurrence. Le processus de démantèlement de ces monopoles et de privatisation est donc lui aussi fondamental. Il concerne aussi bien les petites entreprises que les grandes.

Dans plusieurs pays de l'Est, comme par exemple dans l'ancienne Tchécoslovaquie, des lois sur les « petites » privatisations organisent le retour au secteur privé des commerces, restaurants, magasins divers, soit par retour à leurs anciens propriétaires, lorsque cela est possible, soit par vente aux enchères.

Le problème est plus complexe pour les grandes entreprises. Il se pose alors la question de l'ouverture de leur capital aux étrangers, mais aussi de leur mode de privatisation. L'ex-Tchécoslovaquie, notamment, avait organisé un système de distribution de

« vouchers », qui représentent des bons d'achat d'actions des futures privatisées. Il s'agit d'aller peu à peu vers un véritable droit de propriété, en passant par une sorte de capitalisme populaire qui distribue largement la possibilité d'acquérir les actions de ces entreprises.

Ce pays a ensuite éclaté à compter du 1er janvier 1993 entre la République Tchèque et la Slovaquie, mais la République Tchèque, sous l'influence du premier ministre Vaclav Klaus, proche des économistes libéraux, a voulu aller vite dans le passage au marché, plus que la plupart des autres pays. Son adhésion rapide à l'OCDE a montré que cette politique avait réussi, justement parce que la rupture avec le passé et l'économie planifiée a été rapide et radicale. C'est le pays qui a connu les plus faibles déséquilibres (peu de chômage et peu d'inflation) et c'est celui qui a été le plus loin dans les réformes et qui a le plus privatisé ses entreprises. Il y a là un lien de cause à effet : trop de lenteur dans la transition crée des déséquilibres. Mais, comme c'est souvent le cas, l'équipe qui avait initié les réformes a été remplacée par d'autres à l'occasion des élections suivantes… Finalement, nouveau retour de balancier, V. Klaus a été élu président de la République en 2003 (succédant à Vàclav Havel) et réélu en 2008.

Mais il n'y a pas de marché sans ouverture internationale. Là encore, la plupart des pays de l'Est ont ouvert peu à peu les frontières, que ce soit aux marchandises ou aux capitaux étrangers. D'ailleurs tous ces pays ont en commun un endettement considérable auprès des pays occidentaux, endettement accumulé au fil des années de régime planifié.

Pour autant, les réformes doivent aussi toucher bien d'autres secteurs : une véritable fiscalité, non arbitraire ni décourageante pour l'entreprise et les entrepreneurs (c'est ainsi que beaucoup de ces pays ont mis fin à la progressivité de l'impôt en adoptant la « Flat Tax » – Taxe plate – c'est à dire un impôt sur le revenu proportionnel et non plus progressif) ; autres réformes : des instruments de maintien de l'équilibre économique, sur le plan monétaire ou budgétaire, à commencer par une Banque Centrale indépendante des manipulations politiques.

Mais l'une des questions essentielles est celle du rythme de la réforme. Deux points de vue s'opposent : dans certains cas, comme en Pologne ou en République Tchèque ou en République slovaque, on considère que la rupture doit être rapide, non seulement pour empêcher tout retour en arrière, mais surtout pour éviter une trop grande durée des déséquilibres. Dans d'autres cas, comme en Hongrie, c'est le gradualisme qui semble l'emporter, avec des réformes progressives. Mais, en réalité, la Hongrie avait déjà entamé largement une phase de réformes. L'interdépendance entre tous les marchés, tous les aspects des décisions micro-économiques, font que la réforme n'est supportable et efficace que si elle est générale et donc rapide. Toutes ces réformes sont complémentaires comme nous l'avons vu pour la République Tchèque.

En outre, un autre argument a poussé à une réforme rapide : dans la phase de transition, les déséquilibres sont majeurs. L'offre publique s'effondre avant que l'offre privée n'ait pris le relais, tandis que les prix atteignent leur niveau d'équilibre, nécessairement élevé dans cette situation. L'inflation est alors galopante (elle a atteint 3.000 % à un moment en Pologne), tandis que les faux emplois se révèlent et que le chômage progresse très vite.

Tout ceci nécessite des politiques de maîtrise de la création monétaire et l'ensemble peut être mal supporté par les populations (comme le montrent les élections qui ont presque partout mis à mal les premiers gouvernements réalisant ces réformes et entraîné des succès électoraux des anciens partis communistes, en raison d'un mécontentement bien exploité). D'où l'idée d'accélérer les réformes pour éviter une transition trop longue et douloureuse.

Les réformes ont été très développées en Pologne, qui a adopté dès 1990 un projet global de passage au marché, allant de la liberté des prix aux privatisations en passant par la convertibilité de la monnaie. Un an plus tard, les principaux déséquilibres, à commencer par ceux des prix, ont commencés à se résorber. Il en va de même en Hongrie, mais en partant de réformes déjà très entamées, et en République Tchèque, avec notamment un vaste programme de privatisations et, comme on l'a vu, les réformes les plus complètes.

En sens inverse, d'autres pays sont plus réservés. C'est le cas de la Bulgarie et surtout de la Roumanie, où les ambiguïtés de la « révolution » politique, qui semblait, au moins au départ, avoir abouti au maintien au pouvoir des gouvernements très proches idéologiquement du précédent régime communiste, se retrouvent aussi sur le plan économique, même si, emportés par la vague générale de libéralisation, les discours officiels parlent ici aussi d'un passage au marché. Mais peu à peu, même dans les pays les plus réservés au début, les réformes se mettent en place.

Enfin, la RDA est un cas particulier, puisque, en quelques mois, ce pays a disparu, pour permettre la réunification allemande sous la direction du Chancelier H. Kohl. De fait, la monnaie de l'ex-RFA est devenue monnaie commune, avant d'être remplacée par l'euro, et les réformes s'en trouvent accélérées et facilitées. Il n'en reste pas moins que le coût de ces réformes est élevé, même pour la riche Allemagne, et que cela pose des problèmes de financement pour le budget d'où des déficits publics longtemps très élevés, ainsi qu'une tension sur l'épargne, très sollicitée. Mais la réunification fait sans doute de la partie orientale de l'Allemagne une région attrayante pour les investisseurs privés, ce qui permet une restructuration rapide.

La situation des années 90 permet de tirer déjà un certain nombre de conclusions. Globalement, la transition vers le marché et la liberté économique semble irréversible, même s'il y a pu exister, ici ou là, des soubresauts (comme en Roumanie) ou des incertitudes électorales, sans parler des conflits militaires comme dans l'ex-Yougoslavie.. Cette transition montre qu'on ne peut durablement se contenter d'introduire quelques doses de libertés économiques ou de décentralisation : les libertés économiques forment un tout.

En même temps, on s'aperçoit du coût considérable du passage au marché, en raison des distorsions énormes de la phase de planification centralisée : tout y est artificiel et donc tout doit être réformé. La phase de transition est donc douloureuse, parce qu'apparaissent au grand jour les faiblesses masquées par la centralisation antérieure. C'est pour cela que les réformes doivent être rapides. Mais déjà, au début des années 2000, l'essentiel étant acquis et la transition faite. L'inflation est maîtrisée, la croissance est repartie et le chômage régresse dans ces pays.

Mais il ne faut pas oublier aussi tout le cadre institutionnel : le marché nécessite des règles du jeu, par exemple en matière de respect des contrats ou d'une définition claire des droits de propriété. Pour cela, la réforme doit avoir, à côté de ses aspects économiques, des dimensions institutionnelles et juridiques, si l'on veut éviter le règne des Mafias : il faut rétablir un état de droit.

En dépit de ces difficultés, il semble bien que le système d'économie de marché retrouve peu à peu sa vocation de système naturel (avec des applications certes diverses). Il est de plus en plus largement accepté, en particulier en Europe, comme le seul système économique viable et compatible avec les libertés économiques et politiques et avec la nécessaire liberté et dignité des personnes. L'adhésion en mai 2004 de huit anciens pays socialistes à l'Union européenne confirme le caractère inéluctable de cette évolution. Cela concerne cinq pays de l'Est (Pologne, République tchèque, République Slovaque, Hongrie, Slovénie – Cette dernière provient de l'éclatement de l'ex-Yougoslavie –) mais aussi, ce qui est le plus remarquable, les trois états Baltes, issus de l'ex-URSS (Estonie, Lituanie, Lettonie). Depuis 2004 deux autres anciens pays socialistes (Roumanie, Bulgarie) ont adhéré (en 2007) à l'Union européenne, portant le nombre d'États membres à 27 – Tous ces pays sont désormais totalement intégrés à l'Union européenne, ce qui signifie qu'ils sont devenus de véritables économies de marché. Mieux encore, la Slovénie (en 2007) et la République Slovaque (en 2009) ont adhéré à la monnaie européenne et font partie de la zone euro. L'économie de marché est désormais la règle dans toute l'Europe.

Si cette évolution se confirmait également, en dehors de l'Europe, elle constituerait une révolution majeure par rapport à la situation de toute l'après-guerre : il n'y a plus deux systèmes économiques qui s'opposent – le plan et le marché – mais un seul système, conforme à la nature de l'homme, le marché, tandis que l'économie de plan n'apparaît plus que comme une parenthèse provisoire, fruit du constructivisme et de l'idéologie, parenthèse refermée sous la pression des faits et de la réalité économique et sociale. Hors d'Europe, le cas de la Chine communiste est le plus important (c'est le pays le plus peuplé du monde, le régime politique reste totalitaire : parti unique et faiblesse des libertés civiles) mais l'économie chinoise est déjà très largement une économie de marché et elle s'est bien intégrée dans la mondialisation et le commerce mondial, au point d'adhérer à l'organisation mondiale du commerce (comme le Vietnam) ce qui impose de respecter certaines règles du jeu économique. La question qui se pose est celle de la coexistence de libertés économiques et d'un totalitarisme politique : ou la dynamique des libertés jouera et la Chine sera un jour une démocratie, ou le totalitarisme l'emportera et fera disparaître les libertés économiques. La première solution est bien sur la plus souhaitable et sans doute la plus probable. En tous cas il est clair qu'il suffit à la Chine d'abandonner la planification centralisée au profit du marché pour devenir un pays émergent, en développement rapide.

Mais ces processus prennent du temps, et les esprits eux-mêmes restent très imprégnés : les vieux réflexes sont présents ; en France, en particulier, le poids de l'idéologie nourrit les réflexes hostile au marché et il reste dans une large part de l'opinion l'idée que le marché n'est pas un système naturel et qu'il faut chercher autre chose. L'expérience tragique des pays de l'Est ; la transition peu à peu conduite et pour l'essentiel réussie vers le marché, dans ces pays, montre qu'il n'y a pas d'alternative crédible au marché : il est le seul régime compatible avec la démocratie et les libertés politiques ; il est donc le seul capable de respecter les droits fondamentaux des personnes et leur dignité.

Encore faut-il comprendre la logique profonde de ce système et les conditions de son bon fonctionnement.

Chapitre III

L'ÉCONOMIE DE MARCHÉ

SECTION I. LES PRINCIPES DE FONCTIONNEMENT

L'essentiel de ce manuel d'économie politique – et en particulier le cours du second semestre – étant consacré aux mécanismes du marché (en particulier la partie consacrée à la micro-économie et, en général, au rôle des acteurs de la vie économique), il suffit pour l'instant de rappeler quelques principes essentiels, qui seront développés par la suite.

Tout d'abord, l'économie de marché repose sur des agents économiques libres et responsables. Cela est vrai du côté des producteurs, qui doivent être libres de leur combinaison productive, donc du choix de leurs facteurs de production, libres de leur gestion et de leurs prix, libres de s'installer à tout moment sur le marché, afin d'assurer une concurrence entre les entreprises.

La propriété privée des moyens de production permet d'assurer la responsabilité du producteur, et de garantir une gestion optimale des ressources, grâce aux deux caractéristiques d'exclusivité (qui assure la meilleure gestion possible de la part de l'actuel propriétaire) et de transférabilité (qui permet à la propriété de circuler vers celui qui en assurera la plus grande rentabilité).

Du côté des consommateurs, leur responsabilité est essentielle en matière de choix de consommation. C'est pour cela que la qualité de l'information qu'ils reçoivent est importante, information nécessairement partielle, car coûteuse (en temps ou en argent). Leur liberté n'existe que s'ils ont affaire à des producteurs également libres.

Toutes ces décisions décentralisées sont coordonnées grâce au mécanisme du marché et des prix. Les prix indiquent les raretés, incitent les producteurs et les consommateurs à modifier leurs choix, répartissent les ressources rares et les facteurs de production, assurent l'équilibre du marché. Ces marchés jouent donc un rôle essentiel non seulement pour les biens et services de consommation, mais aussi pour les facteurs de production, leur affectation et leur rémunération, aussi bien le travail que le capital, si l'on veut là aussi que leur gestion soit optimale. Le marché ne peut jouer son rôle que si le prix est libre, car tout faux prix entraîne de fausses décisions et est source de déséquilibres.

Dans une économie de marché, l'État a un rôle à jouer, au moins sur deux plans. Il s'agit d'abord d'assurer un cadre institutionnel, qui garantisse par exemple les droits de propriété ou encore la liberté des contrats et leur bonne exécution et plus généralement un État de droit (Rule of law). Ensuite, dans la mesure où l'État intervient dans les domaines du budget et de la monnaie, il faut que ce cadre monétaire et budgétaire soit en lui-même stabilisant, c'est-à-dire capable d'empêcher par exemple un déséquilibre inflationniste, en assurant une stabilité de la valeur de la monnaie.

Il peut aussi mettre en œuvre la solidarité, lorsque les autres agents économiques ne sont pas en état de l'assurer, vis-àvis de ceux qui ne peuvent pas ou plus produire, à condition de tenir compte du fait qu'on ne peut redistribuer que ce qui a été au préalable produit. L'État ne doit faire que ce que les autres agents économiques ne sont pas capables de faire par eux-mêmes (principe de subsidiarité) et c'est aux économistes de montrer les limites du rôle de l'État dans ce domaine : la plupart des interventions étatiques n'ont aucune véritable justification et les agents économiques décentralisés pourraient souvent mieux faire de manière spontanée que l'État lui-même.

SECTION II. L'ÉCART ENTRE LE SYSTÈME ET LES RÉGIMES

En pratique, les économies de marché que l'on connaît par exemple en Europe de l'Ouest ou, désormais, de l'Est, ou en Amérique du Nord (ou encore au Japon, pour s'en tenir aux seuls pays développés) connaissent des écarts importants par rapport à ces quelques principes théoriques de fonctionnement du système de marché.

Ces écarts sont visibles aussi bien dans le domaine microéconomique (par exemple celui de la concurrence, traité dans le cours du second semestre) que dans des domaines macroéconomiques (par exemple celui de la politique économique ou de la gestion de la monnaie, traité également au second semestre, et, dans beaucoup de facultés, en deuxième année).

A titre d'exemple, deux domaines semblent marquer cet écart important entre systèmes et régimes. Le premier porte sur la question de la concurrence. C'est un point fondamental : les entreprises doivent pouvoir se concurrencer, de façon à assurer un pluralisme, unc liberté de choix au consommateur et aussi parce que la concurrence les pousse à s'adapter en permanence et à faire des gains de productivité.

Or de nombreux obstacles menacent cette concurrence : sur le plan international, c'est le protectionnisme, qui empêche d'une manière ou d'une autre l'entrée de produits fabriqués dans un autre pays. Sur le plan intérieur, c'est le cas des professions fermées, des monopoles publics ou de certains mécanismes d'entente illicite sur lesquels il faudra s'interroger. Dans la plupart des cas, c'est l'État qui, par ses réglementations ou ses interventions, rend la concurrence moins effective et empêche son libre jeu, pénalisant ainsi le consommateur.

C'est ainsi qu'aucun protectionnisme ne peut être organisé sans l'accord de l'État ; de même, on ne peut vraiment fermer une profession qu'avec la complicité des pouvoirs publics. Mais c'est surtout dans le domaine des « services publics » que l'atteinte à la concurrence est la plus forte puisque l'État, en se faisant lui-même producteur, interdit purement et simplement au secteur privé de produire le même bien ou de même service que lui : c'est un domaine où les privilèges publics vont disparaître fatalement, que ce soit sous l'influence des évolutions techniques, qui rendent caducs le monopole public, ou sous l'influence européenne, qui oblige peu à peu la France à ouvrir ses « services publics » à la concurrence.

Un autre exemple concerne la place de l'État dans la vie économique : depuis longtemps, il est sorti de son rôle traditionnel, qu'il assure d'ailleurs très mal, puisque la monnaie est mal gérée, les services publics fonctionnent souvent mal et les droits de propriété sont mal défendus. Mais, par contre, le secteur public (nationalisé) a pris des proportions importantes (par exemple, près du tiers de la production industrielle en France en 1981 après les nationalisations liées à l'élection du président F. Mitterrand, ou encore la quasi-totalité des banques à la même époque), tandis que les contraintes administratives limitaient la marge de manœuvre des entreprises (par exemple le contrôle des prix).

Par ailleurs, les prélèvements obligatoires (impôts et cotisations sociales), auxquels on ne peut par définition échapper, atteignent dans un pays comme la France plus de 45 % du Produit Intérieur Brut, soit beaucoup plus de 50 % du revenu national. Cela veut dire que plus de la moitié du revenu des Français échappe à leur libre affectation et passe par des organismes étatiques ou para étatiques. On est alors loin d'une véritable économie décentralisée.

Cette dérive des économies de marché a été remise en cause à l'occasion de la crise que ces économies ont rencontrée dans les années 70. Au cours de ces deux chocs pétroliers, les forces et faiblesses de ces économies ont été révélées. Dans un premier temps, la plupart des indicateurs se sont dégradés : hausse des prix, progression du chômage, ralentissement de la croissance, déficit extérieur (ou au contraire excédents considérables), déficits budgétaires, ralentissement du pouvoir d'achat, dégradation du système monétaire international, etc. Les mêmes interrogations se sont reproduites face à la crise financière et économique de 2008-2009 : comment faut-il analyser ces crises ?

Face à cette situation troublée, trois analyses ont été présentées, proposant chacune des solutions spécifiques : la crise du système, la crise dans le système et la crise de l'anti-système.

La première analyse considère la situation des années 70 ou des années 2008-2009 comme étant une crise du système. C'est essentiellement le cas de l'analyse marxiste, qui présente la crise comme l'une des crises multiples du capitalisme, avant la crise finale qui doit l'emporter un jour. Dans ces conditions, toute politique économique nouvelle ne vise qu'à essayer de « gérer la crise », sans pouvoir la résoudre, puisque le système de marché ne peut trouver son équilibre de manière durable.

La seule solution consiste donc à changer de système, « à rompre avec le capitalisme » comme le disait le Programme commun en France dans les années 70, c'est-à-dire à passer peu à peu du marché vers le plan, par exemple en développant le secteur public et les prélèvements obligatoires. L'échec des économies de plan a rendu cette analyse beaucoup moins crédible dans les années 2000.

La deuxième analyse parle d'une crise dans le système. Ce n'est pas alors le système lui même qui est en cause, mais la façon dont il est géré. C'est par exemple l'analyse néokeynésienne de la crise. Dans cette logique, la politique économique aurait été mal orientée, pas assez volontariste, et une autre politique économique résoudrait les difficultés.

Dans ces conditions, il faudrait ramener l'équilibre grâce à une politique économique globale, agissant sur la demande, notamment dans le sens de la relance. C'est ce que l'on trouve en France au début des années 80. La relance par la demande, accompagnée d'une politique des revenus, d'une politique industrielle, résoudrait ici les problèmes. On s'oriente alors vers une économie mixte, qui corrigerait en quelque sorte les excès du marché sans le remettre totalement en cause. C'est le fondement même de toutes les politiques interventionnistes et des économies mixtes. C'est à nouveau ce que l'on trouve face à la crise de 2008-2009 : on fait à nouveau appel à l'État et aux politiques de relance, rendant le libre marché responsable de la crise.

Enfin, la troisième analyse consiste à présenter la crise actuelle comme une crise de l'anti-système. C'est, cette fois, l'analyse libérale de la crise. Ce qui explique alors les déséquilibres, ce n'est pas le marché, mais l'interventionnisme étatique qui n'a cessé de se développer : contrôle des prix, nationalisations, prélèvements fiscaux excessifs, contraintes administratives, politique conjoncturelle, etc. De même, la crise financière de 2008 (Subprimes) vient avant tout du laxisme de la Banque centrale américaine (La FED) qui a poussé à l'argent facile et aux crédits immobiliers bon marché par une politique monétaire keynésienne de baisse systématique des taux d'intérêt.

Dans ces conditions, ce qui est en crise, c'est l'excès d'interventionnisme étatique et donc ce n'est pas une crise du système d'économie de marché, mais de sa dérive étatique, c'est-à-dire de l'anti-système. La solution à la crise passe alors par un retour au marché, de la liberté des prix aux privatisations, en passant par la baisse des impôts et charges et par une inscription de la politique économique dans la durée, pour « stabiliser les politiques de stabilisation ». C'est la politique qui a été appliquée dans plusieurs pays occidentaux et, surtout, dans les années 80 dans l'Angleterre de M. Thatcher ou aux États-Unis avec R. Reagan.

Deux débats essentiels ont donc agité les économies occidentales dans les années 70 et 80. Le premier, qui oppose la première analyse aux deux autres, est le débat pour ou contre l'économie de marché. L'évolution récente des pays de l'Est a rendu ce premier débat assez théorique, puisque la plupart des pays ont choisi, de fait, aujourd'hui l'économie de marché contre l'économie de plan et que les anciennes économies socialistes sont maintenant en transition vers le marché. Et même, beaucoup d'entre elles, sont devenues des économies de marché. Mais nous avons vu que les mentalités n'avaient pas toujours suffisamment évolué sur ce point et que la nostalgie d'une économie bien « organisée » par le plan était encore assez présente dans bien des esprits.

L'autre débat se situe à l'intérieur du marché et il oppose la deuxième à la troisième solution : c'est le débat pour ou contre l'économie dirigée, pour ou contre l'économie mixte. C'est un débat qui a été tranché dans la plupart des pays dans les années 1980 contre le dirigisme et pour l'économie libérée ; en France, au contraire, la tendance dominante a été longtemps le choix de l'économie interventionniste et même de l'économie mixte. Même si la période récente a atténué le particularisme français et si l'interventionnisme a diminué, il y a bien là un écart important, dans la conception même du régime économique, entre la France et ses principaux partenaires.

Or, il apparaît clairement que l'économie mixte a échoué et qu'elle connaît des déséquilibres croissants et un essoufflement économique et moral. Au contraire, ce sont les économies qui ont fait explicitement le choix du marché (privatisations, déréglementations, diminutions des impôts et prélèvements) qui ont surmonté la crise, maîtrisé l'inflation, retrouvé les chemins du dynamisme économique, réduit le chômage. La crise persiste dans les économies mixtes et elle s'est éloignée dans les véritables économies de marché. Pourtant, face à la crise de 2008-2009, la plupart des hommes politiques et de nombreux économistes se sont crus revenus en 1929 et ont accusé les reformes libérales, à commencer par la dérégulation, d'avoir provoqué la crise. De nombreux gouvernements en 2009, à commencer par les États-Unis de Barak Obama, se sont lancés à nouveau dans les politiques interventionnistes de relance Keynésienne alors que celles-ci avaient été à l'origine de la crise des années 1970. Ils n'ont pas compris que la cause venait d'abord des politiques monétaires laxistes et des déficits publics et qu'en ajoutant de nouveaux déficits, on ne résoudrait pas la crise, au contraire.

Tout ceci est essentiel, et mérite des développements plus précis : c'est l'objet du cours du second semestre, tant du point de vue micro-économique que macro-économique, que d'approfondir les principes et le fonctionnement d'une économie de marché et d'examiner le rôle de ses principaux acteurs.

Licence I - L.I

Cours du second semestre[1]

ÉCONOMIE POLITIQUE

1. Même observation qu'au premier semestre. le découpage adopté ici est le plus fréquent, mais il arrive que divers éléments de cette partie du cours soient enseignés uniquement en DEUG 2 (Licence II), lorsque le cours d'économie comporte trois, voire quatre semestres. les étudiants doivent adapter l'enseignement de ce manuel aux situations locales de chaque faculté.

Première partie

MICRO-ÉCONOMIE

(consommateurs, producteurs et marchés)

Titre I

LES DÉCISIONS DÉCENTRALISÉES

Après les indispensables rappels introductifs concernant l'histoire de la pensée et les systèmes économiques, qui ont constitué le cours du premier semestre et permis de se familiariser avec le vocabulaire et les raisonnements économiques et de faire le point sur les grands problèmes économiques, il faut aborder le fond des questions économiques, c'est-à-dire la micro-économie et la macro-économie ou encore le rôle des acteurs de la vie économique.

Or il est essentiel de commencer par la micro-économie, c'est-à-dire par l'étude des décisions décentralisées. Ce n'est pas seulement une question d'ordre des matières ou de pédagogie, mais de fond. En général, on perçoit en effet l'économie, notamment dans la présentation qui en est faite par les médias, sous l'angle global, c'est-à-dire macro-économique : les décisions étatiques, les grands déséquilibres nationaux ou internationaux,... Tout cela donne une perspective déformée de la réalité économique, qui se situe avant tout sur un autre plan, celui de la micro-économie.

En effet, l'essentiel de la vie économique doit être observé ailleurs que dans les visions globales, nécessairement réductrices et éloignées des réalités : ce qui est fondamental, c'est avant tout le comportement quotidien des consommateurs et des producteurs, qui sont les principaux acteurs de la vie économique et qui, par leurs décisions libres, font l'essentiel de la vie économique : commencer par étudier la macro-économie, c'est dire aux agents décentralisés qu'ils n'ont pas le premier rôle. Étudier d'abord la micro-économie, c'est remettre l'économie sur ses pieds et c'est rendre aux agents décentralisés la place fondamentale qui leur revient, c'est-à-dire la première. Deux acteurs économiques jouent alors un rôle central : les ménages, dans leurs décisions de consommation, et les entreprises, dans leurs décisions de production.

CHAPITRE I

L'ANALYSE DU CONSOMMATEUR

La consommation est un acte économique fondamental : si l'entreprise produit, c'est pour répondre à une demande et cette demande est d'abord une demande de consommation ; la production ne trouve pas sa finalité en elle-même, mais dans le fait qu'elle constitue une réponse aux choix des consommateurs, des clients. C'est le client qui donne sens à la production et à l'entreprise. C'est pour cela que c'est le premier acteur de la vie économique.

Cette consommation est souvent qualifiée, dans ce cas, du nom de consommation finale, par opposition aux consommations intermédiaires. Ces dernières servent à produire d'autres biens et elles disparaissent en tant que telles dans le processus de production (matières premières, énergie). Au contraire, les consommations finales ont une utilité directe, puisqu'elles sont censées répondre directement aux besoins des consommateurs.

La consommation implique la destruction du bien, rapidement, pour les biens non durables ou pour les services, plus lentement (par usure par exemple) pour les biens durables. Mais, dans ce cas, ce n'est pas le bien lui-même que l'on consomme, mais ce sont les services rendus par ces biens. Cela signifie que l'idée de consommation finale est largement illusoire. En réalité, les consommateurs produisent des services destinés à eux-mêmes. Ce sont donc des producteurs, ce qu'exprime en particulier la nouvelle théorie du consommateur, la théorie de la production domestique.

Cependant, sur le plan statistique, comme il est difficile d'évaluer la durée de vie de ces biens et la valeur de ces services rendus par les biens durables, on estime faute de mieux la consommation des ménages indirectement, par l'ensemble de leurs achats, c'est-à-dire par les dépenses de consommation.

Tous les biens et services achetés par les ménages sont considérés comme de la consommation (y compris les biens durables comme l'automobile ou les équipements ménagers), à une exception près, celle des logements, considérés comme un investissement.

SECTION I. UTILITÉ ET COURBES D'INDIFFÉRENCE

§ 1. L'UTILITÉ CARDINALE

Les choix des consommateurs dépendront avant tout de trois variables : les revenus, les prix et l'utilité des biens.

La notion d'utilité est fondamentale dans l'analyse du consommateur. Il s'agit de la satisfaction que le consommateur est censé retirer de la consommation d'un bien : notion donc très subjective, qui dépendra de chaque situation, de chaque consommateur, chacun ayant ses propres goûts, ses propres préférences.

Mais comment mesurer cette utilité? Traditionnellement, les économistes considéraient que les consommateurs pouvaient mesurer cette utilité, en indiquant un chiffre, une intensité, sur une échelle donnée. C'est ce que l'on appelle l'utilité cardinale. Dans ce cas, l'utilité totale représente l'ensemble des satisfactions apportées par la consommation d'une ou plusieurs unités d'un bien.

La notion essentielle ici est alors celle d'utilité marginale : il s'agit de l'accroissement de l'utilité totale entraînée par la consommation d'une unité supplémentaire d'un bien. La principale loi concernant cette utilité marginale tient au fait qu'elle est décroissante.

Cela s'explique notamment par le phénomène de saturation des besoins. Si un individu s'interroge sur l'utilité de différentes doses d'eau, par exemple, il est vrai qu'il préférera deux verres à un, ce qui veut dire que l'utilité totale augmente avec les quantités consommées. Mais le supplément de satisfaction (ou utilité marginale) diminue, car le besoin diminue lui aussi d'intensité au fur et à mesure qu'on y répond. Cela signifie à nouveau que l'utilité non seulement n'est pas la même pour tous, mais encore que, pour un même consommateur, elle dépend de la quantité déjà consommée du bien. L'utilité d'une deuxième ou troisième voiture pour un ménage n'est pas la même que celle d'une première voiture.

Bien entendu, en pratique, le consommateur doit choisir entre plusieurs biens. Il doit donc comparer les utilités marginales de ces divers biens, en tenant évidemment compte de leurs prix : on peut préférer un bien à un autre, mais il faut pour établir un choix tenir compte du prix et donc raisonner par exemple par euro dépensé. Dans ce cas, le consommateur rationnel doit égaliser les utilités marginales, car il serait illogique de dépenser un euro pour acquérir un bien à faible utilité, alors qu'il resterait des biens à plus forte utilité non encore consommés : cette logique de comportement conduit donc à égaliser les utilités marginales pour répondre, dans l'ordre d'urgence défini par le consommateur, aux divers besoins.

A partir de là, il est possible de développer une analyse du consommateur qui tienne compte des contraintes budgétaires de chacun, qui vise alors à maximiser les satisfactions, tandis que ces choix sont modifiés par les variations des prix et par celles des revenus. Cela permet en particulier de déboucher sur une analyse de la demande. Mais l'ensemble repose sur une hypothèse lourde, celle de l'utilité cardinale. En pratique, il est inutile de se servir de cette hypothèse, et une hypothèse plus légère, celle de l'utilité ordinale, permet d'aboutir aux mêmes résultats.

§ 2. L'UTILITÉ ORDINALE

On peut en effet se contenter de considérer que le consommateur est capable de classer ses biens, par ordre de préférence ou encore d'indiquer des indifférences entre deux biens ou deux combinaisons de biens. L'instrument essentiel d'analyse est alors la courbe d'indifférence.

On raisonne sur deux biens A et B : une courbe d'indifférence représente l'ensemble des combinaisons de ces deux biens entre lesquels le consommateur est indifférent, c'est-à-dire qui apportent la même satisfaction. Bien entendu, chacun aura ses propres courbes d'indifférence, ayant ses propres préférences.

Ces courbes sont décroissantes, car, pour garder constante l'utilité, il faut compenser la perte d'un bien par la consommation accrue d'un autre. Si elles étaient croissantes, cela serait illogique, car cela voudrait dire qu'un consommateur serait indifférent au fait d'avoir plus ou moins des deux biens. Mais le degré de remplacement d'un bien par un autre (ou taux marginal de substitution) varie : si l'on a beaucoup d'un bien et peu d'un autre, on acceptera en général de remplacer plusieurs unités de celui qui est abondant par une seule unité de celui qui est rare, et réciproquement dans le cas contraire. En outre, on démontre que deux courbes d'indifférence pour un même consommateur ne peuvent se couper.

Bien entendu, chacun a, non pas une seule courbe d'indifférence, mais une infinité, chacune correspondant à des niveaux différents de consommation : plus on se situe sur une courbe élevée, plus la consommation des deux biens est forte et donc plus la satisfaction est élevée. Le consommateur souhaitera donc se situer sur la courbe d'indifférence la plus élevée possible (Voir graphique 1).

Mais c'est là que l'on retrouve la notion économique essentielle de rareté : chacun est limité dans ses choix de consommation par la faiblesse de son revenu; c'est la contrainte de budget, qui va obliger à opérer des arbitrages, à faire des choix. Cette contrainte de budget peut facilement être tracée, en supposant d'abord que l'on n'achète que du bien A, puis que du bien B, et en joignant ainsi les deux points obtenus pour obtenir la droite de budget, qui donne tout le champ de ce qui est financièrement possible (Voir graphique 1).

Il est alors possible de déterminer l'équilibre du consommateur en recherchant quel sera son choix optimal de consommation, compte tenu de ses courbes d'indifférence (c'est-à-dire en fait de ses goûts), de sa contrainte de budget ou de revenu et des prix des deux biens. La solution consiste à choisir la courbe d'indifférence la plus élevée possible, c'est-à-dire celle qui est tangente à la droite de budget. Le point de tangence détermine la solution optimale pour le consommateur.

En effet, une solution située sur une courbe plus élevée apporterait plus de satisfaction, mais se révélerait financièrement inaccessible. Une solution située sur une courbe plus basse serait possible, mais n'apporterait pas la satisfaction la plus grande. D'où la solution logique : la courbe d'indifférence la plus élevée possible, c'est-à-dire compatible avec la contrainte de revenu (cf. graphique 1). C'est donc le point de tangence qui détermine la situation optimale ou situation d'équilibre du consommateur, c'est-à-dire son choix en matière de consommation.

Graphique 1
L'équilibre du consommateur

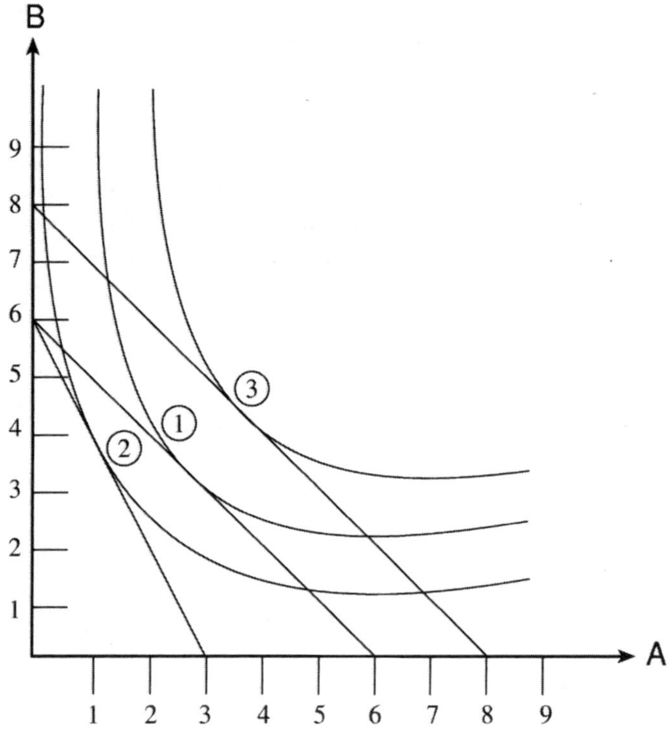

Supposons que le prix de A soit de 1 euro pièce, de même que le prix de B ; la contrainte de revenu est de 6 euros. La solution optimale est alors la solution 1. Si le prix de A varie (par exemple passant de 1 à deux euros), la contrainte de budget change, ce qui modifie l'équilibre qui devient alors la solution 2. Enfin si c'est le revenu qui change (passant par exemple de 6 à 8 euros), alors que les prix restent inchangés (1 euro pièce), c'est la droite de budget toute entière qui se déplace, parallèlement à elle-même, modifiant à nouveau l'équilibre, qui devient la solution 3.

La première partie de cette analyse est statique et nous donne seulement l'équilibre du consommateur à un moment donné, compte tenu de ses préférences, des prix et de son revenu. Mais, en pratique, tous ces éléments vont changer dans le temps. Deux modifications sont particulièrement intéressantes.

D'abord la variation du prix d'un bien. Si le prix d'un bien augmente, la contrainte de budget change, car le même revenu ne permet plus d'acquérir la même quantité de biens. Supposons que le prix de A augmente. Les prix relatifs des biens sont modifiés. Donc les choix des consommateurs changent.

Deux effets se produisent. D'abord l'effet prix ou effet de substitution : parce que le prix de A change, le prix relatif de A par rapport à B change aussi ; comparativement, B paraît moins cher, ce qui provoque un phénomène de substitution : on cherche à remplacer le bien A par le bien B. Dans ces conditions, la quantité consommée de A diminue (puisque ce bien est plus cher) et celle de B augmente, puisque comparativement ce bien est moins cher.

Mais il y a aussi un effet de revenu : la contrainte de budget a changé ; le consommateur subit la hausse de A comme s'il avait eu une baisse de son revenu, puisque de fait cela limite ses possibilités d'achat. La hausse du prix de A équivaut alors à une baisse du revenu du consommateur. Dans ces conditions, à cause de cet effet de revenu, la quantité consommée de A et de B diminue.

Quel est l'effet total de la variation du prix de A ? L'effet sur le bien A lui-même est simple à analyser, puisque les effets de substitution et ceux de revenu vont dans le même sens : la quantité demandée de A diminue, à la fois parce qu'il est plus cher (substitution) et parce que le consommateur a une contrainte de budget plus serrée (effet de revenu) : donc la quantité demandée de A diminue nécessairement. Ce premier résultat est essentiel car il est à la base de toute l'analyse de la demande et de la fonction de demande que l'on verra plus tard.

Mais il y a aussi des effets sur le bien B. L'essentiel est le fait que ces effets existent. Cela veut dire que la variation du prix d'un bien A modifie aussi la quantité consommée des autres biens, en l'occurrence ici du bien B. C'est ce qui rend les phénomènes économiques si complexes (et qui explique notamment pourquoi les prévisions économiques sont si illusoires) puisque dans la réalité les prix de tous les biens varient et que chacune de ces variations influence non seulement la demande du bien dont le prix varie, mais par ricochet celle de tous les autres biens.

Quel est l'effet total sur la demande de B ? Il dépend de l'importance de chacun des deux effets puisque la demande de B doit augmenter à cause de l'effet-prix ou de substitution et qu'elle doit par ailleurs diminuer à cause de l'effet de revenu : la variation finale dépendra donc de l'intensité de chacun de ces deux effets.

On voit l'importance de cette analyse dans la vie de tous les jours : la variation du prix du transport en train modifie non seulement la demande de ce service de transport en train, mais aussi celle des autres modes de transport comme l'avion. La hausse du prix du pétrole provoque une diminution de la quantité demandée de ce bien, mais aussi la hausse de la demande des produits (ici des énergies) de substitution. Mais, lorsque la hausse du prix du pétrole est trop forte (comme dans les crises de l'énergie en 1973 ou 1979) l'effet de revenu l'emporte et la demande de tous les biens diminue, ce qui se traduit globalement par un ralentissement économique, c'est-à-dire une récession.

On peut envisager un autre phénomène : que se passe-t-il lorsque les prix des biens restent cette fois les mêmes, alors que c'est le revenu qui change ? Supposons que le revenu augmente. Cette fois, les prix relatifs (de A par rapport à B) restent les mêmes. Mais c'est la contrainte de budget qui change, en l'occurrence qui se desserre. Cette hausse des revenus permet au consommateur d'acquérir plus de chacun des deux biens (seul l'effet de revenu joue et cette fois dans le sens de la hausse). La demande de A et celle de B augmentent donc habituellement.

Là encore, c'est un phénomène important pour la vie courante : un consommateur peut accroître la demande des divers biens lorsque son revenu augmente, alors même que les prix restent stables.

Tout cela concerne les biens habituels. Mais, dans certains cas (les biens inférieurs), la demande diminue exceptionnellement, au lieu d'augmenter, lorsque le revenu augmente. C'est un cas particulier (par exemple le pain dans nos sociétés) lorsque le consommateur, au fur et à mesure de la hausse de son revenu, préfère acheter moins de ces biens considérés comme moins importants ou de moindre qualité, et plus des autres biens.

Enfin, en pratique, tout varie en même temps : les prix et les revenus, et donc on assiste à un impact de toutes ces variations, qui se conjuguent pour expliquer les modifications de demande de tous les biens, ce qui, une nouvelle fois, rend illusoire les prévisions économiques, contribuant ainsi à expliquer, sur le plan national, les impasses des politiques économiques trop actives : les gouvernants sont incapables de prévoir les conséquences véritables de leurs interventions...

SECTION II. LA DEMANDE

La notion de courbe de demande découle directement de celle des courbes d'indifférence et de l'utilité ainsi que du comportement de maximisation sous contrainte de la part du consommateur. Il faut donc rappeler le cadre d'hypothèses. On raisonne d'abord à court terme, en courte période, c'est-à-dire en considérant que le revenu et les courbes d'indifférence sont donnés et que seul le prix d'un bien varie. Les effets prix et les effets de revenu jouent alors dans le même sens et la hausse du prix d'un bien provoque une diminution de la quantité demandée de ce bien; inversement, la baisse du prix provoque une hausse de la quantité demandée.

Cela explique l'allure générale de la courbe de demande, qui est décroissante : plus le prix est élevé, plus la quantité demandée est faible, et réciproquement.(cf. graphique 2).

A côté de ces courbes typiques, qui concernent la plupart des situations et des produits, on peut trouver aussi quelques courbes atypiques : soit entièrement croissantes (parce que dans ce cas plus le prix monte, plus on achète, c'est l'effet de snobisme) soit partiellement décroissante et partiellement croissante : c'est le cas des biens inférieurs : lorsque le prix diminue, la quantité demandée augmente jusqu'à un certain point; puis le mouvement s'inverse, parce que la poursuite de la chute du prix permet de dégager un revenu pour acheter un autre bien, considéré comme préférable, et la quantité demandée du bien inférieur diminue : c'est le célèbre cas de R. Giffen, étudié en Islande au XIXe siècle, à propos de la demande de pommes de terre. Mais tout cela constitue des cas très particuliers.

Que va-t-il se passer dans le temps ? A long terme, en longue période, les phénomènes deviennent plus complexes, puisque non seulement les prix, mais encore les revenus ou les goûts peuvent varier. Supposons que les revenus augmentent. Dans ce cas, l'effet de revenu jouant à plein, la demande des divers biens augmente. Cela veut dire que, pour un bien donné, les consommateurs sont prêts à en acheter plus pour un même prix. C'est l'ensemble de la courbe de demande qui se déplace alors.

Ce phénomène est essentiel pour répondre à certaines critiques superficielles adressées à l'analyse de la demande. Celle-ci indique que, lorsque le prix monte, la quantité demandée diminue. Or, on constate tous les jours que les prix montent et que les consommateurs continuent à acheter autant sinon plus. C'est qu'il y a eu dans le temps deux phénomènes qui ont joué : d'un côté la hausse du prix, de l'autre celle du revenu. Cela veut dire qu'on ne raisonne plus sur la même courbe de demande, mais qu'on passe par exemple de la courbe D1 à la courbe D2 (cf. graphique 2). On voit alors comment la hausse du revenu peut compenser et au-delà la hausse des prix et expliquer des achats plus importants en dépit de la progression des prix. C'est toute la différence entre la variation de la quantité demandée (instantanée, sur une même courbe de demande) et la variation de la demande (dans le temps, par exemple, parce que le revenu a augmenté, ou encore la population).

Graphique 2
La courbe de demande

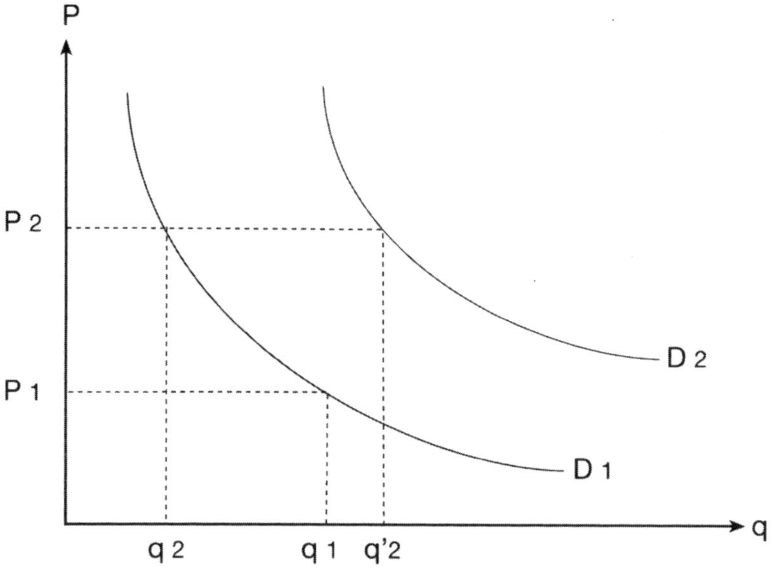

La courbe D1 correspond à un moment du temps t1 et à un niveau de revenu. La courbe D2 correspond à un autre moment du temps et à un niveau de revenu plus élevé. Lorsque le prix monte à un moment du temps, la quantité demandée diminue (P1 et q1 ; P2 et q2). Mais si l'on raisonne dans le temps, on se situe sur une autre courbe de demande (D2) et la hausse du prix de P1 à P2 peut s'accompagner (en raison de la hausse du revenu) d'un accroissement des quantités demandées qui passent de q1 à q'2, cela parce que c'est toute la demande qui s'est déplacée sous l'effet de la hausse du revenu.

L'évolution des revenus dans le temps permet aussi d'aborder une autre question : celle de l'évolution de la structure de la consommation. En effet, les demandes de biens ne réagissent pas toutes de la même façon à la hausse du revenu. Certaines demandes progressent plus vite que d'autres.

Ce sont les lois de Engel qui ont permis, dès le XIXe siècle, de mettre en évidence ces évolutions. Laissons de côté le cas particulier des biens inférieurs : pour eux, lorsque le revenu augmente, la quantité demandée diminue. Mais, pour tous les autres biens, lorsque le revenu augmente, la demande augmente aussi. Le problème est de savoir si elle augmente plus ou moins vite que le revenu.

Engel a cru discerner trois situations :

Pour les biens alimentaires, lorsque le revenu augmente, la quantité demandée augmente aussi, mais moins vite ; autrement dit, la part de ces dépenses alimentaires diminue dans les budgets des ménages. On dira que l'élasticité de la demande de ces produits par rapport au revenu est inférieure à un.

Pour l'habillement et le logement, la demande progresse au même rythme que le revenu ; leur part reste donc stable et on dira que l'élasticité-revenu est égale à un.

Enfin, pour les autres biens (par exemple : culture, loisirs, santé, transports,...), les dépenses progressent plus vite que le revenu et donc leur part ne cesse d'augmenter dans les dépenses des ménages. L'élasticité revenu est supérieure à un. On parlera dans ce cas de biens supérieurs ou de « luxe ».

Bien entendu, il s'agit ici seulement d'une observation statistique. Elle semble assez bien confirmée, au moins pour la première loi : partout, la part des dépenses alimentaires diminue avec la hausse du revenu (par exemple en France cette part n'a cessé de se réduire avec la hausse du niveau de vie, pour tomber aujourd'hui bien en dessous de 20 %). Mais certaines observations montrent que tout n'est pas si simple : par exemple deux catégories socioprofessionnelles à revenu moyen identique peuvent avoir des niveaux différents de consommation alimentaire. C'est le cas par exemple si on compare les ménages ouvriers et les ménages employés par exemple en raison d'un nombre d'enfants différents entre les deux groupes. Il en va de même si on compare deux pays de même niveau de revenu. (Différences de mode de vie, de culture, de climat).

De même pour les autres lois : il est bien évident que la hausse du revenu permet un redéploiement des demandes et leur diversification ; comme certaines demandes (comme l'alimentation) ne sont pas extensibles à l'infini, d'autres progresseront plus vite que le revenu. Mais rien dans ces observations n'est mécanique : c'est ainsi que la part de l'habillement et du logement est loin d'être partout stable, la première ayant plutôt tendance à se réduire, la seconde à progresser.

En réalité, plus on descend à un niveau micro-économique, plus on s'aperçoit de la tendance à la personnalisation des consommations. Certes, il y a de grandes lois générales, des tendances, que l'économie s'efforce de mettre en évidence ; mais chaque personne, chaque communauté, chaque groupe social, a ses propres choix, ses propres habitudes et il faut ici se méfier de toute vision trop réductionniste et mécanique : ce qui est premier, ce sont les choix libres et personnalisés des consommateurs. Les lois économiques existent ; elles ne sont pas mécaniques et l'homme ne se laisse pas facilement réduire en équations.

Si l'on raisonne à nouveau sur une même courbe de demande, il reste à examiner une question importante : si le prix monte, la quantité demandée diminue. Mais dans quelles proportions ? Si le prix monte de 10 %, la quantité demandée diminue-t-elle de 5 %, 10 % ou 15 % ? C'est la notion d'élasticité qui présente cette question.

On appelle élasticité de la quantité demandée par rapport au prix le rapport entre la variation relative de la quantité demandée (provoquée par une variation des prix) et la variation relative des prix. Il s'agit donc de mesurer la réaction, la sensibilité de la quantité demandée par rapport aux variations de prix.

En pratique, on peut distinguer deux cas : la demande inélastique et la demande élastique.

Dans le premier cas (demande inélastique), l'élasticité est comprise entre -1 et 0. Dans ce cas, la variation de quantité demandée est plus faible que celle des prix (par exemple, les prix montent de 10 % et la quantité demandée ne diminue que de 3 %). Il s'agit de biens que le consommateur juge indispensables ou dont il peut difficilement se passer (par exemple le tabac, la drogue ou l'alcool : phénomènes d'accoutumance par exemple). Le cas du tabac est d'actualité. Les fortes hausses récentes, en 2003 et 2004 notamment, ont bien provoqué une réduction de la demande, mais cette chute est, en pourcentage, inférieure à la hausse des prix du tabac ; il peut aussi s'agir de biens complémentaires, dont l'usage va avec celui d'un autre plus important (par exemple l'essence, par rapport à l'automobile : la réduction de la quantité demandée d'essence est inférieure à la hausse de son prix car il faut bien continuer à se déplacer).

Dans le deuxième cas, la demande est qualifiée d'élastique, c'est-à-dire de sensible à la variation du prix. (L'élasticité est comprise entre moins l'infini et moins 1). La variation de quantité demandée est supérieure à celle des prix (par exemple les prix baissent de 5 % et la quantité demandée progresse de 15 %). Cette fois, il s'agit surtout de biens qui ont des substituts plus ou moins proches, ce qui fait qu'en cas de hausse ou de baisse du prix, le consommateur remplace un bien par un autre qui rend un service assez proche (par exemple entre divers moyens de transport) ou encore de biens dont le consommateur pense pouvoir facilement se passer.

Cela permet déjà de comprendre qu'un marché n'est pas déterminé par un produit, mais par un service, qui peut être rendu dans des conditions diverses : par conséquent, la SNCF, par exemple, n'est pas un monopole car le marché n'est pas celui du transport par rail (où elle est effectivement seule, du moins jusqu'aux récentes directives européennes) mais celui du transport en général et les variations de prix provoquent des effets de substitution plus ou moins importants, en particulier par rapport à l'avion (longues distances) ou au bus (courtes distances).

Cette analyse très simple de l'élasticité permet de nombreuses applications. La plus simple est celle de la fiscalité. Lorsqu'on cherche une bonne assiette pour la fiscalité indirecte, il faut, du point de vue de l'efficacité fiscale, une assiette qui ne se dérobe pas, c'est-à-dire un produit pour lequel la hausse du prix provoquée par la taxe ne fera pas s'effondrer la quantité demandée.

Dans ces conditions, taxer des produits à demande élastique ne pourra conduire qu'à une chute de la quantité demandée et le rendement fiscal sera faible. De ce point de vue, il faut donc taxer les produits à demande inélastique et c'est pour cela que nos sociétés taxent si fortement des biens comme l'essence, le tabac, l'alcool ou les jeux de hasard.

Ce n'est d'ailleurs pas une invention moderne, puisque sous l'ancien régime la gabelle (impôt sur le sel) s'expliquait aussi par une considération du même ordre : il fallait trouver un bien acheté par tous et à demande inélastique ; le sel répondait à ces critères, étant indispensable dans une société agricole, en particulier pour conserver les aliments.

Plus généralement, les notions de demande sont essentielles, car elles constituent le premier volet de l'analyse des marchés, le second étant constitué par l'analyse de l'offre, c'est-à-dire par le point de vue du producteur. Mais ces analyses traditionnelles du consommateur ont, depuis quelques années, subi un profond renouvellement, qui donnent un éclairage nouveau à ces analyses et une nouvelle façon d'envisager la réalité économique.

SECTION III. LA NOUVELLE THÉORIE DU CONSOMMATEUR

Les analyses qui précèdent sont importantes et elles ont beaucoup contribué à faire progresser la réflexion économique. La plupart des modifications de consommation résultent bien des variations de prix et de revenus. Mais pour autant cette analyse néoclassique est loin d'être satisfaisante sur tous les points et, depuis quelques années, de nouvelles théories du consommateur viennent compléter et renouveler ces analyses.

Le temps est largement absent de l'analyse traditionnelle ; or il s'agit d'une contrainte importante, car c'est une ressource rare, sans doute plus radicalement rare encore que le revenu : il faut donc, dans ce domaine, encore plus qu'ailleurs, procéder à des arbitrages et répartir les diverses utilisations de cette ressource rare qu'est le temps.

Mais une autre faiblesse est essentielle : les satisfactions des individus sont directement rattachées aux biens ; si les biens achetés changent, il faut en conclure que le consommateur est instable, voire manipulé. Or les préférences des consommateurs ne dépendent pas des biens, mais des satisfactions, des services rendus par ces biens. Comment expliquer sinon, par exemple, qu'un même consommateur, soumis aux mêmes prix, ayant le même revenu, change sa consommation de produits énergétiques en passant d'une région froide à une région chaude ? Ce qui l'intéresse, ce n'est pas sa consommation de mazout, mais le service rendu par celui-ci, à savoir la température ambiante de la pièce, qui dépend évidemment de la température extérieure.

C'est G. Becker, prix Nobel d'économie, qui est à l'origine de ce nouveau regard sur la consommation, notamment dans sa théorie de la production domestique et ses thèses ont été popularisées en France, dès les années 70, par les tenants de la « nouvelle économie » et, en particulier, par Jacques Garello et par les ouvrages de H. Lepage. La consommation n'est pas véritablement finale, même pour le ménage, mais celui-ci peut au contraire être assimilé à une entreprise, qui produirait des biens ou plutôt des services, sources de satisfactions, destinés à lui-même et aux siens. Comme n'importe quelle entreprise, il a besoin de s'acheter des biens, semblables aux consommations intermédiaires, mais dans le but de produire des services grâce à ces biens combinés avec les qualités du consommateur et avec le temps dont il dispose.

C'est ainsi, pour prendre l'exemple le plus simple, que la satisfaction qu'on retire d'un repas dépend non pas des seuls biens achetés (comme dans la théorie traditionnelle), mais des services produits par le consommateur, grâce au temps qu'il a pu passer à acheter des biens, à les préparer, à les consommer, à ranger ensuite, avec ses qualités de cuisinier, et bien sûr avec la qualité des biens achetés.

Ces observations banales ont des conséquences considérables. Elles renouvellent l'analyse théorique, puisque l'utilité dépend désormais des satisfactions, des services produits par les ménages eux-mêmes et non directement des biens et que le consommateur est soumis à deux contraintes, l'une de revenu, traditionnelle, l'autre nouvelle, la contrainte de temps (qu'il faudra répartir entre temps de travail et temps consacré aux autres activités, dont la production domestique).

Mais on peut aussi faire observer que désormais plusieurs biens peuvent rendre un service proche ou de même nature, exactement comme dans l'entreprise on peut produire un même bien à partir de matières premières ou de processus techniques différents. Modifier ses achats n'est donc pas forcément un signe d'instabilité, encore moins de manipulation, mais au contraire de rationalité : il s'agit de trouver un nouveau procédé, moins cher, plus rapide, plus efficace pour répondre au même besoin. Ce ne sont pas les préférences qui changent, mais les moyens d'y répondre. On n'est donc pas manipulé parce qu'on change d'achat, mais ce changement peut être au contraire très réfléchi : répondre mieux qu'avant aux besoins permanents.

On achète un produit nouveau non parce qu'on est fragile et instable, mais parce qu'on a trouvé un procédé plus favorable pour répondre à un même besoin.

C'est ainsi qu'on peut aussi expliquer le fait de changer de produit avant même que le précédent se soit révélé hors d'usage : c'est non parce qu'on aimerait gaspiller, mais parce que le produit nouveau peut être plus efficace, ou moins coûteux en argent ou en temps. C'est ainsi, par exemple, que la préférence pour le voyage peut être satisfaite, au fur et à mesure des découvertes techniques, par différents moyens : prendre l'avion au lieu du train ou de la diligence ne signifie pas qu'on a changé de goût, encore moins de besoin, mais qu'on a trouvé de nouveaux procédés pour répondre au même besoin : celui de se déplacer.

De la même façon, beaucoup de biens servent en réalité à économiser du temps : des appareils ménagers aux plats surgelés, ils servent à économiser cette ressource rare, de façon à accroître le temps libre pour les loisirs ou le temps de travail (pour accroître le revenu). Et, comme le travail est de plus en plus payé (hausse des revenus) le coût d'opportunité du temps est de plus en plus élevé (le coût d'opportunité est ici le manque à gagner provoqué par le fait que l'on consacre du temps à autre chose qu'au travail rémunéré) ; donc il est rationnel de chercher à économiser ce temps.

D'autres analyses complètent la précédente. C'est en particulier le cas de l'analyse de Lancaster à propos de la décision d'achat. Il est faux de considérer un bien comme un ensemble homogène. C'est en réalité un ensemble de caractéristiques. Et le consommateur n'achète pas des biens homogènes, mais ces caractéristiques. C'est ainsi, pour garder l'exemple des transports, que, si l'on hésite entre l'avion et le train, en dehors du prix, les éléments de choix porteront sur la rapidité du voyage, mais aussi sur le confort, la sécurité ou encore le lieu d'arrivée par rapport au centre ville par exemple.

On achète donc un bien en tant que paquet de caractéristiques. Un produit nouveau n'est donc qu'un nouvel assemblage de caractéristiques, pour répondre plus rapidement ou mieux aux préférences des consommateurs. Cela ne manquera pas de renouveler aussi l'analyse de la concurrence, car on ne peut plus raisonner ici aussi en biens homogènes : la concurrence se fait entre une multitude de biens, plus ou moins substituables, répondant plus ou moins aux mêmes préférences du consommateur ou pouvant être combinés par lui pour procurer une satisfaction donnée. En clair, train et avion ne sont pas des monopoles, mais sont en concurrence sur certaines distances, de même que bus et train sur d'autres distances plus courtes.

Enfin, ces analyses renouvellent aussi les débats habituels et très artificiels sur la publicité et la manipulation du consommateur. On dit que la publicité modifie les besoins ou même qu'elle les crée. En réalité, elle agit sur les biens et non sur les besoins, puisque les préférences du consommateur s'attachent aux services produits par lui-même, et non directement aux biens. La publicité informe le consommateur de l'existence du produit (car, sans information, il n'y a pas de produit). Cette information peut modifier les achats des consommateurs, qui entrent dans leur fonction de production domestique ; mais il n'y a aucune raison pour qu'elle modifie leurs préférences, qui, elles, restent stables.

De toutes façons, si le consommateur n'est pas satisfait par l'information fournie par le producteur, via la publicité, il sera alors prêt à acquérir directement une information complémentaire ou concurrente sur le marché (c'est le rôle des revues techniques spécialisées ou encore des associations de consommateurs, que de produire de l'information sur un marché concurrentiel ; et si le consommateur souhaite cette information supplémentaire, s'il est donc prêt à payer pour l'acquérir, ces marchés se développeront).

Toutes ces analyses ont le mérite d'ouvrir d'importantes perspectives à la réflexion économique et surtout de dépasser les débats idéologiques artificiels, qui font du consommateur un être faible, instable, manipulé et soumis à toutes les pressions, à commencer par celles des entreprises. Rien ne confirme ces thèses, et toute la nouvelle théorie du consommateur prouve au contraire que les choix des consommateurs, y compris lorsqu'ils changent souvent, obéissent à une grande rationalité. Ils intègrent dans leur choix les prix, les contraintes de temps et de revenus, et se comportent comme le ferait une entreprise qui cherche à produire le meilleur service au moindre coût, y compris en changeant, lorsque c'est nécessaire, ses « fournitures ». Il existe pourtant une différence essentielle entre le ménage et l'entreprise. Elle n'est pas dans le fait de produire, puisque, on vient de le voir, entreprises et ménages produisent, au moins des services. Elle est dans le fait que le ménage produit pour lui même (« production domestique »), tandis que l'entreprise produit pour les autres, pour le marché, pour le client. Mais, pour le reste, on peut faire la cuisine soi-même ou acheter ce service en allant au restaurant ; on peut conduire sa voiture ou prendre un taxi ou un bus ; on peut faire son ménage ou faire appel à une entreprise de nettoyage ; on peut laver son linge ou le porter à la blanchisserie : c'est la même production qui est en cause ; mais dan s un cas elle est tournée vers celui qui a produit, ou vers les siens (famille, au sens large) ; dans l'autre, elle est destinée à la vente, donc à devenir un service marchand destiné au client.

Contrairement à une idée reçue, la science économique reconnaît donc parfaitement la valeur et l'importance du travail domestique, du rôle éducatif des parents, de l'activité bénévole, du travail effectué pour sa famille, etc. Par contre, il est vrai que la comptabilité nationale ne prend pas en compte, ou fort peu, ces phénomènes de production domestique. Mais la comptabilité nationale n'est pas de l'analyse économique; c'est l'utilisation de statistiques, à l'aide de conventions simplificatrices, voire arbitraires, à des fins politiques. Ce n'est donc pas l'économie qui néglige la production domestique et familiale, c'est la politique.

Chapitre II

L'ANALYSE DU PRODUCTEUR

Après le consommateur, le producteur est le deuxième personnage fondamental de la vie économique, le deuxième acteur de celle-ci. La production destinée au marché, au client, s'organise dans des entreprises; il est donc essentiel de se demander pourquoi la firme existe, ce qui justifie ce mode d'organisation, et comment elle combine les divers facteurs de production.

Mais l'entreprise ne se caractérise pas seulement par le fait qu'elle produit (l'administration aussi produit des services de même que le ménage, comme le montre la théorie de la production domestique) mais qu'elle produit pour vendre sur un marché. L'entreprise a donc plusieurs dimensions : technique et humaine, puisqu'elle combine les facteurs de production, dont le facteur travail; commerciale, puisqu'elle produit pour vendre sur un marché; financière, puisqu'elle cherche à vendre pour réaliser un bénéfice. Le développement de l'entreprise dépend de l'équilibre entre ces trois dimensions : si l'une d'entre elles est négligée, toute l'entreprise se trouvera en difficulté.

L'entreprise doit être entendue au sens large, quel que soit son mode d'organisation juridique (par exemple elle peut être sociétaire ou individuelle) ou le type de biens fabriqués (l'entreprise peut produire des biens ou des services). Dans l'entreprise, on utilise des facteurs de production (travail et capital) qui sont en général distincts de l'entrepreneur lui-même, dont la fonction est de combiner ces facteurs. L'ensemble permettra de déboucher sur des décisions en matière de production et notamment sur la notion d'offre sur les marchés.

SECTION I. LA FIRME ET LES FACTEURS DE PRODUCTION

La liste des facteurs de production a évolué tout au long de l'histoire de la pensée économique. C'est ainsi qu'on a longtemps accordé une grande importance à la terre et à son revenu, la rente. Aujourd'hui, on considère qu'il y a trois facteurs de production : le travail, le capital et l'entreprise, ce dernier facteur étant celui qui combine les deux autres et qui permet de comprendre le rôle et le fonctionnement de la firme.

§ 1. LE TRAVAIL

Le travail est un facteur de production qui reçoit une rémunération fixe et contractuelle, qui est le salaire. En même temps, ce salaire est donc un prix, et ce prix se fixe sur un marché, celui du travail, en fonction de l'offre et de la demande. L'offre de travail émane des salariés (c'est la demande d'emplois), tandis que la demande de travail provient des entreprises (c'est l'offre d'emplois). Il est évident que toute manipulation artificielle du prix du travail (par exemple sa fixation à un niveau arbitraire comme dans le cas d'un salaire minimum) est source de déséquilibre sur ce marché et empêche tout retour à l'équilibre (en clair provoque du chômage). La demande de travail de la part des entreprises dépendra pour sa part du prix du travail (c'est-à-dire de son coût total en salaires et charges) et de sa productivité.

L'offre de travail provient de la population active. Celle-ci est un sous-ensemble de la population totale et donc l'évolution de celle-ci influence l'ensemble de la population active.

A. Le soubassement démographique de la population active

La population active dépend donc d'abord de la population totale elle-même, qui en est en quelque sorte le soubassement démographique. Cette population totale représente un stock (par exemple les 63 millions d'habitants – environ – de la France).

Ce stock évolue sous l'influence de deux flux : les flux migratoires et les flux naturels.

Les flux migratoires correspondent aux mouvements d'immigration et d'émigration. Un solde positif signifie qu'il y a plus d'entrées que de sorties sur le territoire national. En France, ce solde est traditionnellement positif. Il était très élevé au moment de la croissance économique rapide, surtout à la fin des années 60 et au début des années 70. Depuis les deux chocs pétroliers et les difficultés économiques, il a été considérablement réduit, avant de progresser à nouveau sensiblement depuis quelques années, en raison surtout du regroupement familial et du développement du nombre de réfugiés, sans parler de l'immigration clandestine, par définition difficile à chiffrer. Au total, c'est donc un facteur qui a joué un grand rôle et qui joue aujourd'hui encore un rôle important, mais plus restreint, dans l'évolution de la population totale française. Si le nombre d'étrangers semble à peu près stable dans le pays, c'est simplement parce que le nombre de naturalisations compense à peu près les arrivées nouvelles sur le territoire national.

Le mouvement naturel correspond à l'excès des naissances sur les décès. Les mouvements de natalité en France ont un profil très marqué. La natalité recule depuis le XVIIIe siècle, pour atteindre un minimum dans l'entre deux guerres. Puis on assiste à une reprise sensible après la deuxième guerre mondiale, le fameux baby-boom, qui dure en gros de 1945 à 1964 : l'indice synthétique de fécondité se situe dans la période aux environs de 3 enfants par femme.

A partir de 1964, on assiste à un recul sensible : le seuil de renouvellement des générations (qui se situe en France à 2,1) es franchi en 1974. Depuis, nous nous situons systématiquement en-dessous de ce chiffre, aux environs de 1,8 en moyenne (1,65 en 1993 et 1994, autour de 1,7 depuis 1995, par exemple 1,77 en 1999 et 1,89 en 2002). Il y a donc plus de 30 ans que nous sommes en dessous du seuil de renouvellement des générations : ces effectifs manquants vont peser sur l'économie et ne seront jamais rattrapés, quoi qu'il arrive. Certes, nos partenaires européens ont une fécondité inférieure à la notre, en dehors des Irlandais. Mais cela n'enlève rien au fait que nous ne renouvellerons pas les générations en France, même si la fécondité y est plus élevée qu'ailleurs ; elle est en outre remontée à deux enfants par femme vers 2007-2008, bien entendu au-dessus de celle de nos voisins européens qui sont en implosion démographique.

Parallèlement, le recul de la mortalité se poursuit depuis des siècles ; il a même précédé, conformément à la transition démographique, la chute de la natalité. Mais ce recul connaît évidemment des limites, et le taux de mortalité aujourd'hui décline moins rapidement et il a tendance à se stabiliser ; c'est ainsi par exemple que la mortalité infantile a pratiquement disparu en France.

Résultat de ces divers mouvements : l'accroissement de la population se ralentit, puisque les gains sont plus faibles en matière de mortalité, tandis que la natalité a fortement reculé et que, depuis 1974, nous sommes en dessous du seuil de renouvellement des générations. Comme les mouvements migratoires n'ont plus l'ampleur des années de croissance rapide, c'est l'ensemble du stock de population qui progresse plus lentement en France aujourd'hui.

Cette évolution démographique a des conséquences économiques et sociales importantes analysées en particulier par A. Sauvy et aujourd'hui par G.-F. Dumont ou J.-D. Lecaillon. La population vieillit, devenant sans doute plus « conservatrice », au mauvais sens du mot, et plus réticente face aux changements qu'implique la croissance économique. La structure de la consommation change, puisqu'il y a moins de jeunes et plus de personnes âgées. La population active elle-même évolue sensiblement.

Mais l'une des conséquences importantes porte sur l'équilibre des régimes sociaux et notamment des régimes de retraite. Le système actuel est un système par répartition : ce sont les actifs du moment qui paient pour les retraités du même moment. Autrement dit, ce qui est fondamental dans un tel système, c'est la proportion entre actifs et inactifs (ou retraités).

Dans la période de fort accroissement de la population active, les retraités étaient peu nombreux, puisque ce sont les classes creuses qui atteignaient alors l'âge de la retraite. Le rapport était donc très favorable. Mais, depuis quelques années, le mouvement s'inverse, notamment en raison de l'abaissement de l'âge de la retraite (moins de cotisants, plus de retraités).

Ce phénomène va s'accentuer pour deux raisons : d'une part ce sont peu à peu les classes creuses qui vont entrer sur le marché du travail, ce qui entraînera un accroissement de plus en plus lent, puis un recul de la population active. D'autre part, les classes nombreuses nées à partir de 1945 arriveront à leur tour à l'âge de la retraite à partir de 2005-2010, provoquant alors une charge insupportable pour les actifs.

Cette évolution risque d'être dramatique si des solutions ne sont pas rapidement trouvées. La réduction du montant des retraites semblant exclue, il reste soit une reprise (peu probable) de la fécondité (mais il restera de toutes façons que le non-renouvellement des générations n'a pas été assuré pendant près de 30 ans), soit une modification de l'âge de la retraite (qui serait alors retardée, comme dans la plupart des autres pays, pour permettre d'avoir plus de cotisants et moins de retraités. C'est la solution qui a été choisie en France surtout à partir de 2003, mais elle sera très insuffisante pour résoudre le problème : on cotisera plus longtemps), soit enfin une modification du système lui-même ou une combinaison de ces diverses solutions.

Cette dernière hypothèse, de plus en plus souvent évoquée, pose le problème du passage à un éventuel système par capitalisation, ou à un système mixte (comme cela existe en fait déjà pour des systèmes de retraite complémentaire), dans lequel, chacun cotisant pour lui-même, la question de l'équilibre démographique ne se pose plus. Certes, il reste alors la question de la transition d'un régime à l'autre pour les générations qui n'ont pas cotisé par capitalisation et qui atteignent l'âge de la retraite. Une génération devrait, en toute hypothèse, payer pour réparer les légèretés du passé en ce domaine, puisque les conséquences de ces mouvements démographiques sont prévisibles depuis longtemps, mais qu'elles ont été négligées par une large fraction de la classe politique pendant des dizaines d'années. Cependant, on peut atténuer la rigueur de la phase de transition, en particulier par des dispositions fiscales favorables. Les reformes actuelles sont à la fois trop tardives et incomplètes, car elles refusent la capitalisation au profit de la seule répartition.

Mais la capitalisation présente de tels avantages techniques qu'elle permettrait de surmonter l'obstacle, d'autant mieux que les décisions seraient prises plus vite. En effet, l'argent de la capitalisation représente une forme d'épargne. Cette épargne est placée en bourse : ce sont les fameux fonds de pension, qui, bien gérés, rapportent des revenus importants. Ces revenus financiers viennent s'ajouter, pour financer les retraites, aux cotisations des futurs retraités, de façon à assurer des niveaux de retraite plus élevés. Certes, la Bourse peut baisser (comme en 2008) mais à long terme elle finit par progresser, puisqu'on cotise (et place cet argent dans des fonds de pension) pendant plus de 40 ans.

Au contraire, l'argent de la répartition – étant de suite redistribué – ne rapporte rien. La capitalisation permet donc de démultiplier des sommes, tout en finançant l'activité économique, puisqu'elle assure au pays une épargne substantielle. L'opposition – très forte en France – à la capitalisation n'a qu'une origine idéologique, alors que le système est plus efficace que la répartition, qu'il n'exclut nullement des formes de solidarité et qu'il est la seule façon véritable de sauver les retraites, puisqu'en toute hypothèse la répartition est condamnée, faute de cotisants en nombre suffisant. Une nouvelle fois, c'est le marché politique qui s'est révélé myope, sans vue d'avenir, et qui, en outre, a empêché le marché économique de s'adapter, en interdisant, pour l'essentiel, les fonds de pension en France. Résultat : ce sont les fonds de pension étrangers qui possèdent une grande part des actions de la bourse de Paris.

B – La population active et le chômage

La population active française regroupe l'ensemble des personnes qui ont un emploi ou qui cherchent un emploi. Elle n'est pas plus élevée en 1968 qu'elle ne l'était au début du siècle ou encore en 1946. Mais, depuis, la progression est sensible et, par exemple, on est passé de 20,3 millions d'actifs en 1968 à 27 millions environ aujourd'hui. L'accroissement annuel moyen est, depuis plus de 30 ans, de l'ordre de 200 000 personnes.

Cette progression s'explique par plusieurs facteurs. Les mouvements migratoires ont joué leur rôle, mais leur impact est un peu plus faible aujourd'hui ; l'évolution démographique naturelle aussi, avec l'arrivée des classes nombreuses de l'après-guerre sur le marché du travail, à partir du milieu des années 60.

Du côté des taux d'activité, on observe une réduction aussi bien aux âges les plus jeunes (prolongement de la scolarité volontaire) qu'aux âges plus avancés (abaissement de l'âge de la retraite). En ce qui concerne les tranches intermédiaires (de 25 à 55 ans par exemple), le taux d'activité est stable pour les hommes, mais il a progressé très vivement pour les femmes ; c'est sans doute l'un des phénomènes majeurs de ces trois dernières décennies : l'irruption des femmes sur le marché du travail, leur taux d'activité est passé de moins de 50 % en 1968 environ 80 % aujourd'hui. Résultat : l'essentiel de l'accroissement de la population active s'explique par la main d'œuvre féminine. Tous ces facteurs jouent de moins en moins aujourd'hui : arrivée des classes creuses sur le marché du travail, départ en retraite des classes nombreuses, plafonnement de la venue des femmes sur le marché du travail. La population active désormais stagne et elle va diminuer dans les années à venir.

Cette population active évolue également très fortement dans sa structure : c'est vrai des catégories socioprofessionnelles (par exemple le recul des agriculteurs ou des ouvriers, et la progression des cadres et des professions intermédiaires) ; c'est vrai par grands secteurs : le primaire ne cesse de reculer, le secondaire aussi depuis quelques années et c'est donc le tertiaire, largement majoritaire, qui est en forte progression ; enfin, c'est encore plus vrai si l'on regarde au niveau des diverses branches : certaines détruisent beaucoup d'emplois, tandis que d'autres en créent massivement.

Ces mutations d'emplois sont donc considérables et elles expliquent toute une partie des difficultés du chômage : l'emploi n'est pas un stock inerte, mais un stock qui se renouvelle et se détruit sans cesse : chaque année des centaines de milliers d'emplois sont créés tandis que des centaines de milliers d'autres sont détruits. Les travailleurs situés ainsi entre deux emplois, en raison de ces mutations, sont momentanément au chômage : chômage frictionnel ou de mutation.

Dans l'ensemble de la population active, il faut faire une place particulière à ceux qui sont sans emploi, c'est-à-dire aux chômeurs.

Le chômage peut être apprécié en termes de stocks. C'est le cas par exemple des statistiques publiées tous les mois par le ministère du travail : le nombre de demandeurs d'emploi représente alors le nombre d'inscrits à l'ANPE dans la catégorie 1 (personne sans emploi, immédiatement disponible, cherchant un travail à temps plein et à durée indéterminée et ayant travaillé moins de 78 heures dans le mois). Mais d'autres catégories existent (par exemple ceux qui cherchent un emploi à temps partiel ou à durée déterminée) et les 2 ou 3 millions de chômeurs observés ces dernières années en moyenne ne représentent que la première catégorie. En outre, tous ceux qui sont en stage, en formation temporaire, ou dans des travaux dits d'utilité collective – comme les contrats emplois-solidarité – sont momentanément exclus des statistiques de chômage. Le non-emploi touche donc en réalité plus de 4 millions de personnes. Ces définitions officielles sont, en outre, en train d'être modifiées.

Mais d'autres définitions existent aussi : celle du BIT ou encore celle de l'INSEE dans ses enquêtes lourdes sur l'emploi. Il suffit de modifier certains éléments des définitions (par exemple la date de disponibilité) pour avoir des résultats légèrement différents. Il faut donc toujours raisonner à partir de la même définition.

Ces définitions en termes de stocks doivent être complétées par des définitions en termes de flux. Chaque mois, il y a en réalité des centaines de milliers de chômeurs de plus (par licenciement, fin d'études, démission, etc..) et des centaines de milliers de chômeurs de moins (qui trouvent un emploi ou un stage ou qui partent en pré-retraite, etc.). Le renouvellement du « stock » est donc considérable et la quasi-constance de ce stock (par exemple lorsqu'il reste pendant des mois à 2 millions) cache une mobilité assez importante : le stock se renouvelle de 10 ou 15 % chaque mois.

Le chômage présente encore d'autres caractéristiques. Sa durée est importante : en France, elle est en moyenne de l'ordre d'un an, alors qu'elle est beaucoup plus brève ailleurs (quelques semaines aux USA) : or la nature du chômage et ses conséquences ne sont pas les mêmes suivant qu'il s'agit d'un chômage de brève durée (plutôt de mutation) ou d'un chômage de longue durée (plus structurel).

Le taux de chômage varie beaucoup suivant l'âge (en France il est surtout élevé pour les jeunes dépassant les 20 % chez les moins de 25 ans, ce qui est moins vrai en Allemagne, où le chômage des jeunes est presque inexistant, montrant sans doute là des différences de formation – alternance – et de première rémunération) mais aussi suivant le sexe (il est en France plus élevé pour les femmes que pour les hommes). On observe aussi des différences de taux de chômage suivant la catégorie socioprofessionnelle, ou encore suivant le niveau de qualification et de formation ou enfin suivant la zone géographique (département ou région).

Tout ceci montre que le chômage est très diversifié et qu'il n'y a pas un chômage unique et homogène (qui appellerait une solution unique) mais des chômages qui coexistent et qui sont de nature différente : un chômage de mutation, lié aux bouleversements apportés par la croissance, un chômage conjoncturel, lorsque l'activité se ralentit, un chômage structurel, s'expliquant par les rigidités, notamment administratives et sociales, du marché du travail, par l'inadaptation des offres aux demandes, par tous les obstacles à la création d'emplois qui pèsent sur les entreprises, par un coût du travail (salaire et charges) excessif.

Enfin, si l'on regarde le problème sous un angle international, on s'aperçoit qu'il y a des pays à faible chômage (comme le Japon, les États-Unis et la Grande-Bretagne qui ont eu vers 2005 un taux de chômage de l'ordre de 3 % à 6 % suivant les cas, alors qu'ils ont connu, en particulier dans le cas Anglais, des taux très élevés il y a quinze ou vingt ans), d'autres à chômage moyen, tandis qu'une troisième catégorie a un chômage sensiblement plus élevé : c'est le cas de la France, avec prés de 10 % de chômeurs en 2004 et 7 % en 2008 ce qui est le signe de rigidités plus grandes qu'ailleurs et d'un refus d'appliquer les mécanismes du marché à l'emploi. Cependant, ici aussi, la crise de 2008-2009 provoque partout une dégradation de la situation de l'emploi et le chômage a sensiblement progressé, y compris dans les pays où ils était faible (USA, Japon).

Plus généralement, le chômage n'est qu'un solde entre la population active et le nombre d'emplois. Pour modifier le nombre de chômeurs, on peut donc penser à jouer sur l'un ou l'autre des deux termes. Si on joue sur la population active, en cherchant artificiellement à la réduire, (c'est ce que l'on appelle le traitement social du chômage qui n'est souvent qu'un « traitement statistique »), cela consiste à transformer les chômeurs en d'autres catégories (stagiaires ou préretraités), sans résoudre le problème de fond ; c'est ce que la France a longtemps cherché à faire.

Si on joue sur le nombre d'emplois, il s'agit alors du traitement économique du chômage, qui consiste à créer des emplois pour réduire ce déséquilibre, notamment en libérant les forces productives, puisque ce sont les entreprises prospères qui créent des emplois. On s'aperçoit ici que, surtout depuis la reprise de 1983, la plupart des pays ont massivement créé des emplois (au moins 1 ou 2 % par an), tandis que la France a été dans les derniers à connaître cette reprise de l'emploi (sensible surtout en 88 et 89, puis plus récemment à la fin des années 90). Elle a recommencé à détruire des emplois à certains moment, par exemple en 1992, et les créations plus récentes compensent souvent à peine la progression de la population active. Le solde est même devenu négatif en

2003 (plus de destructions que de créations) ou en 2009, à l'occasion de la crise financière.

L'argument suivant lequel c'est l'excès de population active qui crée du chômage n'est pas acceptable. Les pays dont la population active a le plus augmenté (l'Allemagne avec les réfugiés de l'Est dans les années 60, puis le Japon et surtout les États-Unis plus récemment) sont aussi ceux qui ont créé le plus d'emplois et où le taux de chômage est le plus faible. La peur de l'accroissement de la population active vient d'un réflexe malthusien, particulièrement développé en France, qui considère l'emploi comme un facteur rare à se partager : il s'agit au contraire d'un facteur très abondant, à condition qu'on laisse les entreprises saisir les opportunités de production en les laissant libres de leur gestion. La rareté des emplois est en fait créée artificiellement par toutes les mesures qui paralysent l'entreprise et le marché du travail ou qui alourdissent excessivement les charges, donc le coût du travail.

§ 2. LE CAPITAL

Le deuxième facteur de production utilisé par l'entreprise est le capital. Au sens technique, il s'agit des biens de production, qui se divisent en capital circulant (consommations intermédiaires : matières premières, énergie) et en capital fixe (les biens d'équipement).

Le capital est un stock et le capital fixe représente donc la quantité de biens d'équipement que possède une entreprise à un moment donné. Ce capital peut varier : la formation nette de capital fixe, ou investissement net, représente donc le flux, ou accroissement, du stock de capital.

Cet investissement constitue un détour de production. Cela signifie que l'on consacre des forces productives à cet investissement, ce qui, apparemment, détourne de l'objectif de production. Mais, en réalité, cela permet de l'atteindre ensuite plus rapidement et cela d'autant plus que le détour est important. Par exemple, lorsque quelqu'un qui habite loin d'une source construit un seau, a fortiori lorsqu'il installe une canalisation, ce sont des détours de production qui se révèlent rapidement productifs.

Ce stock de capital s'use et perd de sa valeur. Il faut donc compenser cette usure, pour maintenir constant le stock de capital. C'est le rôle de l'amortissement. La formation de capital fixe sera qualifiée de brute lorsque l'on y intégrera les amortissements (et de nette une fois les amortissements déduits).

Cet amortissement est considéré comme une charge – au même titre que les salaires par exemple – puisque l'usure de l'équipement résulte du processus de production.

C'est pour cela que l'amortissement est fiscalement considéré comme une charge, lorsqu'on calcule le revenu imposable de l'entreprise. C'est le fisc qui fixe les règles d'amortissement, ce qui peut poser des problèmes, par exemple si l'on doit amortir en fonction de la valeur d'origine de l'équipement et qu'il existe une forte inflation : le remplacement du capital sera plus coûteux et les amortissements seront insuffisants. Il faudra les compléter par une part des bénéfices, mais, cette fois, ce bénéfice aura indûment subi le poids de l'impôt, ce qui réduira les capacités d'investissement nouveau.

L'investissement est un élément économique fondamental, car, s'il représente à court terme une dépense, et donc un élément de la demande, il constitue surtout à long terme un élément fondamental du développement des capacités de production de l'entreprise. Une entreprise qui investit – et ceci est vrai aussi sur un plan macro-économique pour un pays tout entier – est une entreprise qui pourra produire plus, ou moins cher, dans l'avenir. L'investissement, c'est la capacité productive de demain.

Qu'est-ce qui pousse l'entreprise à investir ? On pourrait penser qu'elle attend de voir l'évolution du marché et qu'ensuite elle décide d'investir, en fonction de l'évolution de la demande sur les marchés et donc de la progression du revenu : c'est l'investissement induit, qui permet notamment d'envisager des processus amplificateurs, tels que l'accélérateur.

Mais l'essentiel de l'investissement n'est pas là. Ce qui est déterminant, c'est l'investissement autonome, celui qui n'obéit pas aux conditions actuelles de la demande. Pourquoi l'entreprise investit-elle alors ? Parce que l'entrepreneur, dont c'est l'une des fonctions, anticipe l'évolution du marché, de la demande, de la concurrence. L'entrepreneur est celui qui prend des risques en innovant sur les marchés grâce à ses investissements. C'est un anticipateur, celui qui découvre une information et qui sait l'exploiter.

Comment est prise la décision d'investir ? Dans une version simplifiée, de type keynésien, on a pensé que l'entrepreneur se contentait de comparer le rendement et le coût de l'investissement. Du côté du rendement, il s'agit de l'efficacité marginale du capital, qui représente une sorte de rendement moyen de l'investissement, en tenant compte des dates auxquelles l'investissement produira ses effets.

Du côté du coût, il faut distinguer le cas de l'autofinancement de celui du financement externe. Pour l'autofinancement, c'est-à-dire pour l'investissement financé grâce aux ressources propres de l'entreprise, le coût est représenté par le coût d'opportunité, car on aurait pu placer autrement ces capitaux. Le manque à gagner est donc ici mesuré par le taux d'intérêt. Pour ce qui est du financement externe, c'est-à-dire de l'emprunt, c'est à nouveau le taux d'intérêt qui représente le coût financier de l'investissement.

La décision d'investir dépend alors de la comparaison que l'on peut faire entre le rendement et le coût. Si le rendement (efficacité marginale du capital) est supérieur au coût, l'entreprise investira. Elle renoncera à investir dans le cas contraire. Dans ces conditions, plus le taux d'intérêt est faible, plus on investit, ce qui conduit les keynésiens à préconiser dans ce cas une baisse du taux d'intérêt pour rendre, par comparaison, les investissements plus rentables et les développer (politiques de relance monétaire).

Mais la réalité est plus complexe. Certes, un taux d'intérêt faible favorise l'investissement, mais on peut aussi soutenir que les taux d'intérêt plus élevés poussent les entreprises à être plus sélectives dans leurs choix d'investissement et à chercher les plus rentables d'entre eux.

Mais le fond du problème est ailleurs. L'entreprise ne se développe pas dans la certitude. Elle ne sait que peu de choses sur l'évolution des marchés, des demandes, des concurrents. Elle ne choisit donc pas entre investir et ne pas investir, mais entre plusieurs investissements dont les rendements sont aléatoires.

C'est ici que l'on retrouve une nouvelle fois le rôle de l'entrepreneur, qui est d'anticiper sur les marchés. En soi, l'optimisme ou le pessimisme de l'entrepreneur devient déjà un élément déterminant; la capacité d'anticiper l'événement dépendra donc aussi largement de l'autonomie de l'entrepreneur et du fait que ses décisions se répercuteront sur ses propres revenus, pour que ses choix soient responsables.

Mais, pour investir, s'il faut donc le vouloir, il faut aussi le pouvoir, c'est-à-dire en avoir les moyens. La question du financement des investissements est donc essentielle.

Ce financement peut se faire par autofinancement, lorsque l'entreprise utilise ses profits pour se développer. Plus généralement, c'est la marge brute d'autofinancement (profits et amortissements) qui déterminera cette capacité interne (encore appelée Cash flow).

La fiscalité qui pèse sur les profits devient alors déterminante, et une fiscalité excessive limite les possibilités de financement interne. En ce sens, l'existence de profits est donc fondamentale pour le développement des investissements, d'où la formule célèbre de l'ancien chancelier allemand H. Schmidt « les profits d'aujourd'hui font les investissements de demain et les investissements de demain font les emplois d'après-demain ».

Mais on peut aussi se tourner vers le financement externe, et les entreprises qui se développent peuvent parfaitement emprunter sur les marchés ou vers une établissement financier. Encore faut-il pour cela qu'il existe une épargne suffisante.

L'économie française s'est longtemps heurtée à des difficultés dans ce domaine. Les profits étaient artificiellement comprimés et réduits, en particulier par le contrôle de prix (supprimé en 1986). Cette faiblesse des profits a réduit les capacités d'autofinancement des entreprises françaises.

Dans le même temps, l'épargne française, surtout depuis le début des années 80, s'était fortement réduite. Or les besoins de financement de notre économie s'étaient accrus, en particulier en raison des déficits publics tout à fait considérables, notamment du déficit budgétaire qui existe en France sans discontinuer depuis 1974. L'épargne devenue trop rare et trop sollicitée par les dépenses publiques ne suffisait donc pas non plus à donner de bonnes capacités de financement aux entreprises françaises et les taux d'intérêt, poussés à la hausse par les endettements du secteur public, étaient trop élevés.

C'est l'une des raisons pour lesquelles, dans la première moitié des années 80, les investissements ont stagné en France. Au contraire, le développement des profits, à cause de la libération des prix, et le desserrement des prélèvements étatiques sur l'épargne ont rendu possible un développement des investissements, très sensible surtout de 1987 à 1990. Mais, depuis, une épargne rare et des taux d'intérêt excessifs, à cause des déficits publics, ont à nouveau pénalisé les investissements, avant de repartir dans la deuxième moitié des années 90. À partir de 2003-2004, la persistance de déficits publics excessifs a, de nouveau, pénalisé les investissements. Et cela va s'aggraver avec les plans de 2008-2009 qui augmentent les déficits publics.

Les entreprises développeront donc leurs investissements lorsqu'elles le pourront (autofinancement ou emprunt) et lorsqu'elles le voudront (c'est-à-dire lorsqu'il y aura des opportunités de profit, et donc lorsque les entreprises seront assez libres de leurs décisions).

Ce capital reçoit, en tant que facteur de production, une rémunération, qui est, comme le salaire, fixe et contractuelle : il s'agit de l'intérêt. C'est la différence fondamentale avec le troisième facteur de production, l'entreprise, dont la rémunération doit être résiduelle et aléatoire.

§ 3. L'ENTREPRISE

L'entreprise est avant tout un facteur de production spécifique, dont le rôle est de combiner les deux autres facteurs de production. A partir de mêmes quantités de travail et de capital, on obtient des niveaux de production, de coûts et de profits différents, ce qui montre bien l'apport spécifique de l'entrepreneur, qui sait combiner de manière plus ou moins favorable ces facteurs.

Cet entrepreneur reçoit une rémunération spécifique, le profit, qui, à la différence de la rémunération des deux autres facteurs, n'est ni fixe ni contractuelle, mais résiduelle et aléatoire. C'est un facteur essentiel, car c'est cette caractéristique du profit qui pousse l'entrepreneur à gérer de manière optimale, puisque la qualité de sa gestion détermine ainsi son niveau de rémunération.

Mais pourquoi l'entreprise existe-t-elle ? A partir d'un article de R. Coase paru en 1937 sur la nature de la firme, de nombreux économistes ont, autour de Demsetz, Alchian, Pejovich, développé depuis une trentaine d'années de nouvelles réflexions sur ce thème. C'est l'analyse moderne des droits de propriété et de la firme.

Les droits de propriété personnels, exclusifs, transférables assurent une gestion optimale, puisque le propriétaire est seul à bénéficier des conséquences de ses décisions, de sa gestion : il est ainsi pleinement incité à gérer son bien de manière optimale. Mais il est possible que quelqu'un d'autre soit plus capable que lui de le faire, d'où l'intérêt de la notion de transférabilité, qui permet une mobilité des droits de propriété vers ceux qui sont les plus capables de les gérer (ou qui pensent l'être), et qui vont donc en conséquence être prêts à en offrir une somme plus importante.

Mais l'analyse de la firme ajoute un éclairage original.

Pourquoi les petites entreprises, les artisans, n'ont-ils pas continué à fonctionner de manière autonome, en passant entre eux des contrats ? Certes, ils ont découvert l'intérêt de la division du travail, de la spécialisation des tâches, de l'utilisation d'un équipement plus important, mais plus coûteux. Mais cela nécessitait simplement entre eux des contrats précis pour coordonner leurs activités.

Le problème, c'est que tous ces contrats sont coûteux. Les coûts de transaction sont très élevés, pour trouver les partenaires, résoudre les difficultés et coordonner les décisions et pour passer les contrats. Toute l'analyse de Coase montre que la création d'une entreprise est une façon de réduire ces coûts de transaction, en remplaçant les contrats et décisions marchandes par une organisation plus hiérarchique.

Si les artisans qui se regroupent voulaient travailler ensemble, pour pousser plus loin la division du travail, ils devraient trouver le moyen de se répartir les revenus et de se contrôler. En effet, si certains veulent travailler moins, alors qu'ils reçoivent la même rémunération que les autres, toute l'équipe est paralysée et l'entreprise est menacée par ces comportements de « passagers clandestins » ou de resquilleurs.

Il faut donc quelqu'un qui coordonne l'ensemble et veille à ce que chacun effectue bien sa tâche. Mais comment ce contrôleur sera-t-il lui-même contrôlé ? C'est tout le problème des organisations bureaucratiques (ou de l'entreprise soviétique) où la rémunération de chacun est indépendante de son activité (d'où la faible productivité) et où le chef d'entreprise n'a aucun intérêt à bien coordonner et contrôler le travail des autres.

La question du contrôle du contrôleur n'est donc pas résolue par l'entreprise publique (pas plus que par l'entreprise autogérée). Et si diverses formes d'entreprises (du type coopérative de production) ont peu à peu décliné, sinon disparu, c'est parce qu'une forme particulière s'est imposée comme étant la plus efficace dans ce domaine : l'entreprise privée capitaliste.

Quelle est en effet sa particularité ? C'est que la rémunération de l'entrepreneur est différente de celle des autres ; elle dépendra uniquement de sa capacité à contrôler les autres, à organiser leurs activités. Le caractère résiduel du revenu de l'entrepreneur fait que, plus il gère bien, en réduisant les coûts, plus sa rémunération s'accroît.

Il garantit la rémunération des autres, puisque leur rémunération est fixe, (y compris si nécessaire sur son propre patrimoine, ou en réduisant son propre revenu) mais il a la responsabilité d'organiser leur travail, en remplaçant les milliers de contrats et de relations de marché, par une autre relation, de type hiérarchique (même si elle est participative, ou si elle fait place, comme dans les méthodes modernes de gestion, à une large information, voire à des équipes autonomes de production, des cercles de qualité, etc.). Le but est de diminuer les coûts de transaction liés au marché.

Si l'un des salariés travaille moins, ou perturbe la production des autres, l'entrepreneur aura la tâche de l'inciter à travailler plus, ou, à la limite, s'il affecte vraiment l'activité de tous, de s'en débarrasser, puisqu'il pénalise l'ensemble des résultats et donc l'ensemble de l'équipe (c'est le gouvernement d'entreprise).

Le profit est donc ici essentiel, puisqu'il est l'élément qui conduit le chef d'entreprise à rechercher la gestion optimale : plus il le fait, plus son profit s'accroît. Bien entendu, il est possible que le chef d'entreprise ne soit pas propriétaire de l'essentiel du capital, et même qu'il soit un simple gestionnaire. Mais cela revient finalement au même, car il est nommé par les actionnaires et la qualité de sa gestion se traduira sur la valeur des actions et donc incitera les actionnaires à le conserver ou à le remplacer s'il gère mal. On observe ces dernières années de nombreux cas dans lesquels les dirigeants non-actionnaires sont remplacés en cas de mauvaise gestion. Ces dirigeants non propriétaires sont donc incités vivement à se comporter comme les autres, comme des entrepreneurs véritables. Les actionnaires surveillent de plus en plus, dans une perspective de « gouvernance », les activités des dirigeants qu'ils ont mis en place (c'est le gouvernement d'entreprise). C'est pour cela qu'ils distribuent souvent aux P.D.G. non-actionnaires des actions ou des options d'achat d'action (stock-options) pour les inciter à rechercher le maximum de profit, ce qui correspond à la volonté des actionnaires. Encore faut-il que ces bonus ne soient versés qu'en cas de bonne gestion et non en cas d'échec des P.D.G.

De même, les OPA (offres publiques d'achat) en bourse sont un élément incitatif important : si un chef d'entreprise gère mal, si les profits déclinent et les cours en bourse chutent, l'entreprise est menacée d'OPA, ce qui signifie simplement que les droits de propriété peuvent être ainsi transférés vers d'autres, plus capables de gérer l'entreprise. L'existence des OPA, la crainte qu'elles font naître chez les dirigeants, les incitent à mieux gérer et permettent une mobilité souhaitable des équipes dirigeantes.

Bien entendu, on discute souvent aujourd'hui pour savoir si le profit est réellement le but de l'entreprise. Mais la plupart des autres buts, des autres satisfactions du chef d'entreprise (le pouvoir, par exemple) découlent indirectement de la recherche du profit. De toutes façons, une entreprise qui ne cherche pas le profit décline rapidement, faute de moyens d'investissements, et le simple objectif de survie implique l'existence d'un profit.

Le profit n'est donc pas une simple rémunération du chef d'entreprise ; il joue des rôles très divers. Il est évidemment un indicateur de bonne gestion (comme la perte est l'indice d'une mauvaise gestion). Il est un élément central du financement des investissements et donc de l'autofinancement. Il est un élément incitatif essentiel pour que l'entreprise aille vers tel marché ou produise tel bien. Mais surtout le profit est l'élément régulateur qui incite à chaque instant l'entreprise à mieux gérer et à chercher les nouveaux produits ou les nouveaux marchés qui s'imposent. Quant à l'entrepreneur, comme l'a montré I. Kirzner, son rôle est d'être un découvreur, un créateur, de révéler ce que les autres n'ont pas vu. Il agit parce qu'il a une information qui lui permet de découvrir avant les autres quelque chose de nouveau. Son éthique est donc une éthique de la création. Il ne prend à personne, il n'exploite personne, mais il crée ce qui n'existait pas jusque là et qu'il a découvert le premier.

Bien entendu, dans nos sociétés, ces entreprises ne sont pas les seules. A côté des entreprises privées, majoritaires, il existe aussi des entreprises publiques. C'est particulièrement le cas en France. Le secteur public a été constitué lors des grandes vagues de nationalisations, d'abord en 1936-37, puis en 1945 : dans ce cas, ce sont surtout les secteurs de base et des transports qui ont été nationalisés (énergie, gaz, électricité, SNCF, Air France, Air Inter, Charbonnages, etc.) ainsi que le secteur des assurances et des banques (Banque de France, grandes banques de dépôts), sans compter le cas particulier de Renault.

En 1981, la troisième vague de nationalisations, au début du premier septennat de F. Mitterrand, sous le gouvernement de P. Mauroy, a touché également deux secteurs : d'une part l'industrie, où la part du chiffre d'affaire du secteur public a été portée de 18 % à 32 %, ce qui est considérable par rapport à nos partenaires et touche même des entreprises fournissant directement des biens aux ménages, d'autre part le secteur bancaire et financier. Dans ce dernier cas, la part des banques nationalisées dans les dépôts est passée de 60 % environ à 90 %, les nationalisations n'épargnant que les banques étrangères et les toutes petites banques, chiffre sans équivalent dans aucune démocratie occidentale. Le secteur bancaire privé a pratiquement disparu.

Ces nationalisations avaient deux objectifs : le secteur industriel devait être le moteur de l'économie (ce qui s'est traduit par une priorité donnée aux investissements des industries nationalisées) et la banque devait être l'élément clef de la rupture avec l'économie de marché, car le monopole public, de fait, aurait permis de ne plus distribuer les crédits suivant les critères de rentabilité habituels, mais selon les priorités du plan et de l'État.

Tout ceci n'a pas véritablement fonctionné. On n'a évidemment pas « rompu avec le capitalisme ». Pour l'essentiel, les crédits ont continué à être distribués en fonction de la rentabilité des projets. Le secteur industriel public a dû rapidement être géré comme le secteur privé, en raison de ses déficits massifs et du coût budgétaire énorme des subventions de l'État aux entreprises nationalisées.

C'est un problème permanent posé par le secteur public. Comment faut-il le gérer ? En d'autres termes, qui doit payer ? Est-ce d'abord l'usager, le consommateur, comme dans le secteur privé ? Ou faut-il faire appel à l'État, aux subventions, pour maintenir en survie des activités non rentables, ou créer à tout prix des emplois ? Mais, dans ce cas, il y a un coût : c'est le contribuable qui paie. Quelle est alors la justification ? Pourquoi le contribuable paierait-il pour que des entreprises publiques puissent fixer leurs prix en dessous du vrai coût de production ?

En outre, ce financement public est en lui-même destructeur d'autres richesses : les sommes consacrées à ces subventions ne sont plus dépensées dans le secteur privé et « ce qui se voit » (la dépense publique) détruit « ce qui ne se voit pas » (la dépense privée), ce qui fait que le résultat sur l'emploi est probablement nul, sinon même négatif.

Mais un autre problème se pose : si l'entreprise publique est gérée alors comme le secteur privé, à quoi sert-elle ? En outre, ses dirigeants n'ont pas les mêmes incitations que ceux du privé (rôle du profit) pour gérer de manière optimale. Dans ces conditions, c'est l'existence même du secteur public qui est remise en cause.

La plupart des pays occidentaux en ont tiré les conséquences et partout les privatisations ont été considérables. La Grande-Bretagne, qui avait poussé très loin la nationalisation, et en a ainsi mesuré le coût, a en sens inverse beaucoup privatisé, y compris ce que nous considérons en France comme des « services publics » (transport, eau, électricité, etc.). Ces privatisations massives concernent aussi bien les pays développés, que le tiers-monde, où le mouvement de privatisation est partout important.

En France même, des privatisations significatives ont été réalisées entre 1986 et 1988, sous le gouvernement de J. Chirac, entraînant un vaste mouvement de développement de l'actionnariat et donc une diffusion de la propriété des entreprises. Des privatisations ont touché aussi bien des entreprises nationalisées en 1981 que d'autres antérieurement nationalisées, au moment de la Libération (comme la Société Générale).

La nouvelle alternance politique de 1988 a mis fin provisoirement à ce processus et la situation qui a suivi est celle dite du « ni-ni », c'est-à-dire ni privatisations, ni nationalisations ; il s'agit donc de stabiliser le secteur public à sa taille actuelle, ce qui va dans le sens de la conception largement répandue en France de l'économie mixte.

Cette position ne correspond pas à la réalité, car les frontières du secteur privé et du secteur public ne sont pas stables : les mouvements de « filiales de filiales » sont importants. Et les pouvoirs publics n'ont pas respecté leur propre souhait, puisqu'il y a eu d'autres passages dans le secteur public (par exemple UTA, racheté par Air France). Il suffit qu'une entreprise publique rachète une entreprise privée pour que le secteur public s'agrandisse.

Mais le mythe des nationalisations et de leur efficacité économique s'est bien effondré, en particulier en raison de l'effondrement des pays de l'Est qui avaient poussé cette logique jusqu'au bout en nationalisant toutes les activités.

En France même, le passage de Renault, « Fleuron » des nationalisations, du statut particulier – et privilégié – de Régie à celui d'une entreprise comme les autres (mais toujours partiellement publique, même si une large part du capital a été privatisée) a marqué symboliquement cette rupture. La privatisation partielle de Renault (l'État conservant une part du capital) marque donc un pas de plus dans cette évolution.

L'entreprise privée est donc destinée, en France comme à l'étranger, à se développer, non seulement parce qu'elle est plus efficace, mieux gérée, comme le montre la théorie de la firme, mais aussi parce qu'elle est plus adaptative, plus flexible, plus facilement remise en cause (droits de propriété transférables). Depuis 1993, avec la nouvelle alternance politique (E. Balladur), puis avec l'élection de Jacques Chirac en 1995, le mouvement de privatisation a repris et il devrait se poursuivre, au-delà des péripéties politiques : la nouvelle cohabitation depuis 1997, avec le gouvernement de L. Jospin, n'a pas arrêté le mouvement, modifiant peu à peu la frontière entre le secteur public et le secteur privé : la part des entreprises publiques ne cessera de se réduire, comme chez nos principaux partenaires. Depuis 2002, les gouvernements Raffarin, puis de Villepin ont continué dans la même direction, celle des privatisations.

L'élection en 2007 de Nicolas Sarkozy a paru d'abord aller dans ce sens. Cependant, la crise de 2008-2009 a conduit beaucoup de gouvernements, en France comme à l'étranger, à prendre des participations dans le capital des entreprises et des banques, pour les empêcher de faire faillite ou d'être rachetées par l'étranger. Ce retour partiel de l'Etat dans le capital des entreprises (qui passe en France par une sorte de « fonds souverain » créé sous le gouvernement de F. Fillon avec l'appui de la Caisse des Dépôts) ne devrait être que provisoire, sinon il menacerait les fondements même de l'économie de marché.

Cependant, un obstacle persiste avec la question des « services publics » : dans la plupart des pays d'Europe, ils ont été ouverts à la concurrence, avant d'être privatisés : poste, train, électricité, télécommunications, etc. La France reste crispée sur des schémas anciens, qui ne respectent ni la concurrence, ni l'intérêt des clients. Il faudra bien, ici aussi, évoluer un jour ou l'autre. L'ouverture à la concurrence est déjà un fait, sous la pression européenne, dans la plupart des services publics. Mais reste souvent intacte en France la question de leur privatisation.

En outre, la propriété privée correspond mieux à la nature humaine, et il est significatif de voir que les grandes déclarations concernant les droits de l'homme, et les régimes juridiques les protégeant, développent de plus en plus, parmi ces droits, celui de propriété comme étant un prolongement naturel de la personne. En garantissant et en définissant mieux les droits de propriété, cette protection juridique de la propriété ne peut qu'en assurer une gestion encore plus optimale. Le choix en faveur de la propriété privée doit donc être fait non seulement parce qu'elle est plus efficace – et donc mieux gérée – mais avant tout parce qu'elle correspond à la nature de l'homme et qu'elle est donc un des droits fondamentaux de la personne.

Parfois, on s'interroge sur l'existence d'un tiers système d'entreprise, entre l'entreprise privée, à la recherche du profit, et l'entreprise publique, souvent étatisée : il s'agit du secteur dit social ou plus encore de « l'économie solidaire », selon le titre donné à l'un des secrétaires d'État du gouvernement « Jospin II » en l'an 2000.

Mais la formule est très ambiguë : on y trouve des mutuelles, des coopératives, des entreprises qui prétendent échapper et aux contraintes du marché – en tous cas du profit – et à celle de l'État. La réalité est différente. Elles prétendent représenter des activités plus nobles que d'autres, plus « éthiques » – dont le marché serait indigne –, formule vide de sens, le marché reflétant ce qu'il y a dans l'homme, le bon et le mauvais ; ou des activités que le marché ne peut prendre en charge, formule absurde, puisque le marché peut régler la plupart des questions et en tous cas répondre aux besoins ; et surtout des activités non rentables, c'est-à-dire financées grâce à de l'argent public, et on ne voit pas au nom de quoi le contribuable devrait financer des biens dont il n'a pas voulu comme client et qui ne correspondent à aucun besoin réel, sinon leurs entreprises seraient rentables.

Bien entendu, il s'agit ici encore d'une question idéologique, certains voulant échapper au profit, qui a mauvaise réputation, comme à l'État, après les événements qui ont suivi la chute du mur de Berlin. Mais, pour les entreprises comme pour les systèmes, il n'y a pas de troisième voie.

SECTION II. LA COMBINAISON DES FACTEURS ET L'OFFRE

§ 1. LA THÉORIE DE LA PRODUCTION ET LES COÛTS

La question évoquée ici porte sur le comportement de l'entreprise. Elle utilise des facteurs de production, elle les combine et cherche à produire pour réaliser un profit maximum. Comment se passe cette combinaison des facteurs ?

La production obtenue dans l'entreprise dépend de la quantité de facteurs utilisés (et de leur productivité). Une fonction de production (qui peut prendre des formes mathématiques très diverses) relie d'un côté les facteurs de production utilisés (capital et travail) et de l'autre le niveau de production obtenu.

Ces facteurs ont une productivité, que l'on peut apprécier par exemple en supposant l'un d'entre eux constant, alors que l'on augmente la quantité de l'autre. On suppose en général à court terme que le stock de capital est constant, alors que le facteur travail voit sa quantité croître.

Comment évolue alors la production, si l'on augmente la quantité de travail ? Dans un premier temps, elle progresse vite, plus vite que le nombre de travailleurs, ne serait-ce que parce que le facteur capital est mieux utilisé ; au-delà d'un certain nombre de salariés, toujours pour un capital donné, la productivité va diminuer et la progression de la production sera moins rapide que celle du nombre de salariés.

On peut aussi rechercher comment évolue le coût de production, lorsque la quantité produite augmente. On raisonne toujours en courte période, le stock de capital étant constant (et la capacité maximale de production étant ainsi donnée). On distingue deux types de coûts : les coûts totaux et les coûts unitaires.

Le coût total est l'ensemble des dépenses entraînées par la production d'un bien. Il se divise en trois sous-catégories :

- le coût fixe, qui est indépendant de la quantité produite (par exemple une dépense de loyer ou encore les amortissements) ;
- le coût variable proportionnel (par exemple les matières premières) qui varient au même rythme que la quantité produite : pour produire deux fois plus, il faut deux fois plus de matières premières ;
- le coût variable non proportionnel, qui varie également, mais pas au même rythme que la quantité produite. Dans un premier temps, lorsque les rendements sont croissants, la production augmente plus vite que les dépenses ; donc le coût variable proportionnel progresse moins vite que la quantité produite ; dans un deuxième temps, lorsque la productivité est décroissante, les occasions de dépenses sont plus fortes et les coûts progressent plus vite que la quantité produite.

Ce dernier point donne son allure à l'ensemble de la courbe de coût total, qui est la somme de ces trois catégories : celui-ci a donc tendance, lorsque la production augmente, d'abord à progresser moins rapidement que la production, ensuite à progresser plus rapidement.

Les coûts unitaires pour leur part se divisent en deux catégories : le coût moyen et le coût marginal.

Le coût moyen représente le coût total divisé par la quantité produite. Puisque le coût total progresse d'abord moins vite que la quantité, le coût par unité aura tendance à diminuer, à être de plus en plus léger : donc le coût moyen diminue ; dans un second temps, lorsque le coût total augmente plus vite que la quantité produite, le coût moyen aura tendance à progresser. Cela explique l'allure générale de la courbe de coût moyen, ou courbe en « U », d'abord décroissante, passant par un minimum, puis croissante, au fur et à mesure de l'accroissement de la quantité produite (cf. graphique 3).

Le coût marginal représente l'accroissement du coût total entraîné par la production d'une unité supplémentaire d'un bien. C'est une notion économique fondamentale pour l'entreprise, car c'est en comparant ce supplément de coût au supplément de recette éventuel, résultant de la vente de cette production nouvelle, que l'entreprise pourra décider s'il faut au non développer la production.

La courbe de coût marginal est aussi une courbe en « U », décroissante, passant par un minimum puis croissante. Elle n'est pas située n'importe comment par rapport au coût moyen, mais elle coupe la courbe de coût moyen en son minimum (cf. graphique 3).

Cela s'explique aisément par le fait que c'est la variation du coût total (ou coût marginal) qui fait évoluer le coût moyen : tant que le coût moyen diminue (première partie de la courbe jusqu'au minimum), le coût marginal doit lui être inférieur pour « faire baisser la moyenne » ; dans la deuxième partie de la courbe, pour que le coût moyen remonte, il faut que le coût marginal en quelque sorte tire la moyenne vers le haut et donc lui soit supérieur : le coût marginal étant inférieur au coût moyen dans la partie décroissante et supérieur dans la partie croissante, il coupe nécessairement le coût moyen en son minimum.

Graphique 3
Les coûts unitaires

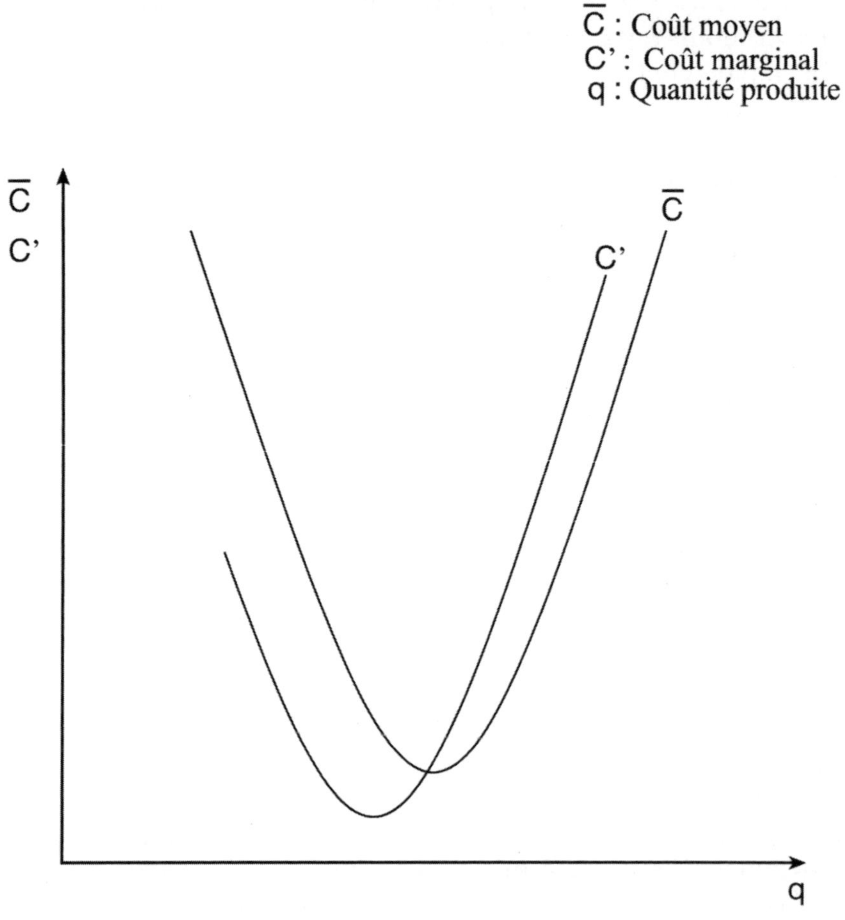

L'analyse du producteur utilise par ailleurs des raisonnements et des instruments très proches, dans leurs principes, de l'analyse du consommateur. Il suffira d'en reprendre les grandes lignes.

D'abord, au lieu de choisir entre deux biens A et B, le producteur doit choisir entre deux facteurs de production, le travail (L) et le capital (K). Quelle combinaison va-t-il choisir ?

On appellera courbe d'isoproduit (ou isoquant) l'ensemble des combinaisons des facteurs de production (L et K) aboutissant au même niveau de production dans l'entreprise, c'est-à-dire permettant de produire la même quantité de biens.

L'allure de la courbe d'isoproduit sera donc la même que celle de la courbe d'indifférence (en particulier elle est décroissante).

C'est bien logique, car les facteurs de production sont substituables, c'est-à-dire qu'on peut remplacer en partie l'un par l'autre ; pour obtenir un même niveau de production (ce qui correspond à une courbe d'isoproduit), si on utilise moins de facteur travail, il faut compenser cela par une utilisation plus grande du facteur capital, et inversement.

Il existe un très grand nombre de courbes d'isoproduits, chacune correspondant à un niveau donné de production : plus on utilise de facteurs, plus on est sur une courbe élevée et donc plus la production progresse.

Bien entendu, au-delà de ces considérations techniques, un autre facteur intervient : celui du coût des facteurs de production. Le facteur capital comme le facteur travail ont chacun un coût et ce prix va influer sur le choix que fera l'entreprise. Il est possible de mettre alors en évidence une droite d'isocoût (semblable à la droite ou contrainte de budget du consommateur) qui représente toutes les combinaisons de travail et de capital que l'on peut se procurer pour un certain coût, compte tenu donc du prix des facteurs.

Il est alors possible de rechercher une situation optimale pour l'entreprise : par exemple, pour un coût de production donné (droite d'isocoût donnée), il faut rechercher quelle peut être la production la plus forte possible : il s'agira alors de la courbe d'isoproduit la plus élevée possible, c'est-à-dire tangente à la droite d'isocoût.

On voit aussi comment la modification du prix des facteurs modifie les choix de l'entreprise : en effet, à l'équilibre, la productivité marginale des facteurs (compte tenu de leur prix) est égale, de façon à ce qu'un euro dépensé pour un facteur permette d'accroître autant la production qu'un euro dépensé pour un autre facteur (sinon on aurait intérêt à utiliser plus du facteur dont la productivité par euro dépensé est la plus forte).

Si le prix du travail, par exemple, augmente, cela revient à dire que la productivité marginale du travail, par euro dépensé, est plus faible qu'avant : dans ces conditions, pour rétablir l'égalité des productivités marginales, il faudra utiliser plus de capital et moins de travail.

En clair, plus le prix du travail augmente (le prix du capital restant stable) plus on remplacera le travail par du capital, et inversement lorsque c'est le prix du capital qui progresse (bien entendu, en supposant les productivités inchangées). Cela ne manque pas d'avoir des conséquences, y compris sur le marché du travail : lorsque le prix du travail progresse par rapport à celui du capital (sans variation des productivités) le facteur travail sera moins utilisé. C'est, à l'évidence, l'une des causes fondamentales de la progression du chômage aujourd'hui : le coût du travail est excessif.

§ 2. LES DÉCISIONS DE PRODUCTION

Il faut bien distinguer l'analyse à court terme de l'analyse à long terme. A court terme, la situation est relativement simple, puisque l'entreprise n'a pas le temps d'investir, son stock de capital étant constant ; dans ces conditions, sa capacité maximale de production est donnée, et ses courbes de coût également ; elle ne peut évidemment ni changer de marché, ni changer de produit.

Il lui reste alors une décision essentielle à prendre : déterminer le niveau optimal de production. On verra ultérieurement (Titre 2) comment elle procède, suivant les diverses formes de marché. Mais, d'une manière générale, elle le fera en fonction du prix du marché, et de son objectif, qui est la maximisation de son profit.

Le problème est donc le suivant : comment évolue la quantité offerte en fonction du prix ? Que se passe-t-il si, à un moment donné, le prix monte ? Des firmes qui, jusque-là, n'offraient pas à un prix inférieur (parce que leurs coûts étaient supérieurs au prix) vont désormais pouvoir offrir : plus le prix monte, plus il y a d'entreprises qui deviennent comparativement rentables.

D'autre part, si l'on considère une firme qui offre déjà sur le marché, quelle est sa situation face à une hausse des prix ? Elle se situe, comme on le verra, dans la partie croissante de la courbe de coût marginal. Elle ne peut produire à un coût marginal supérieur au prix de vente, sinon elle perdrait de l'argent sur cette dernière unité. Dans ces conditions, plus le prix s'élève, plus la firme peut accroître sa production sans risques de perte (puisque la hausse du prix permet de produire à un coût plus élevé, donc de produire plus puisqu'on est sur la partie croissante de la courbe de coût).

Ces deux éléments vont dans le même sens : plus le prix s'élève à un moment donné, plus chaque entreprise aura intérêt à produire plus et plus les entreprises seront nombreuses à devenir rentables et donc à produire. Conséquence : l'offre est donc une fonction croissante du prix. Plus le prix monte, plus la quantité offerte progresse, ce qui est l'inverse de la courbe de demande (cf. graphique 4).

Que va-t-il se passer à long terme ? Désormais, les hypothèses restrictives de la courte période sont levées. Les entreprises peuvent investir, modifier leurs courbes de coûts, accroître leur capacité de production, s'installer sur de nouveaux marchés ou fabriquer de nouveaux produits.

Tout cela va faire que, globalement, l'offre progressera, les entreprises étant plus productives et plus nombreuses. A chaque niveau de prix, les entreprises offriront plus que dans la période précédente et donc c'est l'ensemble de la courbe d'offre qui se déplacera, passant de la courbe 01 à la courbe 02 (cf. graphique 4).

Graphique 4
La courbe d'offre

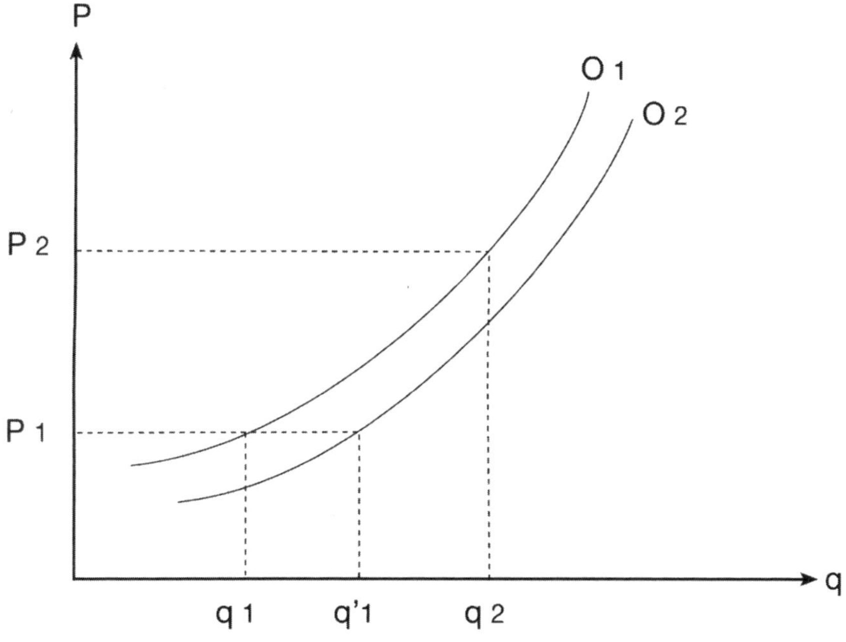

La courbe d'offre est croissante : par exemple 01, qui correspond à un moment du temps t1 : si le prix monte, passant par exemple de P1 à P2, la quantité offerte augmente, passant de q1 à q2. Dans le temps, la courbe d'offre toute entière se déplace, passant par exemple de 01 à 02. Cela signifie que pour un même prix P1 par exemple, les entreprises sont disposées désormais à offrir plus que dans la période précédente : q'1 au lieu de q1.

Enfin, si l'on raisonne à un moment du temps, c'est-à-dire sur une même courbe d'offre, on peut s'interroger sur les réactions des producteurs face aux variations de prix. On retrouve ici la notion d'élasticité, déjà examinée à propos de la demande. Il s'agit du rapport entre la variation relative des quantités offertes et la variation relative des prix. L'élasticité de la quantité offerte montre donc la sensibilité, la variabilité de l'offre par rapport aux prix.

Prix et quantités offertes varient dans le même sens. Dans ces conditions, l'élasticité ainsi définie est toujours positive. Si elle est comprise entre O et 1, on dira que l'offre est inélastique, puisque les variations de quantités offertes sont plus petites que les variations de prix. C'est par exemple le cas de produits périssables, difficiles à stocker ou encore de produits à long processus de production, pour lesquels la réaction de l'offre prend du temps, parce qu'il existe des rigidités freinant l'adaptation.

Si l'élasticité est supérieure à un, l'offre est dite élastique : la variation de quantité est alors supérieure à la variation de prix. Il s'agit de produits pour lesquels l'entreprise peut réagir vite et modifier sa production ou encore procéder à des stocks.

Cette analyse permet donc de mettre en évidence la notion d'offre, comme l'analyse du consommateur débouchait sur la notion de demande. Mais ces deux séries de décisions apparaissent comme indépendantes pour l'instant. Il faut donc se demander comment sera réalisée la synthèse entre ces diverses décisions décentralisées : c'est le rôle des marchés et du mécanisme des prix. En effet, consommateurs et producteurs semblent prendre leurs décisions indépendamment les uns des autres ; mais, en fait, ils réagissent face aux mêmes variables, qui sont les prix. C'est cela qui permettra de rendre leurs décisions compatibles et de les coordonner.

Titre II

LA SYNTHÈSE DES DÉCISIONS DÉCENTRALISÉES : LES MARCHÉS ET LES PRIX

Les agents économiques décentralisés prennent donc en apparence des décisions indépendamment les uns des autres. En réalité, ces millions de décisions libres ne sont pas désordonnées, mais au contraire elles sont coordonnées par un mécanisme qui en assure la synthèse et la compatibilité : c'est le mécanisme des prix sur les marchés, et c'est au-delà le rôle de l'entrepreneur.

Les prix jouent donc un rôle économique essentiel : ils sont les véritables signaux économiques qui guident producteurs et consommateurs et qui véhiculent toute l'information disponible. C'est pour cela que le débat sur la liberté des prix est si fondamental, car une économie de marché sans prix libres se prive de son système régulateur.

Mais l'analyse économique distingue plusieurs formes de marché, dont les plus importantes sont la concurrence et le monopole. Les critères que retient l'analyse économique pour distinguer ces formes de marché ont évolué, passant peu à peu de la question du nombre d'opérateurs sur le marché vers celle de l'ouverture des marchés, ce qui renouvelle l'analyse des marchés et en conséquence ce qui modifie les politiques dites de concurrence.

CHAPITRE I

L'ÉQUILIBRE SUR LE MARCHÉ

SECTION I. ÉQUILIBRE ET RÔLE DES PRIX

Il faut d'abord rappeler le cadre d'hypothèses. On raisonne pour l'instant en courte période. Cela veut dire qu'un certain nombre de grandeurs économiques sont supposées stables. C'est par exemple le cas, du côté du consommateur, du revenu ou des préférences, supposés stables. Du côté du producteur, le stock de capital est supposé constant, et les courbes de coûts de production sont données.

Dans ces conditions, les courbes d'offre et de demande sont également données : elles n'ont pas le temps de se modifier. Ces courbes représentent des solutions optimales pour les uns comme pour les autres.

En effet, du côté du consommateur, la courbe de demande indique, pour chaque niveau de prix, quelle est la quantité optimale, c'est-à-dire celle qui maximise l'utilité du consommateur, compte tenu de la contrainte de revenu. Chaque point de la courbe de demande est un optimum, au sens où toute autre solution apporterait une plus faible satisfaction. Cela ne veut pas dire, par exemple, que les consommateurs n'auraient pas préféré un autre niveau de prix, mais cela signifie que, le prix étant supposé donné, il n'y a pas alors de solution meilleure que la quantité indiquée par la courbe de demande.

Une remarque identique s'impose pour la courbe d'offre : elle indique, pour chaque niveau de prix, quelle est la réponse optimale des producteurs, c'est-à-dire quelle est la quantité offerte qui maximise le profit. Ici encore, certains producteurs auraient peut-être préféré un autre prix, mais, ce prix étant fixé, la réponse fournie est bien celle qui maximise le profit.

La rencontre de l'offre et de la demande va déterminer l'équilibre du marché et les conditions de cet équilibre. Il n'y a qu'une seule solution, parce qu'il faut que la solution retenue soit acceptable pour les uns comme pour les autres. Pour être acceptable par le consommateur, elle doit être située sur la courbe de demande et pour être acceptable par les producteurs, elle doit se situer sur la courbe d'offre. Le point de rencontre des deux courbes, solution acceptable des deux côtés, détermine donc l'équilibre du marché et, par là, les quantités échangées (qe) et le prix d'équilibre (pe) (voir graphique 5).

Cette idée de situation optimale est souvent mal comprise, car certains consommateurs (ou producteurs) ne pourront à ce prix participer à l'échange. Mais il y a là une conséquence naturelle de la notion de rareté : tout n'est pas possible en même temps ; il faut opérer des choix. Ces choix sont fonction, pour ce qui est de la demande, d'une part de la contrainte de revenu, de l'autre des préférences des consommateurs.

Ceux qui participent à l'échange sont donc ceux qui considèrent ce bien comme important, à leurs yeux, et qui ont décidé d'y affecter une part de leur revenu par définition limité : il y a donc bien un arbitrage à faire, mais il n'est pas la conséquence du marché, mais de la rareté ; tout autre mode de régulation économique comprend aussi cette notion de choix ; la différence est que, dans le cas du marché, ce sont les agents décentralisés eux-mêmes qui prennent la décision, justement en fonction de leurs préférences librement exprimées, puisque l'échange est strictement volontaire : il n'a lieu que s'il y a accord libre des deux parties concernées.

De la même façon, les intérêts des producteurs et des consommateurs sont d'un certain point de vue divergents : les uns préféreraient acheter moins cher, les autres vendre plus cher. Mais le marché est une procédure pacifique de résolution de ces conflits d'intérêt ; c'est une procédure d'arbitrage entre des intérêts divergents. Et, du moment que l'offre et la demande sont libres, cela signifie que ceux qui ont finalement participé à l'échange l'ont souhaité (nul n'est obligé de le faire) et ceux qui ont renoncé avaient d'autres choix ou d'autres priorités. En ce sens, l'échange libre est toujours un acte gagnant/gagnant puisque chacun y trouve son intérêt. Si l'échange est vraiment libre, il ne peut y avoir ni perdant, ni exploité.

Que va-t-il se passer si les agents économiques s'éloignent de cette solution d'équilibre et s'ils veulent échanger sur la base d'un prix différent ? Supposons qu'ils se mettent d'accord sur un prix plus élevé que le prix d'équilibre, par exemple le prix P1 (voir graphique 5). Manifestement, pour ce niveau de prix, les quantités offertes et demandées ne coïncident pas.

En effet, le niveau élevé du prix décourage les consommateurs, en raison de la contrainte de budget, et la quantité demandée est plus faible (qd1). Au contraire, le niveau élevé du prix stimule l'offre, les perspectives de profit étant plus élevées, ce qui donne une quantité offerte (qo1) supérieure à la quantité d'équilibre.

Il apparaît donc un déséquilibre quantitatif, qui est en l'occurrence un excès de la quantité offerte sur la quantité demandée. Mais ce déséquilibre quantitatif ne peut durer, et les agents économiques réagissent : l'excès d'offre sur la demande fait baisser le prix et la baisse de prix modifie peu à peu les quantités offertes et échangées : la chute du prix se poursuit tant qu'il existe un déséquilibre, c'est-à-dire jusqu'au prix Pe qui permet l'égalisation des quantités offertes et demandées. C'est en quelque sorte un retour automatique à l'équilibre.

De la même façon, si les consommateurs et les producteurs se mettaient provisoirement d'accord sur un prix P2, inférieur au prix d'équilibre, on assisterait à une hausse de la quantité demandée, qui passerait à qd2, en raison de la faiblesse du prix et inversement à une baisse de la quantité offerte, qui passerait à qo2. Le déséquilibre est alors un excès de la demande sur l'offre, ce qui, par une surenchère des demandeurs, provoque une hausse des prix. Cette hausse se poursuit tant que le déséquilibre persiste, c'est-à-dire jusqu'à ce qu'on revienne au prix d'équilibre pe.

Ce type de déséquilibre provisoire peut provenir d'une mauvaise information des agents économiques (consommateurs et/ou producteurs) : si l'on abandonne l'hypothèse d'information parfaite pour celle d'information imparfaite (puisque celle-ci a un coût, elle est nécessairement partielle : on ne peut consacrer tout son temps et tout son revenu à acquérir de l'information), on peut se trouver confronté à ce type de difficultés. C'est l'analyse dite du déséquilibre, que l'on doit en particulier à Leijonhufvud et à Clower. L'imperfection de l'information est génératrice de déséquilibres. Le marché du travail peut, notamment, servir d'application à ce genre d'analyses.

GRAPHIQUE 5
L'ÉQUILIBRE DES PRIX SUR LE MARCHÉ

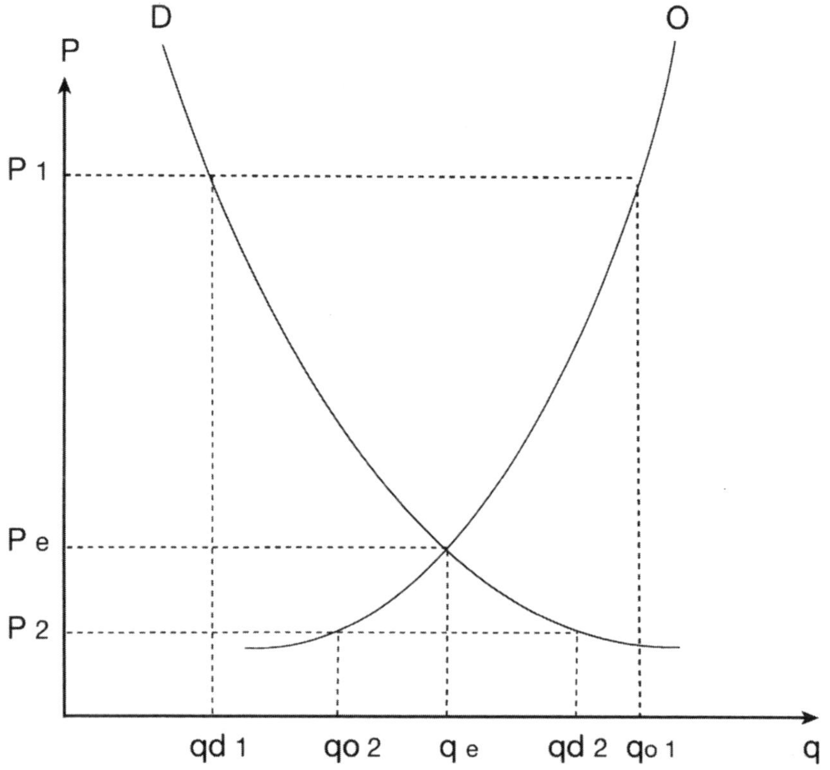

Le prix pe et la quantité qe déterminent l'équilibre du marché, puisqu'il y a accord des offreurs et des demandeurs. Les autres prix (comme p1 ou p2) provoquent des déséquilibres, puisque l'accord sur les prix ne s'accompagne pas d'un accord sur les quantités. Mais la variation du prix, qui retourne au niveau d'équilibre, permet de résorber ce déséquilibre.

Mais, d'une manière générale, on considère que le prix va jouer son rôle rééquilibrant, l'erreur en matière d'information se corrigeant peu à peu.

Cela signifie que l'équilibre de marché est un équilibre stable, en ce sens qu'un mécanisme automatique, celui des prix, permet d'assurer un retour à l'équilibre. Ce mécanisme est essentiel et signifie qu'habituellement les déséquilibres au sein du marché ne s'expriment pas sous forme de déséquilibres quantitatifs, mais sous forme de variations de prix. Et ces variations de prix ont un rôle économique fondamental, qui est de modifier les offres et les demandes pour atteindre peu à peu le niveau d'équilibre.

Certes, on peut, comme on vient de le voir, nuancer cette formulation, en particulier lorsqu'on insiste sur les phénomènes d'information imparfaite sur les marchés. Les consommateurs et les producteurs peuvent, en effet, se faire des illusions sur le bon niveau de prix assurant l'équilibre et, s'ils choisissent momentanément un autre prix, un déséquilibre quantitatif pourra provisoirement se manifester.

Plus généralement, quelle est alors la fonction du prix ? Sa fonction principale est d'être un vecteur d'information : le prix synthétise toute l'information disponible, car il traduit les choix et les anticipations des acteurs économiques. Le prix est comme un signal qui indique par exemple les raretés, les déséquilibres, aux divers agents économiques.

En outre, ce prix a un rôle incitatif considérable : c'est lui qui va pousser les agents économiques à offrir ou à demander plus ou moins ; c'est lui qui va donc inciter chacun à modifier ses comportements. On voit pourquoi il est alors essentiel d'analyser le prix comme un vecteur d'information, puisque les agents économiques à leur tour réagissent à ces informations.

Le prix assure aussi un rôle d'équilibre sur les marchés puisque, habituellement, le déséquilibre ne se manifeste pas sur un plan quantitatif, mais par une variation de prix qui a justement pour fonction de résorber le déséquilibre quantitatif.

Mais, lorsqu'on pense aux prix, il ne faut pas seulement penser aux prix des biens et services. Il faut aussi s'intéresser aux prix des facteurs de production, par exemple au taux d'intérêt ou au salaire : ce sont aussi des prix dont le rôle informatif, incitatif, équilibrant est fondamental sur les marchés des facteurs. Ces prix ont alors également des conséquences en matière de revenus, puisqu'ils représentent la rémunération de ces facteurs de production. Ils jouent donc un rôle essentiel dans la répartition des ressources rares et des facteurs de production.

SECTION II. LIBERTÉ ET BLOCAGE DES PRIX

Les prix jouent donc un rôle fondamental sur les marchés. Mais, pour qu'ils puissent jouer ce rôle, il faut évidemment qu'ils soient libres. Or on observe de nombreuses interventions étatiques en matière de prix, qui les empêchent de fonctionner et qui provoquent des déséquilibres considérables.

Les prix sont souvent contrôlés, parfois bloqués. Dans le premier cas, les pouvoirs publics interviennent dans le mécanisme des prix, par exemple en autorisant un accroissement maximum que les entreprises ne doivent pas dépasser ; dans le cas du blocage, cette intervention va jusqu'à empêcher tout accroissement du prix : c'est la forme extrême du contrôle.

Pourquoi les prix sont-ils bloqués ou contrôlés ? Il faut distinguer deux situations. Dans le premier cas, le plus fréquent, on bloque les prix pour les empêcher de monter, c'est-à-dire dans le cadre d'une politique de lutte contre l'inflation. Le blocage a lieu dans ces conditions en-dessous du prix d'équilibre.

Dans le second cas, on bloque le prix pour l'empêcher de baisser. Il s'agit cette fois de considérer le prix comme un revenu pour certaines catégories (par exemple les prix agricoles) et le blocage a lieu à un niveau supérieur au prix d'équilibre, pour soutenir indirectement – par cette politique de prix élevé – les revenus des catégories socioprofessionnelles concernées.

Le blocage des prix est sans doute l'une des interventions étatiques les plus anciennes. On en trouve des traces près de 2000 ans avant notre ère, dans le code d'Hammourabi (à Babylone) ; on en a des exemples dans l'empire romain (l'édit de Dioclétien) ou encore, plus récemment, pendant la Révolution française avec la loi sur le maximum.

Mais, en France, c'est depuis la fin de la seconde guerre mondiale que cette politique a été systématiquement employée. L'ordonnance du 30 juin 1945 revient en effet à organiser un régime de prix très particulier, dans lequel le contrôle est la règle générale et la liberté l'exception. Cela explique que la France ait vécu toute cette période de manière assez différente de ce que l'on trouve à l'étranger : chez nous, les prix étaient en général contrôlés ; à l'étranger, ils étaient le plus souvent libres.

Même dans la période relativement récente, ce contrôle a été très poussé et des phases de blocage quasi-total ont même existé (par exemple en septembre 1976 – au début du gouvernement de R. Barre – ou en juin 1982 – sous le gouvernement de P. Mauroy). Entre-temps, les périodes de sortie du blocage représentent en fait des périodes de contrôle, qui reviennent à imposer des progressions de prix, très strictes et limitées, aux entreprises.

Un premier assouplissement provisoire a eu lieu de 1978 à 1981 (gouvernement Barre), mais toujours dans le cadre des ordonnances de 45 : la quasi-totalité des prix industriels a été libérée (sauf les produits pétroliers et les médicaments remboursables), ainsi qu'une majorité de prix dans les services, surtout dans les secteurs où la concurrence était vive.

Le changement le plus radical (après une période de retour au contrôle et même au blocage au début des années 80) est intervenu en 1986 (gouvernement Chirac), lorsque l'ordonnance du 1er décembre a aboli celle de 1945 et inversé la règle en vigueur jusque-là. Désormais, selon l'article premier de l'ordonnance de 86, « les prix des biens, produits et services relevant antérieurement de la dite ordonnance » (celle de 45) « sont librement déterminés par le jeu de la concurrence ».

Certes, il existe encore des exceptions, lorsque la concurrence semble excessivement limitée, mais aussi en cas de situation de crise ou de circonstances exceptionnelles. Tous les prix ne sont pas libres, par exemple ceux de certains services (comme les taxis ou certains services médicaux ou para-médicaux) ou encore ceux des médicaments remboursables par la sécurité sociale, qui restent contrôlés. Mais l'évolution est considérable, puisque la règle devient bien, comme dans la plupart des pays développés, la liberté des prix. Pour la France, c'est un changement de première importance.

En effet, le contrôle des prix présente de graves inconvénients. Lorsqu'il prend la forme extrême du blocage, ou d'un contrôle très strict, il provoque des déséquilibres quantitatifs. Par exemple lorsque les prix sont bloqués au-dessus du prix d'équilibre (comme dans la politique agricole commune de l'Union européenne) le niveau artificiellement élevé des prix encourage l'offre et décourage la demande. Il apparaît, comme on l'a vu tout à l'heure, un déséquilibre quantitatif, en l'occurrence un excès de l'offre sur la demande.

Mais la différence radicale est la suivante : ce déséquilibre ne peut plus être résorbé par la variation du prix, puisque celui-ci n'est plus libre de varier. Le déséquilibre, ne pouvant se manifester au niveau des prix, se manifeste alors au niveau des quantités : c'est la surproduction, si importante dans de nombreux secteurs agricoles par exemple.

Cela peut conduire peu à peu à des absurdités : l'Europe a longtemps entassé des montagnes de lait ou de beurre en raison de ces faux prix qui conduisent à de fausses décisions. Cette surproduction est stockée (d'où un coût considérable), ou vendue meilleur marché à l'étranger (ce qui nécessite des subventions), ce qui fait que le contribuable européen, qui paie déjà le produit plus cher comme consommateur, paie une seconde fois, pour que des pays étrangers nous achètent ces produits au cours mondial.

Face à ces absurdités, qui peuvent aller très loin, et qui sont très coûteuses, on cherche des remèdes qui aggravent la situation, par exemple les quotas laitiers, qui ajoutent à la manipulation des prix le rationnement arbitraire de l'offre. Tout cela vient d'une confusion entre les nécessaires équilibres économiques (qui nécessitent la liberté du prix) et des considérations « sociales » (comme le fait d'assurer un certain revenu aux agriculteurs) qui devraient passer, si on voulait les maintenir, par une politique de redistribution des revenus et non de manipulation des prix.

On peut faire une observation du même ordre à propos du marché du travail. La garantie d'un prix artificiellement élevé (c'est-à-dire d'un salaire minimum excessif par rapport à l'équilibre du marché du travail) décourage la demande de travail (c'est-à-dire réduit la création d'emplois) et encourage l'offre de travail (ou demande d'emplois), c'est-à-dire provoque un déséquilibre quantitatif qui est ici tout simplement du chômage. Toutes les études montrent par exemple le rôle du SMIC dans le chômage des jeunes ou des moins qualifiés. Un SMIC élevé joue un rôle d'exclusion du marché du travail des plus jeunes ou des moins qualifiés. A ce prix-là (surtout avec le poids des charges), on préfère embaucher des travailleurs plus qualifiés ou plus expérimentés.

Mais on retrouve de tels déséquilibres lorsqu'on prétend bloquer le prix à un niveau inférieur à l'équilibre pour l'empêcher de monter. Dans ce cas, la faiblesse du prix encourage la demande et décourage l'offre ; un déséquilibre quantitatif apparaît : c'est un excès de la demande sur l'offre. Comme il ne peut se résorber par la variation du prix, il se manifeste par une pénurie artificielle sur les marchés.

C'est évidemment la situation générale que l'on trouvait dans les économies de plan, où les faux prix, obtenus à coûts de subventions et de blocage de prix, provoquent un excès de demande sur l'offre : ce sont les phénomènes de pénurie ou de file d'attente propres à ces économies. Mais on en trouve des exemples dans nos économies, avec notamment le cas des loyers : lorsqu'ils sont artificiellement comprimés, la construction est découragée et c'est la crise du logement : situation absurde, car si le service ou le produit n'est pas cher, il n'existe pas... A ce prix là, l'offre est très réduite.

Bien entendu, là encore tout provient d'une confusion entre l'équilibre économique (qui nécessite un prix libre) et d'éventuelles difficultés sociales de certaines catégories (qui doivent être traitées, si on le souhaite, par des politiques de redistribution). Mais vouloir régler ces difficultés en bloquant le prix, c'est exclure une partie des demandeurs qui ne trouvent pas de produit à ce prix trop bas, uniquement capable de décourager l'offre.

Naturellement, en général, c'est la forme plus souple du contrôle qui est appliquée ; le blocage est levé avant que ces déséquilibres ne se manifestent aussi clairement. Pour autant, le contrôle n'est pas sans inconvénients.

En effet, lorsqu'il est appliqué comme en France sur une longue période, il réduit peu à peu les marges des entreprises. Cette réduction des profits diminue les capacités d'autofinancement des entreprises et donc leurs investissements. Ce sont alors des entreprises moins productives, qui, peu à peu, produisent plus cher, ce qui contribue à pousser les coûts et les prix vers le haut. C'est ainsi qu'en France de nombreux secteurs (de la sidérurgie à l'industrie pharmaceutique) ont vu leurs difficultés aggravées, voire créées par cette politique des prix.

Comme il faut bien réajuster les prix contrôlés de temps en temps, tout cela n'a jamais empêché à terme la hausse des prix, mais a ajouté des déséquilibres supplémentaires et surtout un affaiblissement des entreprises. Il y a dans cette politique plusieurs confusions et notamment le fait qu'elle s'attaque à la manifestation d'un phénomène (la hausse des prix) et non à sa cause.

La confusion existe ici entre l'évolution des prix sur les marchés (prix relatifs) et l'inflation (prix absolus en hausse). Il est normal qu'il y ait des prix qui montent (comme des prix qui baissent) sur les marchés : c'est même vital, si l'on veut que l'économie fonctionne grâce aux signaux des prix. Ce qui est anormal, c'est lorsque tous les prix ou presque montent : c'est là un déséquilibre global, qui est l'inflation. Et cette inflation trouve sa source dans un excès de création monétaire, ou dans un excès de demande, qu'il faut traiter, au lieu de bloquer le prix pour empêcher tout fonctionnement du marché.

On observe d'ailleurs que les pays qui ont pratiqué le plus le contrôle des prix (la France, mais aussi un temps l'Italie ou l'Angleterre) ont été les plus inflationnistes, alors que ceux qui ont pratiqué systématiquement la liberté des prix (comme l'Allemagne) ont connu une inflation beaucoup plus faible. C'est bien le signe que l'inflation a des raisons auxquelles il faut s'attaquer (comme le dérèglement de la création monétaire) et que le contrôle des prix ne change rien à la situation, tout en provoquant des déséquilibres artificiels.

Il est possible d'aller plus loin et de soutenir que c'est au contraire la liberté des prix qui contribue à contenir les hausses de prix, en raison du mécanisme de la concurrence. On le voit bien dans les secteurs ouverts à la concurrence étrangère, ou encore dans le cas de l'Allemagne : la liberté des prix permet des baisses de prix lorsque la concurrence est vive.

Mais la liberté des prix a d'autres vertus, car elle permet aussi aux forces productives de se libérer. En Allemagne, après la guerre, la liberté des prix a été rétablie très rapidement, grâce à l'action énergique de L. Erhard. Naturellement, dans un premier temps, les prix ont monté. Mais cette hausse a révélé les vraies pénuries et a encouragé toutes les entreprises à produire. Et l'offre s'est ainsi remarquablement développée, ce qui a contribué à stabiliser les prix et surtout ce qui est l'une des origines importantes du développement économique allemand (le « miracle » allemand).

En France même, on observe que la libération des prix fin 86 n'a pas provoqué de dérapage, en dehors de quelques ajustements de courte durée. Mais cette libération a beaucoup développé la concurrence, ce qui a joué dans le sens de la stabilité des prix et surtout elle a permis aux entreprises de reconstituer leurs marges, ce qui a entraîné un développement des investissements et des gains de productivité. La reprise économique française de 88-89 doit beaucoup à la liberté des prix retrouvée fin 86 et début 87. Depuis que les prix sont libres l'inflation n'a jamais été aussi faible, ce qui confirme l'analyse précédente. 1 % à peine en 2008, avec des prix libres. L'ouverture des frontières, la mondialisation, en accentuant la concurrence, ont contribué également à la sagesse des prix.

Enfin, on peut observer que toute cette analyse vaut aussi pour les facteurs de production : bloquer les taux d'intérêt ou bloquer les salaires, cela revient à introduire sur ces marchés des rigidités et des déséquilibres qui peuvent se traduire par un manque d'épargne ou par du chômage. La liberté des prix doit s'appliquer aussi aux marchés des facteurs et elle provoquera les mêmes effets bénéfiques qu'ailleurs : on le voit déjà en matière financière lorsque les taux d'intérêt sont libérés.

Cet exemple de la liberté ou du contrôle des prix est essentiel. Il montre comment des politiques économiques peuvent introduire des déséquilibres, alors qu'elles prétendent les résorber. Il permet de comprendre qu'il faut en économie chercher au-delà des apparences ou des solutions simplistes. Mais cela permet aussi de souligner que bien des déséquilibres attribués au marché proviennent en réalité de politiques qui empêchent le marché de fonctionner. Le prix est l'élément informatif et régulateur essentiel du marché. Il doit donc pouvoir librement varier, pour jouer pleinement son rôle.

Chapitre II

CONCURRENCE ET MONOPOLE

SECTION I. LES FORMES DE MARCHÉ

Les marchés peuvent être classés en fonction d'un grand nombre de critères. C'est ainsi qu'on peut distinguer les marchés suivant le type de biens échangés : marchés des biens ou des services, marchés des capitaux (dont marché monétaire, marché financier, marché des changes, ...), marché du travail,...On peut également utiliser un critère d'espace (marchés locaux, régionaux, nationaux, internationaux) ou de temps (marchés au comptant, dans lesquels l'échange a lieu immédiatement, et marchés à terme, dans lesquels le prix est fixé tout de suite, mais où l'échange aura lieu ultérieurement).

Mais le critère habituel de classification des marchés, utilisé par l'analyse économique, porte sur le degré de concurrence qu'on peut y trouver. La question est de savoir ce qui détermine ce degré de concurrence.

Dans la présentation traditionnelle, de type néoclassique, c'est le nombre de participants au marché qui est ici déterminant. Plus il y a de participants, plus la concurrence est vive ; plus leur nombre est restreint, plus on se rapproche de situations monopolistiques.

Il est possible de distinguer plusieurs situations, du côté de l'offre comme de la demande : une monosituation (dans laquelle il y a un seul offreur, ou un seul demandeur), une oligosituation (caractérisée par la présence d'un petit nombre d'offreurs ou de demandeurs, à la limite de deux seulement : duosituation), une polysituation (comprenant un grand nombre d'offreurs ou de demandeurs), qui peut être parfaite ou imparfaite, suivant la qualité de l'information dont on dispose.

Lorsque l'on croise ces diverses situations, tant du côté de l'offre que de la demande, on obtient un grand nombre de formes de marché, synthétisées dans ce que l'on appelle le « tableau de Stackelberg ». Parmi ces situations, quelques-unes sont caractéristiques :

- le monopole, qui comprend un seul offreur et un grand nombre de demandeurs qui lui font face
- le monopole bilatéral (un seul offreur et un seul demandeur)
- le monopsone (un seul acheteur en face de nombreux offreurs)
- l'oligopole (quelques offreurs et de nombreux demandeurs)
- l'oligopsone (quelques acheteurs et de nombreux offreurs)
- la concurrence (de nombreux offreurs et de nombreux demandeurs).

La classification va ainsi des situations de plus petit nombre (en partant du monopole) vers les situations impliquant le plus grand nombre d'acteurs (jusqu'à la concurrence).

Ce dernier cas a notamment été étudié sous la forme de la concurrence pure et parfaite : cette forme de marché est caractérisée dans l'analyse néoclassique comme reposant sur cinq hypothèses :

- la polycité (c'est-à-dire beaucoup d'entreprises et de nombreux consommateurs)
- l'atomicité (situation dans laquelle aucun offreur ou demandeur ne domine ou n'écrase les autres, chacun étant de taille comparable)
- l'homogénéité des produits (pas de différences notables ou artificielles entre les biens, qui sont strictement comparables)
- la fluidité (ou libre entrée et sortie du marché : chacun, offreur ou demandeur, peut à tout moment s'installer librement sur le marché ou au contraire quitter celui-ci)
- la transparence (ou information parfaite : chacun est parfaitement informé de l'ensemble de la situation et des caractéristiques du marché).

Bien entendu, ces hypothèses frappent surtout par leur irréalisme. Il est clair qu'elles ne sont jamais réunies en même temps, voire qu'elles sont impossibles à réaliser.

C'est ainsi que le nombre d'intervenants sur le marché est très variable ; la situation est très inégale et, aux côtés de grandes entreprises, on trouve des entreprises de petite taille ; l'homogénéité est très discutable, car les produits diffèrent entre eux, puisqu'ils sont constitués de paquets de caractéristiques dissemblables et c'est justement cela qui fait la concurrence entre produits ; la libre entrée est menacée par toutes sortes d'éléments, que ce soit aux frontières (protectionnisme : droits de douanes, contingentements, normes techniques) ou sur le plan national (privilèges publics, professions fermées).

Quant à l'hypothèse d'information parfaite, elle est encore plus irréaliste : l'information a un coût, puisqu'il faut l'acquérir en y consacrant du temps ou des revenus ; comme il est impossible d'y consacrer tout son temps (ou tous ses revenus), il sera impossible d'avoir une information complète : celle-ci sera par définition toujours incomplète, donc imparfaite.

Si l'on s'enferme dans ce schéma et dans ce type d'hypothèses, la conclusion qui s'impose est simple : il n'y a en pratique jamais concurrence et on plaque ainsi des hypothèses irréalistes sur une réalité fort différente. Et comme les économistes démontrent les avantages de la concurrence et les risques du monopole, les inconvénients du marché sont faciles à souligner.

La réalité est toute différente et, depuis des années, les théories de la concurrence se sont renouvelées. L'erreur fondamentale est sans doute d'avoir fait de la concurrence – ou du monopole – une forme de marché, c'est-à-dire un élément statique, donné une fois pour toutes. La concurrence est au contraire un processus dynamique qui se crée et se détruit sans cesse.

Lorsqu'une entreprise crée seule un produit, parce qu'elle a été capable d'innover, il y a bien, du point de vue du nombre, monopole ; mais en réalité c'est un monopole d'innovation, qui disparaîtra lorsque d'autres entreprises découvriront un produit comparable et chercheront à leur tour à saisir ces opportunités de profit. Un brevet peut, au moins pour un temps, permettre à l'entreprise de bénéficier de son innovation : ce monopole-là n'est pas illicite ni sans vertus, (à condition qu'il ne soit pas trop durable) puisqu'il permet à chacun de tirer avantage de ses découvertes. (On retrouve ici les phénomènes d'exclusivité et de transférabilité).

Mais c'est surtout le renouvellement de l'analyse du consommateur qui permet d'aborder autrement la concurrence. Un marché ne saurait être défini par un produit, mais par les services qu'il rend et ceux-ci peuvent être obtenus par un ensemble de produits divers ; c'est d'autant plus vrai qu'on considère un produit, non comme un tout homogène, mais comme un ensemble de caractéristiques.

La SNCF est la seule à proposer en France le transport par train (ce point évoluera dans le futur sous la pression européenne et d'autres entreprises peuvent déjà transporter par train des marchandises, puis, plus tard ce sera le tour des voyageurs) ; mais elle n'est pas un véritable monopole en ce sens qu'il existe d'autres modes de transport et que le marché doit être élargi à tous les moyens de transports : la meilleure preuve, c'est que la SNCF ne peut faire n'importe quoi en matière de prix, sinon les consommateurs se rabattraient sur un produit plus ou moins substituable, rendant un service proche.

Ce qui compte, c'est avant tout la façon dont les entreprises se comportent : disposent-elles par exemple d'une grande liberté en matière de prix ? Quelle est leur marge de manœuvre ? Or cela ne dépend pas d'abord du nombre d'entreprises, d'autant plus qu'il existe toute une palette de produits de substitution plus ou moins étroits, c'est-à-dire rendant des services plus ou moins proches.

Cela signifie que l'erreur est de considérer la concurrence avant tout comme une question de nombre d'opérateurs : ce n'est pas un problème de nombre, mais d'ouverture des marchés. Ce qui compte, c'est la capacité, effective ou potentielle, des autres entreprises à remettre en cause une situation acquise.

Si le marché est ouvert, et cela même si l'entreprise est seule, il y a concurrence. En effet, la pression exercée par l'entrée potentielle d'un concurrent nouveau peut suffire à inciter l'entreprise à se comporter comme s'il existait déjà plusieurs firmes, en particulier dans le domaine des prix. C'est pour cela que l'ouverture des marchés est fondamentale, car, dans un marché ouvert, il y a toujours une entreprise qui viendra saisir les opportunités de profit en innovant, ou en produisant un bien rendant un service de qualité supérieure ou à moindre coût. Et si cela ne se produit pas, c'est que l'entreprise qui existe sur ce marché fait mieux que les autres et que le consommateur est satisfait des conditions dans lesquelles le service est rendu.

Par contre, si l'entreprise est seule parce que le marché est fermé (à la limite, comme dans le cas de certaines entreprises publiques, parce que le secteur privé n'a pas le droit de s'installer sur le marché) la question se pose en termes différents et la concurrence n'existe pas. De même, s'il existe plusieurs entreprises, mais que le marché est verrouillé (comme dans le cas des professions fermées), il n'y a pas de remise en cause véritable des situations acquises et la concurrence n'existe pas, en dépit du nombre élevé d'cntreprises.

La concurrence représente donc toutes les situations dans lesquelles une contestation de la situation actuelle est possible ; inversement, dans le cas de fermeture du marché, la situation sera qualifiée de plus monopolistique

SECTION II. LA CONCURRENCE

La première situation que l'on retient est donc celle de concurrence, entendue au sens d'une situation de marché libre, ouvert, dans laquelle de nouvelles entreprises peuvent s'installer et remettre en cause les situations acquises.

L'analyse de la concurrence peut être menée en courte puis en longue période.

§ 1. ANALYSE EN COURTE PÉRIODE

En courte période, on retrouve les hypothèses habituelles déjà précisées : du côté du consommateur, les revenus et les préférences sont donnés, ce qui veut dire que la courbe de demande elle-même est donnée. Du côté du producteur, le stock de capital est donné, ce qui veut dire que la capacité maximale de production est également donnée, ainsi que les courbes de coût. La courbe d'offre elle-même ne change pas.

Dans ces conditions, l'entreprise n'a pas le temps de changer de marché ou de produit. Elle ne peut modifier ses courbes de coût. Il ne lui reste qu'à agir sur une variable essentielle, la quantité produite, qu'elle va devoir déterminer en fonction de son objectif, qui est la maximisation du profit.

L'analyse est alors la suivante : si l'on considère pour l'instant une seule entreprise de ce marché de concurrence, prise à titre d'illustration, quel est son comportement ? Elle a ses propres courbes de coût (coût moyen et coût marginal) qui la caractérisent.

Par ailleurs, l'équilibre d'ensemble du marché détermine, par la rencontre de l'offre et de la demande, le prix de marché, qui s'impose aux diverses firmes et donc en particulier à celle-ci. (cf. graphique 6)

Comment l'entreprise va-t-elle réagir face à ce prix de marché ? Autrement dit, quelle est la quantité optimale, celle qui maximise son profit ? Il faut d'abord écarter un certain nombre de solutions envisageables.

La première qui vient à l'esprit, c'est de dire que l'entreprise a intérêt à produire le plus possible, et donc à rechercher la quantité maximale. Or le raisonnement à court terme, avec la capacité maximale de production donnée, fait que les courbes de coût moyen et de coût marginal remontent au-delà d'une certaine quantité.

Plus on se rapproche de la quantité maximale, plus les coûts sont élevés. Le coût marginal et le coût moyen sont, pour une quantité très élevée, supérieurs au prix de marché : l'entreprise a alors des recettes inférieures à ses dépenses, ce qui veut dire qu'elle connaît une perte. C'est un premier résultat important, car il signifie que la quantité optimale (celle qui maximise le profit) n'est pas la quantité maximale : la bonne réaction de l'entreprise n'est pas de produire le plus possible, sinon elle perdrait de l'argent.

Il faut donc se situer dans la zone de profit positif, qui est définie par un coût moyen inférieur au prix : c'est dans cette partie que se situera la solution. On pourrait alors songer à prendre comme solution le minimum du coût moyen : cela semblerait logique, puisque c'est là que le coût unitaire de production est le plus faible. C'est donc là que le profit unitaire est le plus élevé, puisque le prix reste le même et que le coût moyen est au plus bas.

Mais là encore ce serait une erreur, car ce que l'on recherche ce n'est pas le plus grand profit par unité, mais le plus grand profit total : la situation n'est donc pas optimale, car on peut encore accroître le profit total en augmentant la production.

La solution est alors la suivante (cf. graphique 6) : le profit maximum est obtenu pour une quantité telle que le coût marginal est égal au prix (quantité qo sur le graphique). En effet, l'entreprise doit utiliser un raisonnement marginal. Elle a intérêt à produire tant que chaque unité supplémentaire accroît son profit. Or, pour chaque unité supplémentaire, le profit marginal est égal à la différence entre ce que rapporte une unité et ce qu'elle coûte.

Ce que rapporte une unité supplémentaire, c'est en l'occurrence le prix ou recette moyenne, qui est aussi égal ici à la recette marginale, puisqu'il est le même quel que soit la quantité produite. Ce que coûte une unité supplémentaire, c'est par définition le coût marginal. L'entreprise a donc intérêt à développer sa production tant que le prix est supérieur au coût marginal, rapportant ainsi un supplément de profit. Elle doit s'arrêter à l'instant où le prix est égal au coût marginal.

En effet, produire une quantité plus importante signifierait alors que le coût marginal deviendrait supérieur au prix, ce qui veut dire que l'entreprise perdrait de l'argent sur les unités supplémentaires, réduisant ainsi le profit total.

La quantité optimale est donc définie en concurrence et en courte période par la quantité qui permet d'égaliser le coût marginal au prix. L'entreprise en concurrence vend au coût marginal.

Graphique 6
La formation des prix en concurrence et en courte période

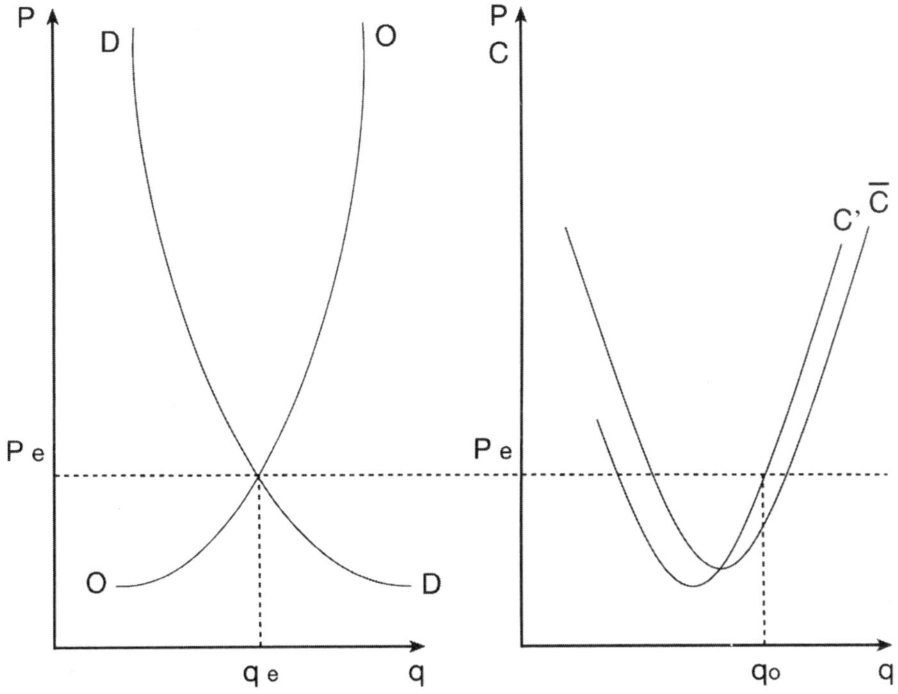

L'équilibre du marché détermine le prix pe qui s'impose à toutes les firmes.

La firme maximise son profit en égalisant son coût marginal c' au prix du marché, car, au-delà de la quantité ainsi déterminée, (qo), la firme ayant un coût marginal supérieur au prix perd de l'argent sur les unités supplémentaires, ce qui réduit son profit total.

Bien entendu, on a ici raisonné sur une seule firme prise en exemple. En pratique, il y a plusieurs firmes qui entrent en concurrence. Chacune a ses propres courbes de coût. Mais le raisonnement appliqué à chaque firme est strictement le même : chacune cherche à maximiser son profit et, pour cela, elle égalise son coût marginal au prix de marché.

Mais chaque firme est différente : la combinaison des facteurs varie, ce qui se traduit par des courbes de coûts différentes : certaines sont élevées, traduisant une moins bonne combinaison productive que d'autres, qui ont des coûts de production plus faibles.

Conséquence de ces différences : les firmes vont avoir chacune des quantités optimales différentes, déterminées par le même type de calcul, mais à partir de coûts différents. Quant à l'offre du marché, elle n'est rien d'autre que la somme des quantités offertes par chaque firme (et la courbe d'offre est construite de la même façon : pour chaque niveau de prix, on calcule combien chaque firme offre et on fait la somme des offres individuelles pour avoir l'offre du marché).

Bien entendu, si chaque firme a des coûts différents et si elles offrent chacune des quantités différentes, cela veut dire que les profits eux-mêmes seront différents. Ils seront d'autant plus élevés que la firme est productive, c'est-à-dire qu'elle a de faibles coûts de production, ce qui traduit sa plus grande efficacité.

Ce sont justement ces différences de profit, et donc ces opportunités de profit, qui vont inciter les firmes à réagir en longue période : certaines vont s'adapter, d'autres vont vouloir s'installer sur ce marché.

§ 2. ANALYSE EN LONGUE PÉRIODE

En longue période, les hypothèses restrictives sont levées : désormais, le stock de capital n'étant plus constant, les entreprises peuvent investir.

Cela signifie d'abord que les entreprises qui étaient déjà présentes sur le marché, pouvant donc investir, vont développer leur capacité de production et chercher à diminuer leurs coûts de production : elles vont s'adapter.

Ensuite, d'autres entreprises, qui n'étaient pas présentes en courte période sur ce marché, vont chercher à s'y installer, pour bénéficier des opportunités de profit.

Ce double mouvement a des conséquences sur l'offre : les entreprises étant à la fois plus nombreuses et plus importantes – ou plus productives – l'offre s'accroît : cela signifie que, pour chaque niveau de prix, la quantité offerte est plus élevée. C'est toute la courbe d'offre qui se déplace vers la droite, passant d'01 à 02 (comme dans le graphique 4 du titre 1).

Cela a deux conséquences essentielles : d'une part le prix d'équilibre du marché diminue, puisqu'il résulte désormais de la rencontre de la courbe de demande avec la nouvelle courbe d'offre, supérieure à la précédente ; d'autre part les entreprises ont fait des efforts de productivité en cherchant à s'adapter.

La première conséquence est fondamentale : en longue période, les prix en concurrence diminuent, sous l'effet de la progression de l'offre. Qu'en est-il dans la réalité ?

D'abord, la baisse des prix dépend aussi de l'évolution de la demande. En longue période, comme les revenus eux-mêmes évoluent, la courbe de demande aussi peut se déplacer.

L'évolution du prix sur le marché dépend donc des mouvements respectifs de l'offre et de la demande. Dire que le prix diminue signifie qu'on observe le phénomène en supposant la demande inchangée ; si celle-ci varie, le résultat dépendra des mouvements respectifs d'offre et de demande.

Ensuite, on observe bien, en pratique, sur certains marchés, des baisses de prix : par exemple ces dernières années pour certains équipements ménagers, ou encore pour les montres à quartz, les machines à calculer, les magnétoscopes, les appareils photos, les téléphones portables, les jeux vidéos, les communications téléphoniques, les ordinateurs, les lecteurs D.V.D., le transport aérien à longue distance, etc. Le point commun à tous ces marchés, c'est l'intensité de la concurrence et notamment de la concurrence internationale : c'est elle qui, justement, pousse les entreprises à s'adapter en permanence et à baisser les prix grâce à l'accroissement de l'offre.

Mais il est vrai que, sur la plupart des marchés, les prix montent. C'est le phénomène de l'inflation, où il y a plus de prix qui montent que de prix qui baissent : c'est le niveau général des prix qui est en hausse. Mais ce qui importe ici, ce sont les prix relatifs : or il est clair que les prix des produits qui sont le plus soumis à la concurrence progressent moins vite que les autres (leurs prix relatifs diminuent) tandis que les produits vendus sur des marchés moins concurrentiels voient en général leurs prix progresser plus rapidement que la moyenne.

Bien entendu, on observe aussi que les baisses de prix, absolues ou relatives, sont sensibles dans les secteurs ou les gains de productivité sont importants, notamment dans les produits manufacturées. Mais, là encore, on retrouve le rôle de la concurrence.

D'abord, c'est elle qui permet de diffuser ces gains de productivité sous forme de baisse de prix.

En effet, un gain de productivité signifie que, pour une même quantité de facteurs de production, le niveau de production s'accroît. Or ces gains de productivité peuvent être diffusés aux facteurs de production, notamment en hausse des salaires ou des profits. Mais ce schéma oublie qu'il y a aussi un autre partenaire, qui est extérieur à l'entreprise : le consommateur; lui aussi peut bénéficier des gains de productivité, sous forme de baisse de prix.

La concurrence est donc ici une machine à socialiser les profits, c'est-à-dire à en faire bénéficier tous les consommateurs et pas seulement ceux qui participent à la valeur ajoutée de l'entreprise. Sans concurrence, ces gains seraient répartis essentiellement entre les facteurs de production en salaires ou profits.

Mais c'est là que l'on trouve l'autre dimension de la concurrence. Elle pousse les entreprises à s'adapter en permanence. En effet, la baisse des prix menace les profits de ceux qui ne se sont pas adaptés et donc, en concurrence, ceux qui n'évoluent pas reculent par rapport aux autres. A l'extrême, l'entreprise qui est juste à la marge du marché (c'est-à-dire dont le minimum du coût moyen est égal au prix du marché) va devoir s'adapter ou disparaître. La peur de la disparition pousse donc les entreprises à s'adapter en permanence. Et celles qui ne le font pas feront faillite.

C'est un processus logique, puisque ces entreprises, qui sont à la limite de la rentabilité, gaspillent des facteurs de production en les utilisant mal : ces facteurs auraient pu être mieux utilisés ailleurs. La disparition de l'entreprise les remet en circulation pour d'autres utilisations par des entreprises plus performantes.

C'est donc la concurrence qui pousse les entreprises au progrès technique et à l'adaptation. On voit d'ailleurs très bien comment l'ouverture des frontières, par exemple au sein de l'Union européenne, a poussé les entreprises qui en étaient capables à s'adapter, à investir, à innover. Plus généralement, le « vent du grand large » incite chaque entreprise à faire des efforts, alors que le protectionnisme ou la fermeture des marchés incitent à une certaine somnolence.

Bien entendu, le but n'est pas la disparition de l'entreprise : le mécanisme est celui de l'incitation, non pour pousser à la disparition, mais pour pousser à l'adaptation ; mais il faut bien qu'il y ait une sanction vis-à-vis des entreprises mal gérées ou incapables de s'adapter : c'est la disparition de l'entreprise, sa faillite. Naturellement, d'autres entreprises alors se développent et embauchent les facteurs ainsi libérés, qui peuvent éventuellement se trouver momentanément inemployés (chômage de mutation ou frictionnel).

On peut trouver une autre illustration de ces mécanismes dans la courbe de Forrester ou courbe de vie des produits : les produits naissent, se développent, puis déclinent et disparaissent : ils ont une durée de vie. Dans un premier temps (naissance du produit), l'entreprise qui a innové est souvent seule (monopole d'innovation). Les profits sont d'abord restreints (coûts de recherche et de développement), puis progressent rapidement si le produit est accepté par les consommateurs.

Ensuite, dans un deuxième temps, le produit se développe vite et de nombreuses entreprises veulent bénéficier des profits : les ventes comme les profits progressent; la concurrence s'intensifie. Lorsque le marché arrive à saturation, à maturité, les ventes stagnent et les profits commencent à décliner. Enfin, lorsque les ventes diminuent, parce qu'un nouveau produit remplace peu à peu le précédent, les profits diminuent et le nombre d'entreprises décline; la concurrence elle-même diminue pour se déplacer sur d'autres marchés, d'autres produits.

On voit à nouveau ici que la concurrence se développe sans cesse et qu'elle se déplace sur d'autres marchés au fur et à mesure des innovations : elle n'est pas statique; elle est un processus dynamique. Quant aux entreprises, elles doivent sans cesse s'adapter et en tous cas le faire lorsque les profits progressent, dans la phase de développement, car après, dans la phase de déclin, il sera trop tard : la concurrence est donc exigeante pour les entreprises, mais elle peut ainsi bénéficier pleinement au consommateur; elle est la condition du progrès économique, puisqu'elle stimule sans cesse les entreprises. Elle rappelle le sens profond de la vie économique, qui est de répondre le mieux possible aux besoins des clients, des consommateurs. Car c'est à leur profit que doit d'abord fonctionner la vie économique, comme F. Bastiat l'avait bien compris dès le XIXe siècle.

SECTION III. LE MONOPOLE

Au sens strict, le monopole est donc la situation dans laquelle une seule entreprise se trouve face à de nombreux acheteurs. Par extension, il s'agit de toutes les formes de marché caractérisées par une fermeture d'accès, une quasi-impossibilité de remettre en cause les situations acquises.

L'analyse du monopole se fait d'abord en courte période. La définition de celle-ci est la même qu'en concurrence : l'entreprise n'a pas le temps d'investir ; ses courbes de coût sont données ; sa capacité maximale de production aussi, tandis que, du côté du consommateur, la courbe de demande, elle aussi, est donnée.

L'allure générale des courbes de coût (coût moyen et coût marginal) est la même que pour n'importe quelle entreprise ; ce qui change, par contre, ce sont les recettes.

Dans tous les cas, la recette totale est égale au prix multiplié par la quantité vendue. Dans ces conditions, la recette moyenne (recette totale divisée par la quantité) est égale au prix du marché. Mais, en concurrence, ce prix est donné par l'équilibre du marché et il s'impose à chaque firme : il est donc supposé constant en courte période.

En monopole, la situation est différente. En effet, la firme est seule à offrir : l'offre de la firme se confond donc avec celle du marché. Dans ces conditions, le prix ne saurait plus être constant, mais variable, puisqu'une modification de l'offre de la firme change l'équilibre du marché et fait donc varier le prix.

Comment se présente alors ce prix (ou recette moyenne) ? Il ne peut être fixé n'importe comment par le producteur : il faut encore que le prix soit accepté par le consommateur, c'est-à-dire qu'il se situe sur la courbe de demande ; ainsi, pour chaque quantité offerte par le monopole, le prix se fixe au niveau déterminé par la rencontre de cette quantité offerte et de la courbe de demande ; c'est donc la courbe de demande qui indique, pour chaque quantité, quel sera le prix du marché, acceptable pour le consommateur. La courbe de demande est donc, en monopole, la courbe de recette moyenne.

La recette marginale, pour sa part, représente l'accroissement de recette totale entraîné par la vente d'une unité supplémentaire d'un bien. En concurrence, la réponse est simple, puisque le prix est constant : le supplément de recette (ou recette marginale) est donc toujours égal au prix.

Il en va différemment en monopole. En effet, en vendant une unité de plus, le monopoleur doit vendre moins cher, pour que son offre soit acceptée par le marché. Et ce sont toutes les unités qui seront ainsi vendues moins cher. Dans ces conditions, vendre une unité de plus n'accroît pas les recettes du niveau du prix, mais d'un niveau plus faible, car, si l'unité de plus rapporte le nouveau prix, les autres unités doivent aussi être vendues à ce nouveau prix, c'est-à-dire moins cher que le prix antérieur, réduisant d'autant les recettes.

En monopole, la recette marginale est ainsi inférieure au prix (ou recette moyenne) : elle est donc graphiquement située en dessous de la courbe de recette moyenne (cf. graphique 7). En outre, comme la recette moyenne est décroissante (comme la courbe de demande), la recette marginale est nécessairement décroissante (pour faire baisser la recette moyenne, il faut que la recette marginale lui soit inférieure en permanence).

Comment se comporte alors l'entreprise en monopole? En courte période, elle ne peut qu'agir sur la quantité produite, pour chercher à maximiser son profit. La réponse est alors simple : elle a intérêt à produire plus tant que chaque unité supplémentaire accroît son profit total. Or ce que rapporte chaque unité dépend de son coût (coût marginal) et de sa recette (recette marginale).

Graphique 7
La formation des prix en monopole et en courte période

$\overline{C}$: Coût moyen
C' : Coût marginal

$\overline{R}$: Recette moyenne
R' : Recette marginale

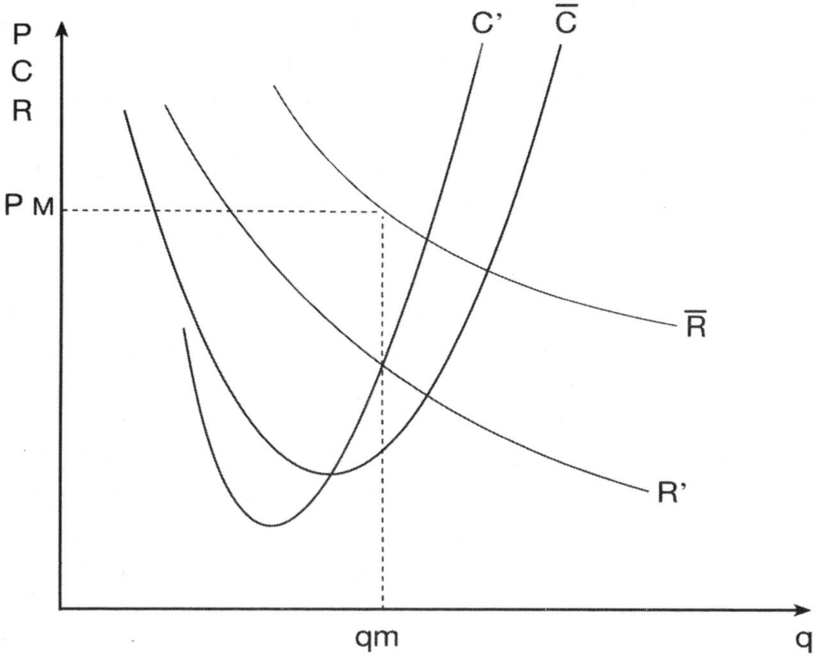

En monopole, le maximum de profit est atteint pour la quantité qm, telle que le coût marginal soit égal à la recette marginale (sinon, au-delà, on perd de l'argent sur les unités supplémentaires). Le prix de monopole (pm) est alors indiqué, pour cette quantité qm, par la courbe de recette moyenne.

Tant que la recette marginale est supérieure au coût marginal, l'entreprise a intérêt à accroître sa production, car sinon elle se priverait d'un supplément de profit. Le monopole est donc à l'optimum de production (et au maximum de profit) lorsque la recette marginale est égale au coût marginal. Elle ne doit pas aller au-delà, car sinon elle perdrait de l'argent sur les unités supplémentaires (le coût marginal devenant alors supérieur à la recette marginale), (cf. graphique 7) et le profit total diminuerait.

Peut-on alors comparer les solutions obtenues en concurrence et en monopole ? Supposons au départ que les courbes de coût soient identiques. Dans ces conditions, on constate que, pour maximiser son profit, l'entreprise en concurrence vend à un prix qui est égal au coût marginal, alors qu'en monopole elle vend à un prix qui est toujours supérieur au coût marginal. Dans ces conditions, à coûts identiques, le prix de monopole est toujours supérieur au prix de concurrence. En outre, comme le prix est plus élevé, la quantité demandée est plus faible en monopole.

En réalité, l'hypothèse de coût identique est peu réaliste : la pression de la concurrence fait que les entreprises s'adaptent sans cesse et que les coûts de production y seront donc systématiquement plus faibles qu'en monopole. Cela accentue encore le résultat obtenu, puisque, si les coûts sont plus faibles en concurrence, le prix sera encore plus faible à son tour. Il est donc clair que le monopole pénalise le consommateur, alors que la concurrence favorise celui-ci par des prix systématiquement plus faibles.

Que va-t-il alors se passer en monopole et en longue période ? Désormais, l'entreprise peut investir, modifier son stock de capital, ses courbes de coût, sa capacité de production. L'équilibre va donc évoluer. Mais, comme il n'y a pas la même incitation qu'en concurrence, l'adaptation sera probablement plus faible et les coûts resteront plus élevés.

Bien entendu, le monopole, pouvant jouer sur les prix (contrairement à la concurrence), pourra mettre au point des stratégies spécifiques visant, par exemple, à segmenter son marché pour jouer sur les différences d'élasticité entre consommateurs en pratiquant des tarifs différents et, à la limite, en faisant payer à chacun le prix maximum qu'il est prêt à payer (segmentation du marché). Il peut aussi pratiquer un temps des prix plus faibles pour décourager les concurrents potentiels (occupation du marché).

Mais, en pratique, le problème fondamental pour le monopole est de préserver sa situation privilégiée. Or, du moment que l'entrée sur le marché est libre, il est clair que de nouveaux producteurs pourront, en longue période, venir s'installer sur ce marché et menacer le monopole surtout s'il cherche à abuser de sa situation. Cela signifie qu'en dehors de quelques cas très particuliers, les seuls monopoles véritablement durables sont ceux qui sont protégés par la loi, c'est-à-dire en fait les monopoles publics ou qui résultent d'ententes entre États (comme l'OPEP pour le pétrole).

Dans le cas du secteur privé (sauf s'il bénéficie lui-même de privilèges étatiques qui interdisent l'accès à de nouveaux concurrents) la menace d'entrée de nouveaux concurrents existera toujours et la situation de monopole n'est pas durable. Les vrais monopoles sont donc souvent ceux qui bénéficient de privilèges de la part des pouvoirs publics, ce qui ne manque pas d'avoir des conséquences sur les perspectives des politiques de concurrence.

Chapitre III

LES ATTEINTES À LA CONCURRENCE ET LES POLITIQUES DE CONCURRENCE

SECTION I. LES ATTEINTES À LA CONCURRENCE

Par atteinte à la concurrence, on entend tout ce qui, en pratique, rend les marchés moins concurrentiels et donc moins favorables aux consommateurs et à leurs intérêts, qui ne peuvent bénéficier suffisamment des gains de productivité ou des baisses de prix qu'aurait entraîné une concurrence plus vive. Il est possible de regrouper les atteintes à la concurrence en trois grandes catégories : celles qui relèvent directement du secteur privé (notamment la concentration et les ententes), celles qui émanent directement du secteur public (monopoles publics) et enfin celles qui sont possibles dans le secteur privé grâce aux interventions publiques (le protectionnisme et les professions fermées).

§ 1. LA CONCENTRATION DANS LE SECTEUR PRIVÉ

Il s'agit des regroupements d'entreprises qui, sous des formes juridiques diverses, réduisent le nombre d'intervenants sur le marché. Habituellement, ces phénomènes de concentration sont présentés comme étant la plus grande menace contre la concurrence par la constitution de « monopoles » privés, éventuellement aussi sous forme d'ententes.

En réalité, ces analyses, très répandues, reflètent un double héritage : celui du marxisme d'une part, avec les analyses de la monopolisation croissante, qui montrerait une concentration inéluctable des entreprises en système capitaliste, et celui de la pensée néoclassique de l'autre, considérant la concurrence avant tout comme une question de nombre d'entreprises.

Il est vrai que l'on observe souvent sur les marchés des accroissements de taille d'entreprises, voire des regroupements de toute nature. Mais d'abord l'accroissement de la taille, dans un marché en expansion et surtout en internationalisation croissante, n'est pas nécessairement le signe d'une concentration accrue : le marché n'est plus national, mais européen ou même mondial. Ensuite, la concentration est très variable suivant les secteurs, et d'ailleurs de nombreuses entreprises, y compris de petite taille, subsistent, même dans les secteurs concentrés.

Mais la réalité est plus complexe : il est vrai que chaque année des dizaines de milliers d'entreprises disparaissent; mais il faut aussi souligner que, parallèlement, des dizaines de milliers d'autres apparaissent, ce qui fait qu'on assiste plus à un processus de création et de destruction permanente qu'à un processus de concentration accrue.

D'ailleurs cette concentration n'est pas inéluctable; on l'explique parfois par des raisons liées aux économies d'échelle (taille de l'entreprise) ; mais, dans la plupart des secteurs il n'est pas nécessaire d'arriver à une très grande part de marché pour bénéficier de l'essentiel de ces économies d'échelle. Parfois on insiste sur les frais liés à la recherche et au développement; mais, là encore, les entreprises innovatrices, celles qui déposent par exemple des brevets, ne sont pas nécessairement les plus importantes. Quant aux raisons financières, souvent évoquées, rien n'empêche en pratique des entreprises de toutes tailles de trouver, par autofinancement comme par financement externe, les capitaux nécessaires.

En réalité, tout ceci n'est pas le fond du problème. La question fondamentale n'est pas de savoir si la concentration a progressé ou non, mais si elle constitue une atteinte à la concurrence. Or nous avons déjà vu que la concurrence n'est pas une question de nombre et elle peut être plus effective entre quelques grandes entreprises qu'entre un grand nombre de petites.

En outre, toutes les analyses qui ont été faites montrent qu'il n'y a pas de lien statistique entre la concentration, la rigidité des prix et l'importance des profits. Autrement dit, la concentration n'entraîne pas les effets que l'on devrait attendre d'une atteinte à la concurrence : elle ne se traduit pas par une hausse des profits.

Quant aux ententes, qui peuvent exister et réduire la concurrence, elles sont difficiles à généraliser dans un marché ouvert, pour des produits qui sont nombreux à rendre des services comparables et, surtout, elle sont rarement durables en raison des intérêts divergents des acteurs : l'exemple de l'OPEP ces dernières années montre bien que, même à l'échelle étatique et internationale, ce type d'entente résiste mal aux pressions de toutes sortes qui émanent du marché lui-même comme des partenaires eux-mêmes : à long terme, une entente est toujours menacée.

La nouvelle théorie du consommateur montre même que les pratiques discriminatoires s'expliquent par la nécessité des phénomènes de diffusion de l'information et la volonté d'éviter, par exemple, les « passagers clandestins ».

En fait, comme le souligne l'économiste H. Manne, toutes ces analyses proviennent du fait qu'on considère par principe que le secteur privé, le marché, sont toujours suspects. Alors, si une entreprise vend plus cher que les autres, on l'accuse de superprofits ; mais si elle vend moins cher, on l'accuse aussitôt de dumping déloyal. Et si enfin elle vend au même prix que les autres, c'est sûrement qu'il y a une entente entre les entreprises du marché. Bref, dans tous les cas, l'entreprise privée est suspectée, pour des raisons d'a-priori idéologique.

Il existe de nombreuses imperfections à la concurrence, justement parce que la concurrence n'a jamais été parfaite, contrairement à ce qu'ont pensé les premiers néoclassiques. Mais ces imperfections n'empêchent pas le marché de fonctionner de manière concurrentielle et le plus grand risque est sans doute de remplacer les imperfections du marché par les imperfections des interventions étatiques, sans doute encore plus grandes : c'est ce qu'Henri Lepage appelle « tuer la concurrence au nom de la concurrence ». Si le marché est libre et ouvert, la concurrence reprendra toujours ses droits.

§ 2. LES MONOPOLES PUBLICS

Ce cas est tout à fait différent du précédent. Il s'agit d'entreprises qui ont les moyens juridiques de verrouiller le marché, justement parce qu'elles sont publiques et qu'elles reçoivent donc des privilèges de l'État.

Ce n'est pas un phénomène nouveau et certains monopoles publics, comme celui des postes, remontent à l'Ancien Régime ; d'autres, comme celui sur le tabac, aboli par la Révolution, ont été rétablis par Napoléon. Dans tous les cas, le principe est simple : au nom du « service public » ou de « l'intérêt général », seule l'entreprise publique a le droit de fournir ces biens ou ces services et une entreprise privée n'a pas le droit de le faire : de nombreux exemples montrent que, si les entreprises s'y risquent, elles sont condamnées par les tribunaux.

Or on ne voit pas ce qui justifie le maintien de ces privilèges, qui, dans ce cas, aux inconvénients des monopoles, ajoutent la faible efficacité des entreprises publiques.

C'est un domaine dans lequel les mentalités évoluent très vite : c'est ainsi que longtemps, en France, le secteur de l'audiovisuel a été considéré comme un monopole public. Or l'évolution technique comme celle des comportements ont fait exploser ce monopole et une concurrence existe désormais entre les deux secteurs. Le marché a été ouvert. De toutes façons, avec les techniques nouvelles (satellites, câble) tout monopole dans ce domaine est illusoire. De même Internet rend caduc le monopole du courrier par la poste.

Dans la plupart des pays étrangers, la privatisation des services publics s'est accompagnée d'une ouverture de ces marchés et la concurrence s'y est rapidement développée. D'ailleurs, l'influence de l'Union Européenne pousse dans ce sens : des secteurs comme le tabac, les télécommunications, ou le transport aérien ont été et seront encore plus ouverts à la concurrence et la France ne pourra pas maintenir ses monopoles publics, contraires à l'esprit du traité de Rome. Ils sont, à terme, condamnés. Ce qui a été vrai dans ces secteurs l'est également aujourd'hui pour la poste, le train ou l'électricité : des directives européennes sont déjà parues en ce sens et la concurrence ne cesse de se développer dans les services publics.

Enfin, la nouvelle théorie du consommateur montre là aussi les illusions d'un tel maintien : ce ne sont pas les produits qui déterminent les marchés, mais les services qu'ils rendent et, par exemple, monopole public ou pas, les différents secteurs des transports se font concurrence et maintenir ici la fermeture des marchés ne saurait arrêter ce mouvement de concurrence accrue.

§ 3. PROTECTIONNISME ET PROFESSIONS FERMÉES

Il y a d'autres atteintes à la concurrence qui sont plus ambiguës, car elles se situent dans le secteur privé, mais elles n'existent que grâce à des interventions publiques : c'est le cas du protectionnisme et des professions fermées.

Avec le protectionnisme, on assiste à une volonté des pouvoirs publics d'empêcher ou de limiter l'entrée des produits étrangers sur le territoire national. Plusieurs techniques sont employées. La plus brutale est celle des contingentements : on limite ou on interdit l'entrée des produits venant de l'extérieur. C'est une technique qui a pratiquement disparu, en raison notamment des négociations internationales dans le cadre du GATT, puis de l'OMC. Mais il en persiste des vestiges (comme cela a longtemps été le cas avec la limitation des entrées de véhicules japonais en France à 3 % du marché) : la construction européenne les a peu à peu éliminés.

Ensuite, les droits de douane, qui consistent à ajouter une taxe sur les produits étrangers de façon à en accroître le prix et à les rendre moins compétitifs. Ici encore, les grandes négociations du GATT, puis de l'OMC, ont largement diminué ces droits de douane, par exemple entre l'Europe et les États-Unis, et ils ont disparu totalement à l'intérieur de l'Union Européenne. Le chemin parcouru est considérable, puisque les droits de douane au sein du GATT, puis de l'OMC sont passés en moyenne en 40 ans de 40 % à 3 % seulement.

Enfin, la technique la plus subtile est celle des normes. Celles-ci sont prises, officiellement, au nom de la protection du consommateur, de sa santé, de l'environnement ou encore pour des raisons techniques, d'harmonisation, de sécurité, etc. En réalité, elles ont souvent pour but d'empêcher ou de limiter la pénétration de produits étrangers, les normes correspondant évidemment aux produits nationaux. Ici, c'est l'élément le plus délicat, car ces normes techniques sont plus difficiles à mesurer et à dénoncer et de nombreux cas pratiques montrent leur danger pour la concurrence. L'organisation mondiale du commerce (OMC), qui remplace le GATT depuis le 01.01.1995, a justement, en particulier, pour mission de fixer des règles du jeu dans ce domaine et d'éliminer cette forme plus subtile de protectionnisme.

Tout ceci part d'une idée simple : il faudrait protéger les producteurs nationaux de la concurrence étrangère qui va les menacer, sinon les emporter. Cela relève d'une erreur d'analyse, car l'ouverture des frontières ne va pas balayer la production nationale, mais entraîner peu à peu, selon les analyses héritées de Ricardo, une spécialisation de chaque pays dans les productions où il a un avantage comparatif : c'est la division internationale du travail qui va progresser alors.

Mais la réalité est un peu différente et Ricardo a une vision simpliste des échanges. Même s'il est vrai qu'il vaut mieux cultiver nos points forts que nos points faibles, il n'y a pas de spécialisation absolue et chaque pays, chaque entreprise, a des qualités à faire valoir. De toutes façons, le commerce ne se fait pas entre pays, mais entre entreprises. Ensuite, il y a une erreur de perspective, car le fond du problème est de savoir dans quel sens fonctionne l'activité économique ; s'agit-il de produire pour produire ou pour consommer ? Et si le but est bien de répondre aux choix des consommateurs, il ne faut pas les pénaliser par un protectionnisme qui a pour effet de faire progresser les prix en limitant l'offre et donc de réduire le pouvoir d'achat de chacun ; au nom de la protection du producteur, on ne fait que pénaliser le consommateur. Or la liberté du commerce international nous fait profiter, au contraire, des connaissances des autres et multiplie nos possibilités de bénéficier de prix avantageux ou de qualités différentes.

Enfin, il est clair que la fermeture des frontières finit par se retourner contre les producteurs eux-mêmes : à leur tour, ils ont des difficultés à vendre à l'étranger et surtout ils ne sont pas suffisamment stimulés ; ce faisant, leur compétitivité décroît, faute de stimulation suffisante par la concurrence.

Il existe un deuxième cas dans lequel les pouvoirs publics limitent la concurrence dans le secteur privé : c'est celui des professions fermées. C'est là encore un phénomène très ancien, qui consiste à fermer le marché en interdisant ou en limitant l'accès. Il ne s'agit pas des contrôles « qualitatifs » (par exemple exiger un diplôme de pharmacien, d'avocat ou de docteur en médecine pour exercer ces diverses professions), mais d'un contrôle quantitatif suivant lequel les qualifications professionnelles ainsi reconnues ne suffisent pas pour pouvoir s'installer.

Les exemples sont très nombreux et variés. Par exemple le nombre de pharmacies est limité en fonction de la population ; il en va de même pour les chauffeurs de taxi, puisque, sur Paris, par exemple, c'est une loi de 1937 qui a fixé le nombre de taxis autorisés. Les transports en général sont soumis à des autorisations très strictes, qui visent en fait à limiter la concurrence subie par la SNCF en raison des transports par route.

Il existe aussi des limitations de vente, les produits étant réservés à certains magasins (médicaments ou parapharmacie, alcool suivant les catégories de débit de boisson), des limitations géographiques (pour les débits de boisson), des monopoles concédés par les pouvoirs publics (débits de tabacs), etc. Dans certains cas, la libre installation n'existe pas ; c'est souvent vrai pour des professions juridiques comme huissier ou notaire, allant parfois jusqu'au monopole privé (commissaires-priseurs par exemple)

Les illustrations peuvent être multipliées, notamment en France. Les raisons avancées ne tiennent pas, car il ne s'agit pas de vérifier la qualification professionnelle puisqu'un diplôme spécifique est de toutes façons exigé et qu'il ne suffit pas pour garantir une installation. En réalité, il s'agit de privilèges des professions, garantis par les pouvoirs publics, dans le but d'éviter un trop grand partage du marché.

Le rapport Rueff-Armand, en 1960, au début de la Ve République, a cherché à connaître les obstacles à l'expansion économique. Or ces obstacles apparaissaient déjà comme de nature institutionnelle : ce sont toutes ces professions fermées qui, en limitant la concurrence, réduisent les opportunités d'emplois et la production, et contribuent à maintenir un prix élevé, ce qui pénalise finalement le dynamisme économique et la croissance.

Ce rapport est resté lettre morte, comme toutes les tentatives ultérieures, car on se heurte à des habitudes acquises et à des groupes de pression ; mais, là encore, l'ouverture européenne, à partir du 1er janvier 93, a commencé à bouleverser les habitudes et contribue à ouvrir les marchés, par exemple dans certaines professions juridiques (comme les commissaires-priseurs, ou la concurrence va rapidement jouer à plein).

De plus, un nouveau rapport publié par Jacques Attali en 2008, à la demande du président Sarkozy (*300 décisions pour changer la France – Rapport de la commission pour la libération de la croissance française*) a montré une fois de plus que les professions fermées constituaient à la fois un obstacle à la concurrence et un obstacle à la croissance. Les propositions 208 à 217 notamment, visent les professions les plus variées, des hôtels aux cinémas en passant par les coiffeurs, les taxis, les pharmaciens ou les professions juridiques. Mais, à son tour, ce rapport n'a eu dans ce domaine qu'un impact mineur tant les résistances sont fortes. Tout le monde est pour la concurrence, sauf dans son propre secteur.

SECTION II. LES POLITIQUES DE CONCURRENCE

§ 1. LE DÉSENGAGEMENT DES POUVOIRS PUBLICS

Puisque la concurrence est essentiellement menacée par les interventions publiques, contrairement aux idées reçues, c'est d'abord du côté du désengagement de l'État qu'il faut se tourner pour mener une véritable politique de concurrence.

Il s'agit évidemment de l'ouverture des services publics à la concurrence, c'est-à-dire à la libre installation pour les entreprises du secteur privé. La France doit réformer sa tradition du service public ; il s'agit aussi de limiter le protectionnisme, en particulier grâce aux négociations internationales dans le cadre du GATT puis de l'Organisation mondiale du commerce (OMC) : les faiblesses des entreprises nationales ne seront pas compensées par une fermeture des frontières, mais par un effort accru de productivité ; enfin, l'ouverture des professions fermées à la concurrence, grâce à la disparition des privilèges accordés par l'État, rentre dans ce même cadre.

Or, ce qu'il y a de frappant, c'est que les grandes lois destinées à garantir la concurrence s'appliquent généralement à tous, sauf au secteur public, qui bénéficie donc de privilèges en ce domaine, alors que c'est là que la menace est la plus grande, puisque c'est la loi qui empêche la concurrence.

Mais on voit bien comment l'évolution technique (par exemple dans l'audiovisuel), ou les négociations du GATT et de l'OMC (par exemple pour les droits de douane) ou encore la construction européenne, rendent peu à peu caduques ces combats d'arrière garde. En ce qui concerne l'Europe, les changements se font déjà sentir dans le transport aérien par exemple, où la France a été de toutes façons obligée d'ouvrir peu à peu son marché intérieur à la concurrence : ouverture aux compagnies françaises en 1996, étrangères en 1997. Ici, la concurrence est déjà depuis longtemps une réalité. Le cas des télécommunications est également très significatif que ce soit pour les portables ou pour les téléphones fixes. Dans les années récentes ou à venir la poste, les chemins de fer ou l'électricité s'ouvrent peu à peu à la concurrence, sous l'influence des directives européennes, en dépit des combats d'arrière-garde des gouvernements et des syndicats français. L'évolution est inéluctable. Elle va dans le sens des intérêts des clients et des usagers.

D'une manière générale, ce désengagement de l'État relève de ce que l'on appelle la politique de déréglementation (ou dérégulation) qui consiste donc à réduire les réglementations publiques qui pèsent sur les marchés : la liberté des prix va dans le même sens, ainsi par exemple que la levée de toutes les rigidités antérieures : on en voit en particulier des exemples dans le secteur bancaire et financier où la levée des contrôles étatiques a permis toute une série d'innovations financières qui ont révolutionné le secteur et entraîné une concurrence accrue. La déréglementation s'est beaucoup développée depuis la fin des années 70, d'abord aux États-Unis, puis en Europe et elle a contribué au renouveau du dynamisme des économies et de la concurrence. C'est à tort que la crise financière de 2008 a été attribuée à cette dérégulation. Elle vient avant tout des manipulations monétaires des banques centrales et réguler ne fera qu'aggraver la situation.

§ 2. LES LOIS ANTI-TRUST

Lorsqu'on pense à la politique de concurrence, on songe en fait d'abord aux lois anti-trust. Nous avons vu que ce n'est pas forcement l'essentiel, mais il est vrai que ces lois ont acquis peu à peu une grande importance. Elles sont nombreuses aux États-Unis, depuis la fin du XIXe siècle, et dans de nombreux pays d'Europe.

La Communauté Économique Européenne elle-même leur donne, dès sa création, une grande place.

En France, traditionnellement, ces lois sont moins développées qu'à l'étranger. Pendant longtemps, la commission technique des ententes et des positions dominantes a joué un rôle très limité et elle a été essentiellement saisie par le ministre. En 1977, la commission de la concurrence qui la remplace a des pouvoirs plus étendus et la saisine de la commission est élargie aux collectivités locales, aux organisations professionnelles ou aux organisations de consommateurs. Les sanctions peuvent être plus lourdes en cas d'entente illicite tandis qu'un contrôle des concentrations est mis en place.

Depuis l'ordonnance de 1986, un conseil de la concurrence remplace la commission : au fur et à mesure de ces évolutions institutionnelles, les diverses commissions puis ce conseil acquièrent de plus en plus d'indépendance vis-à-vis des pouvoirs publics. Mais, en réalité, il devrait s'agir d'autorités indépendantes, soumises au contrôle des autorités judiciaires, ce qui n'est pas encore le cas : on en est entre la commission administrative et la juridiction à part entière. Un progrès a été fait en ce sens en 2009 avec l'installation d'une autorité de la concurrence qui remplace la commission. C'est une des conséquences de la loi de modernisation de l'économie votée en 2008. Il y aura désormais une autorité unique chargée de l'enquête comme de toute la régulation de la concurrence.

La difficulté, c'est que la France met peu à peu en place des politiques de concurrence, qui reposent largement sur la notion traditionnelle de la concurrence comme étant une forme de marché, menacée par les concentrations et les ententes, au moment où ces analyses sont de plus en plus contestées.

Aux États-Unis, on se demande depuis quelques années si les lois antitrust, qui prétendent rétablir la concurrence, ne l'ont pas, parfois, affaiblie, en empêchant certaines évolutions économiques. On passe d'une conception où il fallait prouver a priori qu'une fusion n'entraînait pas une limitation de la concurrence, à une conception où il faudra apporter la preuve, après coup, que la concurrence a été réduite. Les lois anti-trust ont été, dans cet esprit, sensiblement assouplies.

Cependant, des épisodes récents, comme l'affaire Microsoft, montrent que les conceptions traditionnelles n'ont pas disparu : l'entreprise de Bill Gates a été attaquée pour monopole, en particulier par la Commission européenne chargée de surveiller la concurrence en Europe, car Microsoft occupe une place importante sur le marché. Mais on est ici encore dans une optique de nombre et non d'ouverture du marché. Si le marché reste ouvert, si l'on peut prouver que l'action de Microsoft a en réalité contribué à faire baisser les prix sur le marché et bénéficie donc au consommateur, il n'y a pas alors d'atteinte à la concurrence. Pourtant Microsoft a quand même été condamné par Bruxelles.

Cela ne signifie pas que le marché fonctionne sans règles, de manière anarchique (ou sauvage comme on dit parfois). Mais ces règles sont d'abord celles du marché lui-même, par exemple la pression des concurrents, qui est la façon la plus efficace de pousser les entreprises à faire mieux ; ensuite ce sont les règles simples et naturelles que tous doivent respecter : pas de fraude, respect des contrats, respect des engagements, de la propriété d'autrui, de l'activité des autres, etc.

Tout cela est essentiel au bon fonctionnement du marché, mais cela n'implique pas en général des lois spécifiques : dans la plupart des cas, le recours aux tribunaux, dans le cadre des lois existantes, devrait suffire à garantir ce fonctionnement normal du marché : ce n'est pas la loi de la jungle, puisque l'activité économique doit se dérouler dans le respect du droit de chacun et donc dans un état de droit. Et s'il y a habituellement une menace sur les marchés, elle n'émane pas des entreprises, qui n'en n'ont guère le pouvoir, mais de l'État, qui, lui, pratique bien souvent l'arbitraire en matière économique, sans recours possible.

§ 3. L'INFORMATION SUR LES MARCHÉS

Dans le processus de concurrence, les phénomènes d'information ont beaucoup d'importance. D'ailleurs, les prix sont des vecteurs d'information, qui incitent les agents économiques à réagir en fonction des nouvelles informations transmises. Il est donc logique de retrouver les phénomènes d'information dans les politiques de concurrence : l'information que reçoivent les agents économiques doit être la plus exacte possible.

L'État peut-il avoir un rôle à jouer dans ces domaines ? Bien entendu, il s'agit d'abord d'éviter les informations artificiellement mensongères, par exemple la publicité mensongère, et il existe des lois dans ce domaine, sans parler de l'autorégulation faite par la profession elle-même (bureau de vérification de la publicité, par exemple).

Mais peut-on aller plus loin ? L'information fournie par les prix doit, elle aussi, être véridique. Cela signifie que tout faux prix, modifié par exemple par un contrôle des prix, ou par des subventions publiques, apporte une fausse information et entraîne de fausses décisions : la vérité de l'information implique des prix libres.

Ces prix doivent être connus, ainsi que les caractéristiques des produits : là encore, des législations ont été mises en œuvre. Mais il s'agit avant tout d'un problème de responsabilité des consommateurs : si ceux-ci exigent des informations, si, la qualité des produits prenant plus d'importance dans des sociétés où la production est très développée, le consommateur y attache un grand prix, les producteurs devront fournir ces informations, (par exemple l'affichage des prix ou des compositions des produits – si cette information importe aux yeux du consommateur, ou encore le prix exprimé en unité homogène – par exemple au kilo – pour faciliter les comparaisons), s'ils ne veulent pas voir les consommateurs se détourner d'eux.

Mais ce que l'on a souvent mal perçu, c'est que cette information est en général fournie par le producteur, y compris par la publicité. Or si le consommateur y attache un grand prix, s'il veut voir ces informations développées, ou confirmées (ou infirmées) par d'autres, il va se développer un marché de l'information. Là encore, ce n'est pas un problème d'obligation étatique, mais de demande et d'offre.

A partir du moment où les consommateurs veulent comparer, par exemple, des performances techniques de produits ou les prix, il se développe une offre de revues spécialisées qui donnent ces informations : si le consommateur n'est pas prêt à payer pour acquérir cette information, c'est qu'elle n'est pas très importante à ses yeux ; mais, s'il est prêt à le faire, le marché de l'information se développera.

Comme on l'a vu à propos de la nouvelle théorie du consommateur, il en va de même pour les associations de consommateurs : elles ne sont rien d'autre que des entreprises fournissant une information concurrente. C'est pour cela qu'elles doivent se développer librement (et non artificiellement par des subventions), c'est-à-dire uniquement si elles correspondent à une demande. Elles doivent elles aussi se trouver en situation de concurrence, car un monopole, a fortiori public, dans ce domaine, serait redoutable. La publicité comparative, elle aussi, peut être un élément de développement de l'information sur les produits.

Tout cela permet de souligner combien l'économie de marché est avant tout une économie d'information et ces informations sont fournies par le marché et par les prix, et non par des organismes publics.

Enfin, la concurrence nécessite une grande capacité d'adaptation des entreprises, une grande flexibilité, pour leur permettre de s'adapter aux évolutions du marché, pour innover en permanence : là encore, la mobilité des agents économiques, l'absence de rigidités artificielles (administratives notamment) sont des éléments essentiels du développement de marchés de concurrence.

Au total, la concurrence est moins affaire de « politique » que tout simplement de liberté du commerce et de l'industrie : « laissez faire et laissez passer » , au vrai sens originel de « laissez nous faire, librement » est la meilleure politique de concurrence.

Deuxième partie

MONNAIE[1] ET MACROÉCONOMIE

(institutions financières et État)

1. Dans les facultés de droit, la monnaie fait partie du cours de 1e année (Licence I), lorsqu'il n'y a pas d'enseignement d'économie en 2e année; au contraire, cet enseignement sur la monnaie est basculé en 2e année lorsque l'économie comprend 3, voire 4 semestres en même temps que la mondialisation. C'est le cas par exemple à l'université d'Aix-Marseille III où la monnaie est étudiée dans les cours d'économie de deuxième année, au sein de la faculté de droit. C'est également le cas en AES ou, a fortiori, en sciences économiques. Le cas de la macro-économie est plus diversement traité et la part de la macro consacrée à la politique économique, se trouve, suivant les cas, soit en 1e, soit en 2e année.

TITRE I

ANALYSE MONÉTAIRE

La monnaie est un phénomène complexe, difficile à définir, qui a, à la fois, une dimension nationale et internationale : elle est acceptée à l'intérieur d'un espace, en général politique, mais elle peut aussi servir ailleurs et, bien souvent, un étalon international (comme l'or) a pu servir de monnaie nationale, tandis que des monnaies nationales (comme le dollar) servent de liquidité internationale. Le découpage entre le système monétaire national et le système monétaire international est donc largement artificiel, mais il est indiscutablement pratique sur le plan pédagogique.

D'ailleurs les problèmes monétaires sont souvent de même nature dans les deux cas : la question des formes de la monnaie, de leur production (c'est-à-dire de l'offre de monnaie), de leur demande. La détermination de la « bonne » quantité de monnaie (qui détermine largement sa qualité) est fondamentale, et bien des systèmes monétaires, nationaux ou internationaux, hésitent entre trop de monnaie (et les risques de dérapage inflationnistes dus à la perte de confiance dans celle-ci) et trop peu de monnaie (et les risques de réduction artificielle de l'activité économique qui en résultent).

Pour respecter la présentation habituelle, nous verrons d'abord ce qui concerne la monnaie, au sens d'un système monétaire national (en l'occurrence le cas français et, au delà, européen), puis la monnaie dans le cadre du système monétaire international.

Chapitre I

LA MONNAIE

L'existence de la monnaie peut facilement se comprendre à partir des inconvénients de l'échange sans monnaie, c'est-à-dire du troc. Après tout, les échanges peuvent s'effectuer a priori sans problèmes sans l'utilisation de la monnaie : il suffit d'échanger directement un bien contre un autre bien. Mais les coûts engendrés par une telle situation de troc sont considérables.

En effet, il ne suffit pas de trouver un co-échangeur qui veuille nous vendre le bien que l'on désire acquérir ; il faut aussi qu'il souhaite recevoir en contrepartie le bien que nous fabriquons nous-mêmes : il faut donc que les besoins des co-échangeurs coïncident ; cela nécessite des recherches importantes ; on dira qu'il existe des coûts d'information élevés, pour trouver le partenaire désiré. Bien entendu, on peut échanger le bien que l'on fabrique contre un autre bien quelconque, puis ce dernier contre un autre et ainsi de suite, jusqu'à ce que l'on arrive à se procurer le bien finalement souhaité : ce sont alors les coûts de transaction qui seront très élevés.

D'autres inconvénients existent : les prix peuvent être établis par le troc (prix relatif d'un bien par rapport à un autre) ; mais il existera alors un nombre très élevé de prix, puisque les produits n'ont pas de prix absolus. Il y a alors autant de prix que d'échanges. L'échange doit être simultané dans le temps, et d'autres problèmes mineurs subsistent, comme le fait de pouvoir « rendre la monnaie » si les valeurs de deux biens ne coïncident pas exactement. L'épargne elle-même n'est guère possible surtout avec des produits périssables.

Tout ceci signifie que l'échange en l'absence de monnaie présente des coûts considérables, qui rendent celui-ci moins attractif. La fonction principale de la monnaie est alors de réduire ces divers coûts, en rendant les échanges plus faciles. En effet, la monnaie brise en deux l'acte d'échange. Il y a désormais un acte de vente, qui consiste à échanger un bien que l'on possède contre un équivalent général, qui est la monnaie; puis, à un autre moment, éventuellement dans un autre endroit, avec un autre partenaire, on pourra procéder à un acte d'achat, qui consiste à échanger la monnaie contre le bien recherché. Plus besoin de chercher un partenaire ayant les besoins inverses des nôtres, puisqu'il existe un équivalent général à tous les biens. Les coûts de transaction sont réduits d'autant. Les produits ont désormais un seul prix absolu, ce qui simplifie là encore les problèmes d'information.

La monnaie a, dans ces conditions, trois fonctions essentielles :

- c'est une unité de compte, c'est-à-dire un instrument de mesure qui permet d'établir des prix absolus pour chaque bien,
- c'est un instrument de paiement dans l'espace, qui permet d'acquérir un bien, ou d'éteindre une dette. La monnaie est alors de l'indéterminé, en ce sens qu'elle permet d'acheter n'importe quel bien (contrairement par exemple à un ticket de rationnement), à l'intérieur d'un espace plus ou moins étendu,
- c'est une réserve de valeur, qui permet cette fois de conserver une valeur dans le temps.

La monnaie remplit d'autant mieux ses trois fonctions que sa valeur est stable : l'inflation, qui entraîne une perte de pouvoir d'achat de l'unité monétaire, affaiblit la fonction de réserve de valeur de la monnaie, mais aussi rend moins efficace ses autres fonctions : que dire d'un instrument de mesure dont la dimension varie? L'information économique est alors brouillée par l'inflation, ce qui rend les calculs économiques moins efficaces.

Cette stabilité de la valeur de la monnaie, qui dépend largement de la confiance que l'on a en elle, dépend finalement de la quantité de monnaie en circulation : si la monnaie est créée de manière excessive, par rapport à sa demande, sa valeur risque d'être altérée; la stabilité de la monnaie implique donc une certaine rareté. Mais, en même temps, une rareté excessive, toujours par rapport à sa demande, peut se traduire par de moindres demandes de biens sur les marchés et par un ralentissement économique.

Le problème monétaire essentiel est donc de déterminer la bonne quantité de monnaie en circulation : ni trop, pour ne pas sombrer dans l'inflation, ni trop peu, pour ne pas artificiellement réduire l'activité.

L'une des fonctions essentielles de la monnaie est la liquidité, c'est-à-dire sa capacité à servir immédiatement, sans risques, de moyen de paiement; en ce sens, il existe divers degrés de liquidité, depuis la monnaie au sens le plus étroit, jusqu'à des actifs non liquides (comme une maison), en passant par des titres (sans parler du capital humain). La monnaie est alors définie comme l'actif le plus liquide, même s'il est possible d'en donner des définitions plus ou moins restrictives, suivant la conception étroite ou large que l'on a de la masse monétaire.

SECTION I. L'OFFRE ET LA DEMANDE DE MONNAIE

§ 1. L'OFFRE DE MONNAIE

L'offre de monnaie est la quantité de monnaie en circulation, telle qu'elle est créée par les banques centrales et les banques ordinaires.

Historiquement, cette monnaie a pu prendre les formes les plus diverses. N'importe quel bien peut servir de monnaie, du moment qu'il est accepté comme tel par la population. Mais rien n'implique que la monnaie – on le voit aujourd'hui – soit un bien réel. En toute hypothèse, toute monnaie est fiduciaire, en ce sens qu'elle repose nécessairement sur la confiance.

Parmi les formes matérielles de monnaie, la monnaie métallique a, historiquement, pris une place importante : les métaux précieux ont des qualités de divisibilité, d'inaltérabilité, qui en font une forme de monnaie présentant de nombreux avantages. Mais, par la suite, une dématérialisation progressive de la monnaie s'est opérée, avec le passage au billet, puis au simple jeu d'écriture, voire aux opérations électroniques.

A l'heure actuelle, on trouve en fait deux formes de monnaie, la monnaie banque centrale d'une part, la monnaie scripturale de l'autre ; le lien avec la monnaie métallique a été peu à peu rompu, et le système monétaire dans nos sociétés s'est organisé d'une part autour des banques centrales, ayant le monopole de l'émission de l'une des formes de monnaie, et d'autre part autour des banques ordinaires, qui créent de la monnaie scripturale.

Cette offre de monnaie en circulation, cette quantité de monnaie, constitue aujourd'hui ce que l'on appelle la masse monétaire.

Les définitions de celle-ci, adoptées en France par la Banque de France et le Conseil National du Crédit, puis au niveau européen, par la Banque centrale européenne, varient dans le temps, notamment en fonction des innovations monétaires. En outre, la définition de la masse monétaire peut être plus ou moins large.

En France, depuis le début de l'année 1991, il existait quatre définitions de la masse monétaire, de M1 à M4, en allant de la définition la plus étroite vers la définition la plus large, à peu près comparables aux définitions actuelles de la B.C.E.

M1 comprend les billets et monnaies divisionnaires, ainsi que les dépôts à vue. Les billets sont ceux de la Banque de France, depuis 2002 ceux de la B.C.E., et, pour être comptés dans la masse monétaire, ils doivent être détenus par des agents non financiers. Les monnaies divisionnaires ne sont pour leur part que des monnaies d'appoint, sous forme métallique pour des raisons pratiques; mais la différence fondamentale avec l'ancienne monnaie métallique, c'est que désormais la valeur faciale n'a rien à voir avec la valeur réelle de ces monnaies : elle repose donc, comme pour les autres formes de monnaie, sur la confiance. Ces monnaies divisionnaires sont créées par le Trésor public.

M1 comprend également les dépôts à vue détenus par les agents non financiers résidents. Il s'agit donc de la monnaie scripturale, sous forme de comptes, dans les banques ou les CCP essentiellement : ces comptes ne sont pas rémunérés et ils sont en général assortis d'un moyen de paiement : le chèque par exemple. Cette rémunération a été longtemps interdite en France, contrairement à d'autres pays, et, elle a théoriquement pour contrepartie la gratuité d'un certain nombre de services bancaires; ce point a évolué et l'autorisation de rémunérer les comptes à vue aura à terme pour contrepartie la facturation des services bancaires; mais la vérité des prix vaut mieux que la fausse gratuité.

M2 fournit une conception un peu plus large de la masse monétaire; elle comprend, outre M1, les placements à vue en francs, puis aujourd'hui en euros. Il s'agit essentiellement de comptes sur livrets qui, contrairement aux précédents, sont rémunérés depuis toujours mais restent très liquides : un simple retrait, ou encore un virement, permettent de les transformer en instrument de paiement. Ces comptes sont surtout les livrets soumis à l'impôt (comme les comptes sur livret dans les banques), les livrets A de caisse d'épargne, aujourd'hui disponibles dans toutes les banques depuis 2009, les livrets d'épargne populaire, les CODEVI (devenus livrets de développement durable), les comptes d'épargne logement, etc. Leur rémunération n'est pas libre, mais elle est, en général, fixée par les pouvoirs publics; cependant, même les prix administrés, ici aussi reculent peu à peu et pour le livret A par exemple une formule mathématique remplace l'arbitraire gouvernemental.

M3 pour sa part marque un nouvel élargissement de la notion de masse monétaire : outre M2, on y trouve aussi les dépôts en devises détenus par les agents non financiers résidents, les comptes à terme, les certificats de dépôts, (qui sont émis par des banques) détenus par les mêmes agents et surtout, depuis la reforme de 1991, les titres d'OPCVM (Organismes de placements communs en valeurs mobilières), à commencer par les Sicav (Sicav court terme ou monétaires).

C'est un élargissement important, qui pose d'ailleurs un problème car, pour figurer dans la masse monétaire, les actifs doivent être liquides et notamment ne pas offrir de risque en capital. Certes, les risques, notamment des Sicav à court terme, sont très limités, mais on peut tout de même s'interroger sur l'éventualité de risques dans certains cas. Toujours est-il que leur caractère très facilement négociable, leur sécurité importante et leur développement très rapide dans les portefeuilles des ménages (en raison de leur rendement élevé) en font désormais un élément important de la masse monétaire ainsi définie, même si la baisse récente des taux d'intérêt à court terme les rend moins attractifs. Il faut aussi noter que M3 est au cœur de la politique monétaire, puisque c'est l'agrégat que la Banque de France cherchait à maîtriser pour limiter l'inflation. La Banque centrale européenne, depuis la création de l'euro, a retenu également M3 comme l'agregat à surveiller dans la politique monétaire.

Enfin, la définition la plus large de la masse monétaire est M4. Elle comprend, outre M3, les billets de trésorerie (titres à court terme émis par les entreprises) et les bons du trésor (émis par le Trésor public), détenus par les seuls agents non financiers résidents.

Au-delà des aspects techniques, ces définitions successives montrent la difficulté qu'il y a à délimiter exactement les formes de monnaie. Il est clair que les instruments qui figurent dans les définitions les plus larges de la masse monétaire ne sont pas directement des instruments de paiement, mais ils sont liquides et peuvent rapidement et sans risques majeurs être transformés en instruments de paiement. Mais cela montre en même temps que la monnaie est un phénomène complexe et que l'offre de monnaie, la création de monnaie, étant donné la diversité des formes de monnaie, obéiront aussi à des règles complexes. Enfin, au-delà de M4, on quitte les agrégats monétaires pour entrer dans le monde des actifs financiers non monétaires.

§ 2. LA DEMANDE DE MONNAIE

La notion de demande de monnaie est sans doute moins évidente que celle d'offre : on comprend que la monnaie soit offerte, créée par les institutions monétaires. Mais fait-elle l'objet d'une demande et de la part de qui ?

Les économistes ont peu à peu pris conscience du fait que la monnaie entrait dans la logique générale des choix et qu'elle faisait donc l'objet d'une demande. La demande de monnaie signifie qu'on garde une fraction de son revenu sous forme d'encaisses, au lieu de le dépenser d'une manière ou d'une autre.

J. Keynes analyse le phénomène sous le nom de préférence pour la liquidité. Il y a selon lui trois motifs à la préférence pour la liquidité : le motif de transaction (qui tient au décalage entre le rythme des recettes et des dépenses) ; le motif de précaution (on garde une encaisse « en cas de... ») ; et le motif de spéculation, qui tient à un arbitrage entre la monnaie et les titres.

Plusieurs variables expliquent cette préférence pour la liquidité : le revenu (qui joue un rôle pour les motifs de transaction et de précaution) et le taux d'intérêt (qui explique l'arbitrage monnaie/titres). En effet, plus le taux d'intérêt est élevé, plus on est incité à acheter des titres; au contraire, si le taux d'intérêt est faible, le coût d'opportunité de la détention d'encaisses est moins important et on est incité à accroître sa demande de monnaie.

Par la suite, c'est M. Friedman qui fera progresser l'analyse de la demande de monnaie en élargissant la perspective keynésienne : l'arbitrage ne se fait plus entre monnaie et titres, mais entre tous les actifs (monnaie/titres/biens). En outre, il ne distingue pas entre les divers motifs, car il y a unité des encaisses et « un dollar rend une multitude de services », autrement dit il peut être détenu pour diverses raisons.

Les variables fondamentales sont alors les coûts d'opportunité de la monnaie par rapport aux titres (le taux d'intérêt) et par rapport aux biens (le taux d'inflation), ainsi que le revenu. Mais, pour

Friedman – comme dans la fonction de consommation – le revenu dont il s'agit (qui vise en fait à représenter la richesse) est le revenu permanent : il s'agit d'une estimation par les ménages du revenu moyen espéré, compte tenu des aléas de celui-ci.

Sur le plan empirique, deux éléments sont essentiels. D'une part, Friedman considère que le revenu permanent est la variable explicative la plus importante (beaucoup plus que le taux d'intérêt notamment). D'autre part, la fonction de demande de monnaie est stable, ce qui a des implications considérables pour la politique monétaire.

Cette stabilité signifie que les agents économiques réagissent de la même façon, à divers moments du temps, aux mêmes variations des grandeurs économiques. C'est ainsi par exemple qu'aux États-Unis lorsque le revenu augmente de 1 %, la demande de monnaie progresse de 1,8 %. Cet accroissement plus rapide fait dire à Friedman que la monnaie est un « bien de luxe ».

Par la suite, en dépit de périodes économiquement plus troublées, où la stabilité a paru moins assurée (en raison de profondes modifications de conjoncture, mais aussi des innovations monétaires), cette notion est restée dominante, ce qui fait que les déséquilibres monétaires trouvent avant tout leur source dans des modifications de l'offre de monnaie (puisque la demande est stable).

Il est donc essentiel de savoir comment s'organise cette offre de monnaie et en particulier si elle est exogène, c'est-à-dire si elle est fixée librement par les autorités monétaires, et non déterminée par les variables économiques. L'analyse de l'inflation et le rôle de la politique monétaire dans l'inflation découlent largement de ces questions.

SECTION II. LA CRÉATION DE MONNAIE

Il faut distinguer entre la création de monnaie de base, par la Banque Centrale, et la création de monnaie scripturale, par les banques ordinaires, avant d'examiner les instruments de la politique monétaire, qui permettent de contrôler l'ensemble de la création de monnaie.

§ 1. LA CRÉATION DE MONNAIE DE BASE

Dans nos systèmes monétaires actuels, la monnaie de base est la monnaie banque centrale (en particulier le billet), c'est-à-dire qu'elle est émise par la banque centrale dans chaque pays (chez nous par la Banque de France jusqu'au 31 décembre 2001 et par la Banque centrale européenne depuis 2002). Le problème est donc fondamentalement différent de la création d'autres formes historiques de monnaie de base (comme pouvait l'être l'or à certains moments de notre histoire) et il doit être rapproché de la création de billets telle qu'elle existait aux XVIIe et XVIIIe siècles.

En effet, à l'époque, la banque centrale n'existait pas et les billets étaient émis par des banques ordinaires. Celles-ci recevaient des dépôts en or de leurs clients et leur remettaient en contrepartie des billets : ces billets étaient donc créés à l'occasion de dépôts. Ces billets sont alors convertibles en or et couverts à 100 %.

Mais tous les clients ne viennent pas en même temps retirer l'or déposé : le banquier peut alors prêter une partie de cet or ou, mieux encore, créer plus de billets et prêter directement ceux-ci : il le fera alors à l'occasion de crédits accordés aux clients. En contrepartie, il recevra cette fois des créances, des effets, des « papiers » valant promesse de remboursement à l'échéance. Les billets ainsi émis restent convertibles en or, mais ils ne sont plus couverts à 100 %, puisqu'on a émis plus de billets qu'il n'y avait de réserve en or.

Ce système de création de billets par les banques ordinaires a été remplacé à partir du XIXe siècle par celui de la création de billets par les banques centrales, qui en ont eu peu à peu le monopole. Mais les principes en restent inchangés. En particulier, les billets étaient créés à l'occasion de dépôts en or ou de crédits : aujourd'hui encore, les billets de la banque centrale sont créés à l'occasion d'achats d'or (ou de devises) par celle-ci, ou à l'occasion de crédits (à l'État ou à l'économie).

Il existe donc aujourd'hui trois occasions de création de billets par la banque centrale : l'achat d'or et de devises, les crédits à l'État, les crédits à l'économie.

- *L'achat d'or et de devises* : lorsque les banques centrales intervenaient sur le marché de l'or (jusqu'en 1968 de manière systématique – voir chapitre suivant) elles étaient amenées à créer de la monnaie banque centrale en contrepartie, si elles achetaient de l'or (et à en détruire si elles en vendaient). De fait, ces achats et ventes ont pratiquement disparu aujourd'hui (mais les banques centrales conservent de l'or dans leur actif, or qui avait à l'époque donné lieu à création de monnaie de base).

L'achat de devises est lié au système de change : en changes fixes, les banques centrales interviennent sur le marché des changes pour empêcher la monnaie nationale de s'éloigner de la parité officielle : si le prix de l'euro par rapport aux devises étrangères monte et si nous étions en changes fixes, la Banque centrale européenne devrait acheter des devises (pour en faire monter le prix) et vendre de l'euro (pour en faire baisser le prix) : à cette occasion, elle créerait des euros. En sens inverse, si l'euro avait tendance à baisser, la Banque centrale européenne en rachèterait pour le faire remonter (et elle vendrait alors des devises) : elle détruirait alors de la monnaie.

Dans cette première hypothèse de création de monnaie, la création par la banque centrale dépend avant tout du système de changes : en changes flottants, elle n'a pas à intervenir ; en changes fixes, elle doit le faire de manière systématique, ce qui entraîne création ou destruction de monnaie de base, suivant les cas. L'euro étant une monnaie flottante, la B.C.E. n'intervient pas habituellement sur le marché des changes ou seulement de manière exceptionnelle. Dans ce cas, ce premier facteur de création de monnaie ne joue pratiquement plus.

- *Les crédits à l'État* : cette fois, la banque centrale crée de la monnaie de base à l'occasion de crédits et plus précisément de crédits au Trésor. Ce phénomène est essentiellement lié au déficit budgétaire : lorsque le budget de l'État est en déficit, parce que les recettes sont inférieures aux dépenses, il faut financer ce déficit.

On peut le faire par appel à l'épargne, en émettant des emprunts d'État. Mais on peut aussi faire directement appel à la banque centrale, qui va alors accorder des concours au Trésor public : cela entraîne une création équivalente de monnaie de base. Ces concours sont nécessairement limités, et la création de monnaie dépend alors du montant du déficit budgétaire et de son mode de financement. Depuis les nouvelles lois sur l'indépendance de la Banque de France, découlant de nos engagements européens, cette forme de création de monnaie de base n'existait plus : il n'était plus permis à la Banque Centrale de financer le déficit budgétaire par création monétaire directe. Avec le passage de la création de monnaie au niveau européen, ce facteur joue encore moins car la B.C.E. a interdiction de financer les déficits publics par création monétaire. Ce deuxième facteur de création de monnaie, à son tour, n'existe plus. Il a cependant été rétabli dans certains pays, comme les U.S.A, à l'occasion de la crise de 2009 : on parle alors de « monétisation de la dette publique » (La « FED » rachète des bons du trésor).

- *Les crédits à l'économie* : cette expression courante est en réalité impropre, car il s'agit en fait de crédits aux banques qui ont accordé elles-mêmes des prêts aux agents économiques. On parle alors d'opérations de refinancement. En effet, les banques qui ont accordé des crédits aux agents économiques peuvent à leur tour avoir besoin de liquidités. Elles peuvent s'en procurer normalement auprès d'autres établissements financiers, sur le marché monétaire, en échangeant des titres à court terme, des effets, contre des liquidités. Mais elles peuvent aussi s'adresser à la Banque Centrale, qui va alors créer de la monnaie à cette occasion.

Cela prend deux formes techniques différentes : le réescompte et l'open market.

Dans le réescompte, ce sont les banques qui prennent l'initiative et qui présentent à la Banque Centrale un effet, avant l'échéance. Celle-ci leur fournit en contrepartie de la monnaie de base qu'elle crée alors, et elle le fait moyennant une rémunération, le taux d'escompte de la Banque Centrale ou taux de réescompte. Ce taux est fixe et déterminé par la banque centrale. Ce système traditionnel a été peu à peu abandonné dans la plupart des cas, sauf pour certains crédits à taux privilégiés (aujourd'hui disparus), en raison de la rigidité du refinancement à taux fixe.

L'open market, dominant aujourd'hui, est un système beaucoup plus souple. Cette fois, c'est la banque centrale qui prend l'initiative : elle peut acheter – ou vendre – des effets (privés ou publics – ex : les bons du trésor) sur le marché monétaire. Si elle vend des effets, elle va alors retirer des liquidités du marché et donc détruire de la monnaie de base. Si elle achète des effets, elle va au contraire fournir aux banques, par le marché monétaire, des liquidités nouvelles et donc créer de la monnaie. Cette technique est pour les banques un mode de refinancement à taux variable, car le taux d'intérêt devient l'instrument essentiel et il varie en permanence, et, pour la banque centrale, c'est un moyen de modifier la quantité de monnaie de base en circulation et les liquidités des banques. Mais cette technique, plus souple, avait longtemps été quasiment impossible à appliquer en France en raison de l'étroitesse du marché monétaire ; les récentes réformes de celui-ci (à commencer par son élargissement) ont permis de recourir à cette technique, désormais pratiquée au niveau européen, où le marché monétaire est beaucoup plus large. En pratique, la BCE fixe en premier ses taux de base (Taux d'intérêt à destination des banques), ce qui influence directement la création de monnaie.

Au total, la banque centrale crée donc de la monnaie à trois occasions dont deux ont pratiquement disparues ou presque : achat d'or et de devises, crédits à l'État, opérations de refinancement des banques (crédits à l'économie) ; dans le premier cas, c'est le système de change qui entraîne ou non une création de monnaie ; dans le second, c'est l'existence d'un déficit budgétaire et son mode de financement ; mais, dans le troisième cas, c'est la banque centrale qui prend l'initiative et peut décider de créer plus ou moins de monnaie de base : elle va ainsi, par ce biais, avoir la maîtrise de la création de l'ensemble de la monnaie de base, qu'elle peut librement déterminer.

Il va de soi que ce contrôle de la création de monnaie de base est d'autant plus facile pour la banque centrale que l'on est en changes flottants, c'est-à-dire que les interventions sur les marchés des changes ne viennent pas perturber la création interne de monnaie.

Ces éléments se retrouvent dans le bilan des Banques centrales. A l'actif, celui-ci regroupe les occasions de création de monnaie de base, ses « contreparties » : on y trouve donc avant tout l'or et les disponibilités à vue à l'étranger (devises), les concours au Trésor public et les titres d'État et les effets privés escomptés, achetés ou « pris en pension » (c'est-à-dire pour une période provisoire). Au passif du bilan des Banques centrales, on trouve la monnaie de base, ou monnaie banque centrale, sous forme de billets de banque ou de dépôts (comptes courants, en particulier des établissements astreints à la constitution de réserves – les réserves obligatoires lorsqu'elles existent).

§ 2. LA CRÉATION DE MONNAIE SCRIPTURALE

Si aujourd'hui la monnaie de base (avant tout les billets) est créée par la banque centrale, l'essentiel de la masse monétaire, à savoir la monnaie scripturale, est créée par les banques ordinaires.

Sur le plan des principes, cette création est comparable à celle des billets par les banques privées aux XVIIe et XVIIIe siècles. En effet, hier comme aujourd'hui, la monnaie est essentiellement créée par les banques (hier les billets, aujourd'hui la monnaie scripturale).

Cette création a lieu à l'occasion de dépôts (hier de dépôts en or, aujourd'hui de dépôts en billets) ou de crédits aux agents économiques. Cette création est limitée d'abord par le comportement du public, en matière de transformation d'une forme de monnaie dans une autre (hier de billets en or, aujourd'hui de monnaie scripturale en billets) : plus cette transformation est faible, plus les banques peuvent créer de monnaie. Elle est aussi limitée par le comportement des banques elles-mêmes, qui veulent ou doivent conserver des liquidités en réserve (hier en or, aujourd'hui en monnaie banque centrale).

Enfin, l'ensemble du mécanisme comporte un risque, en particulier si les clients veulent retirer leur argent en monnaie de base, et les banques doivent en tenir compte dans la structure de leur actif, plus ou moins facilement transformable en monnaie de base (par exemple par vente d'effets sur le marché monétaire).

Aujourd'hui, c'est avant tout à l'occasion de crédits que les banques créent de la monnaie scripturale; mais ces crédits sont possibles si les banques ont pu ou peuvent se procurer des billets (monnaie de base) pour faire face aux retraits de leurs clients. Il y a donc un lien étroit entre la quantité de monnaie de base qui existe dans une économie (et qui a été créée par la banque centrale) et la quantité de monnaie scripturale que les banques peuvent envisager de créer.

Cette création obéit alors à un véritable processus multiplicateur : ce sont les dépôts dans les banques (en monnaie de base) (ou la monnaie de base qu'elles peuvent se procurer auprès de la Banque centrale européenne) qui déterminent les possibilités de prêts (les dépôts font les prêts) ; mais ce sont les prêts qui, à leur tour, peuvent engendrer de nouveaux dépôts (les prêts font les dépôts), et ceux-ci permettront de nouveaux prêts, selon un processus qui se poursuit à l'infini : il s'agit du multiplicateur de monnaie de base (ou multiplicateur du crédit).

A l'issue de ce processus, la quantité totale de monnaie que les banques peuvent créer, à l'occasion de crédits, est donc un multiple de la quantité de monnaie de base qui existe dans cette économie. On dira : M = m.B. Dans cette formule, M représente la masse monétaire créée par les banques à l'occasion de prêts successifs. B est la quantité de monnaie de base (ou monnaie banque centrale) de cette économie, créée par la banque centrale (notamment sous forme de billets).

Enfin, m est le multiplicateur du crédit ou de base monétaire, qui exprime le lien entre ces deux grandeurs : la quantité de monnaie créée par les banques est un multiple de celle de la monnaie de base, car celle-ci constitue la forme ultime de monnaie, que les banques n'ont pas le pouvoir de créer et dans laquelle les clients peuvent exiger la transformation de leurs autres formes monétaires.

Ce multiplicateur m dépend seulement des deux « fuites » dans le circuit qui empêchent les banques de créer une quantité infinie de monnaie : d'une part la part de monnaie que le public utilise en billets (a), d'autre part les réserves des banques en monnaie de base (essentiellement les réserves obligatoires lorsqu'elles existent) (b). La formule précise du multiplicateur est alors :

$$\frac{1}{1 - (1\text{-}a)\ (1\text{-}b)}$$

Cette formule montre que plus les réserves obligatoires sont élevées, plus le pouvoir de création de monnaie des banques est réduit (à la limite, avec des réserves de 100 %, leur pouvoir deviendrait nul) ; de la même façon, plus le public utilise proportionnellement de billets (a élevé) moins les banques peuvent créer de monnaie (puisque elles doivent faire face à plus de retraits).

En sens inverse, si les fuites étaient nulles (ni réserves des banques, ni utilisation de billets par le public, soit a = b = 0), les banques pourraient théoriquement créer une quantité infinie de monnaie. (En réalité, elles ne le feraient pas, car leur monnaie ne serait acceptée et n'aurait de valeur que si elle inspirait confiance, c'est-à-dire si elle était créée en quantité limitée et non infinie : c'est le problème de la concurrence monétaire en l'absence de banque centrale, examiné en particulier par F. Hayek et, en France, par J.-P. Centi et P. Salin).[1]

Ce point est essentiel, car on voit que si la banque centrale n'a le monopole que de la création de l'une des formes de monnaie, elle peut, par le biais de cette monnaie de base indispensable, avoir une influence sur toute la masse monétaire et contrôler ainsi toute la création de monnaie. C'est le problème essentiel des instruments de la politique monétaire qui est ainsi posé par cette formule : M = m.B.

§ 3. LES INSTRUMENTS DE LA POLITIQUE MONÉTAIRE

Dans la politique monétaire, il faut bien distinguer les objectifs et les instruments.

Les objectifs ultimes sont les variables économiques que la politique monétaire cherche à modifier : c'est par exemple le cas du taux d'inflation (voir titre II de cette partie). Pour cela, elle utilise des objectifs intermédiaires, qu'elle peut atteindre de manière plus immédiate : le principal est la masse monétaire.

Mais il est évident que la banque centrale ne peut directement et immédiatement modifier la quantité de monnaie en circulation (ou masse monétaire) : on a vu qu'elle n'en créait qu'une fraction (la monnaie de base) et que l'essentiel (la monnaie scripturale) était créée par les banques ordinaires. Il faut donc que la banque centrale utilise des instruments qui lui permettent de modifier indirectement l'ensemble de la masse monétaire.

Ces instruments techniques peuvent être précisés à partir de la formule du multiplicateur de base monétaire : M = m. B. En effet, ce que l'on cherche à modifier, c'est M (l'ensemble de la masse monétaire, c'est-à-dire l'objectif intermédiaire). Les instruments porteront donc sur l'une ou l'autre des deux variables de la formule : modifier B, ou modifier m ; on peut aussi chercher à empêcher le multiplicateur de fonctionner et d'aller au bout de sa course.

---

1. Sur toutes ces questions monétaires, qui ont une dimension technique importante, on pourra utilement se reporter au manuel particulièrement clair et complet de G. BRAMOULLE et D. AUGEY , Économie monétaire, Dalloz, coll.précis,1998.

1 – Agir sur B : il s'agit de modifier la quantité de monnaie de base. Pour que cela agisse sur la masse monétaire, il faut que la valeur du multiplicateur soit stable ou qu'elle évolue d'une manière prévisible et lente (par exemple en fonction de l'évolution des comportements du public), ce qui est le cas en pratique, s'il n'y a pas d'éléments perturbateurs artificiels.

Lorsque m. est ainsi supposé stable, on voit que tout accroissement de la quantité de monnaie de base, qui permet au processus de multiplication du crédit d'avoir lieu, entraîne un accroissement proportionnel de masse monétaire. En contrôlant la monnaie de base, la banque centrale peut ainsi contrôler indirectement l'évolution de toute la masse monétaire.

Comment peut-elle contrôler l'évolution de la base monétaire ? Il suffit de se reporter aux occasions de création de celle-ci. L'achat d'or et de devises ne doit pas jouer de rôle trop perturbateur (ce qui explique que la plupart des pays aient préféré passer aux changes flottants pour éviter de sacrifier leur équilibre interne à un illusoire équilibre externe, celui de leur taux de change. C'est le cas en particulier pour la zone euro). Le déficit budgétaire ne doit pas non plus aller en sens inverse de ce que l'on attend de la politique monétaire : une création de monnaie élevée pour financer un déficit budgétaire serait contradictoire avec un désir de mener une politique monétaire stricte : c'est donc un problème de coordination entre la politique monétaire et la politique budgétaire. De toutes façons, désormais cette deuxième occasion de créer de la monnaie de base n'existe plus, au moins pour la Banque centrale européenne.

Mais, en toute hypothèse, si la banque centrale le désire et veut s'en donner les moyens, elle peut contrôler la création de monnaie de base en jouant sur le troisième élément, c'est-à-dire sur les opérations de refinancement. C'est aujourd'hui l'open market, qui permet à la banque centrale d'intervenir sur le marché monétaire et de jouer aussi sur les taux d'intérêt, qui constitue l'élément central de cette politique.

Cette intervention de la banque centrale sur le marché monétaire ne doit pas être trop perturbatrice, c'est-à-dire qu'elle ne doit pas se situer sur un marché trop étroit. En France, pendant des années, ce marché a été très étroit, beaucoup de liquidités passant par des circuits de financement privilégiés.

Depuis quelques années, de profondes réformes ont visé à décloisonner le marché monétaire, à introduire de nouveaux titres, comme les certificats de dépôts et les billets de trésorerie. Depuis, la Banque de France, puis la B.C.E. ont les moyens techniques d'intervenir sur un marché devenu beaucoup plus large et donc moins facilement déstabilisé par ces interventions. Sur ce point, la France avait peu à peu rejoint les pratiques de ses principaux partenaires économiques, passant de politiques de rationnement (comme l'encadrement du crédit) vers des politiques de régulation par le marché et l'Union européenne a poursuivi sur la même voie, s'appuyant sur le modèle allemand.

2 – Agir sur m : la valeur du multiplicateur influence évidemment la création monétaire. Plus celui-ci est élevé, plus les banques peuvent créer de monnaie. Or ce multiplicateur ne dépend que des deux variables a et b. La première retrace le comportement du public en matière de transformation de la monnaie scripturale en billets : pour l'essentiel, elle échappe à l'action des autorités monétaires. La seconde (b) concerne les réserves des banques. Pour l'essentiel, il s'agit des réserves obligatoires.

Celles-ci sont déterminées par la Banque Centrale. Par ce biais, les autorités monétaires peuvent donc agir sur la création monétaire. En particulier, une hausse des réserves obligatoires diminue la valeur du multiplicateur et réduit donc les possibilités de création monétaire. C'est donc un signe de politique monétaire restrictive.

Ces réserves obligatoires, dont la définition peut varier dans le temps, portent en général sur les dépôts à vue, les comptes sur livret et les dépôts à terme. Les établissements de crédit assujettis à ces prélèvements doivent déposer ainsi un certain pourcentage de leurs exigibilités sous forme de dépôts non rémunérés à la Banque Centrale, ce qui réduit d'autant leurs possibilités de création de monnaie. Mais un tel instrument, qui indique le sens de la politique monétaire, peut poser des problèmes et notamment faire varier la valeur du multiplicateur, compliquant ainsi une politique d'action sur la base monétaire. A l'heure actuelle, ces réserves obligatoires sont au plus bas, quasi-inexistantes, et cet instrument est donc, pour l'instant, largement laissé de côté, surtout pour ce qui est de la Banque centrale européenne.

3 – Empêcher le multiplicateur d'aller au bout de sa *course :* tout ce processus de création de monnaie repose sur une cascade de crédits, puisque c'est à l'occasion de crédits que la monnaie scriptu-

rale est essentiellement créée. Lorsque les autorités monétaires ont eu du mal à utiliser des instruments tels que l'open market (en raison de l'étroitesse du marché monétaire), elles ont cherché une autre technique, qui consiste à limiter la création monétaire dans sa source, c'est-à-dire dans le crédit.

On a alors utilisé en France, pendant des années, la technique de l'encadrement du crédit : chaque banque se voyait indiquer une limitation de la quantité de crédit qu'elle pouvait accorder, et tout dépassement entraînait de fortes pénalisations, sous forme de réserves supplémentaires. Les banques étaient ainsi incitées à respecter cet encadrement, ce qui limitait à la source la création monétaire.

Le système était indiscutablement efficace, mais il produisait de nombreux effet pervers, limitant la concurrence entre banques et surtout introduisant un rationnement quantitatif, avec toutes les difficultés de ce type de système. En élargissant peu à peu le marché monétaire, les autorités monétaires ont rendu inutile l'encadrement du crédit, permettant de passer du rationnement quantitatif à des politiques de marché. C'était une transformation majeure du système monétaire français, qui avait aligné sur ce point la France sur ses principaux partenaires. Depuis que la création de monnaie de base (euros) a été transferée au niveau européen, la question ne se pose plus et l'encadrement du crédit, qui était une spécificité française, n'existe plus du tout.

Deux questions importantes se posent alors à propos de la politique monétaire et de l'utilisation de ces instruments : quelle banque centrale, pour mener quelle politique ?

La question de la banque centrale est essentiellement institutionnelle. En France, la Banque de France a été longtemps largement dépendante du gouvernement, comme Napoléon l'avait souhaité dès sa création. Elle ne menait donc pas une politique indépendante et de fait c'était le ministère de l'Économie qui décidait de l'orientation de la politique monétaire. Cela présentait de nombreux risques, notamment celui de mener une politique monétaire variable suivant les échéances électorales.

Dans d'autres cas, comme en Allemagne, la banque centrale était indépendante du gouvernement et elle avait des objectifs précis, à commencer par la stabilité de la monnaie et la lutte contre l'inflation, quelles que soient les pressions ou les incitations des gouvernements. L'évolution, en France comme ailleurs, sous l'influence européenne, est allée depuis les réformes menées dans ce domaine par le gouvernement Balladur, dans le sens d'une indépendance accrue des banques centrales, ce qui constitue un indiscutable facteur de confiance dans la monnaie. Désormais, c'est au niveau européen, et non plus national, que la question se pose et la Banque centrale européenne a été créée sur le modèle allemand : elle est totalement indépendante de tout pouvoir politique national ou européen. C'est donc la B.C.E. qui fixe librement sa politique, sans interférence gouvernementale. C'est un progrès indéniable dans la gestion de la monnaie. C'est un point que bien des gouvernements, en particulier en France, ont du mal à admettre. Ils voudraient pouvoir infléchir la politique monétaire à leur guise. Mais, par le passé, les manipulations politiques de la monnaie ont toujours conduit à des catastrophes. Rendre la banque centrale indépendante, c'est échapper aux contingences politiques à court terme.

L'autre question est de savoir pourquoi ces instruments sont utilisés, c'est-à-dire pour mener quelle politique. Pendant longtemps, surtout lorsque la banque centrale dépendait des gouvernements, la politique monétaire n'était qu'un élément de la politique conjoncturelle. La politique était alors restrictive en période d'inflation, expansionniste en période de récession, contribuant ainsi aux fameuses politiques de stop and go.

Mais, depuis des années, on connaît les méfaits de ces politiques conjoncturelles et l'on a cherché à inscrire la politique économique, et d'abord la politique monétaire, dans la durée : il s'agit de mener une politique stable dans le temps, en jouant aussi sur les effets d'annonce stabilisants : chaque année, les pouvoirs publics annoncent un objectif (ou une fourchette) de croissance de la masse monétaire pour l'ensemble de l'année : ni trop peu, pour ne pas provoquer de ralentissement économique artificiel, ni trop, pour ne pas entraîner d'inflation : il s'agit d'aligner le plus possible l'offre de monnaie sur la demande qui, elle, est stable. C'est la règle dite du« K » %, préconisée par M. Friedman.

C'est ainsi qu'en France, c'était la masse monétaire M3 qui servait d'objectif intermédiaire et l'objectif de croissance de cette masse monétaire fixée par le conseil politique monétaire se situait en moyenne à 5 %. Ce chiffre, qui peut paraître élevé, compte tenu de la faible croissance économique, doit tenir compte de l'expansion rapide des nouvelles formes monétaires (comme les Sicav), qui rendent plus floues les limites entre ce qui est monnaie et ce qui ne l'est pas. Mais l'important est avant tout que la masse monétaire progresse de manière stable, pour ne pas créer d'inflation ni de perturbations artificielles de l'économie, et pour modifier ainsi les comportements. Cette stabilisation des politiques de stabilisation, et en particulier des politiques monétaires, a permis peu à peu de réduire les tensions inflationnistes et de limiter l'inflation.

Désormais, la questions se pose au niveau européen. De par ces statuts la B.C.E. a pour mission prioritaire de lutter contre l'inflation. Elle se fixe donc un objectif (par exemple en actuellement une inflation qui ne dépasse pas 2 % par an). Mais, si elle maîtrise la création de monnaie en contrôlant M3, sa politique passe avant tout par la fixation des taux d'intérêt, ce qui est très discutable et relève plus de la politique Keynésienne. La Banque Centrale doit se concentrer sur la lutte contre l'inflation et pour cela elle doit maîtriser l'évolution des agrégats monétaire. Si la B.C.E. s'éloignait de cette politique, c'est tout le dispositif de lutte contre l'inflation qui serait menacé. Il est en tous cas essentiel que la B.C.E. respecte ses statuts et lutte contre l'inflation par une politique monétaire stricte et surtout qu'elle ne renoue pas avec des politiques conjoncturelles. Malheureusement, si elle a tenu bon jusqu'à l'automne 2008 en pratiquant des taux d'intérêt élevés pour réduire la croissance monétaire et contenir l'inflation, elle s'est depuis alignée sur la politique américaine de la FED et n'a cessé de réduire ses taux d'intérêt fin 2008 et en 2009, de peur que la crise de confiance ne réduise le crédit et dans l'espoir d'une relance. Cette politique laxiste présente des risques et, si la création monétaire dérape, on pourrait craindre un retour de l'inflation.

SECTION III. L'ÉPARGNE

L'épargne est un phénomène économique important, notamment en raison des utilisations que l'on peut en faire : elle servira en particulier à financer les investissements. Deux questions essentielles se posent à propos de l'épargne : qu'est-ce qui détermine son volume, d'une part, de l'autre quelle est sa structure, c'est-à-dire comment se répartit-elle entre les diverses formes possibles ?

§ 1. LE VOLUME DE L'ÉPARGNE

Pour les néoclassiques, l'épargne est avant tout un sacrifice de consommation, lié au taux d'intérêt. En effet, les agents économiques ont une préférence pour le temps, c'est-à-dire qu'ils préfèrent consommer quelque chose tout de suite plutôt que de consommer plus tard la même chose. Or l'épargne entraîne une renonciation à une consommation immédiate, qui est ainsi différée dans le temps.

L'épargne est alors envisagée comme un sacrifice, qui n'aura lieu que s'il y a une contre partie à cette renonciation provisoire. Cette contre partie, c'est le taux d'intérêt, qui permet d'arbitrer entre consommation immédiate et consommation future. Plus le taux d'intérêt est élevé, plus les agents économiques ont avantage à épargner : l'épargne est alors une fonction croissante du taux d'intérêt.

Les keynésiens ont une approche différente et, pour eux, l'épargne est avant tout un résidu, lié au revenu. En effet, l'acte économique premier est alors la consommation. L'épargne n'est qu'un solde : c'est ce qui reste du revenu, une fois que les ménages ont consommé. Elle ne fait donc pas l'objet d'un véritable choix, d'un arbitrage effectif.

Comme la consommation dépend pour Keynes du revenu, l'épargne, qui est le revenu moins la consommation, est à son tour une fonction du revenu. Or la consommation, pour Keynes, progresse moins vite que le revenu. L'épargne va donc pour sa part progresser plus vite que le revenu.

En réalité, on a tendance aujourd'hui de plus en plus à examiner l'épargne dans une perspective patrimoniale, c'est-à-dire en songeant à l'ensemble des actifs. Les ménages gèrent l'ensemble de leurs actifs patrimoniaux (de la monnaie jusqu'aux actifs mobiliers ou immobiliers) en fonction d'un certain nombre de variables économiques.

Parmi ces variables qui vont influencer l'épargne, on trouvera donc le revenu, le taux d'intérêt, mais aussi le taux d'inflation, l'ensemble du patrimoine, la fiscalité, etc. Le point essentiel, c'est que l'épargne obéit à un calcul conscient de la part de l'épargnant : son volume n'est pas un simple résidu, mais obéit à un calcul économique.

En France, le taux d'épargne des ménages (qui est calculé en pourcentage de leurs revenus) était élevé dans les années 70 : il était en moyenne de l'ordre de 18 %. Tout au long des années 80, on observe au contraire un recul du taux d'épargne des ménages, qui a fini par se stabiliser aux environs des 12 %, avant de remonter dans la deuxième moitié des années 90. Ce taux a progressé au début des années 2000 et il est maintenant stable autour de 14 ou 15 %. Cette tendance à la chute en longue période, en dépit du redressement récent, s'explique en partie par l'importance de la fiscalité, qui réduit à la fois le revenu disponible et les rendements de l'épargne, donc l'incitation à épargner, et par la moindre hausse du revenu réel.

Les conséquences de cette faiblesse de l'épargne sont importantes, car ce recul s'est produit au moment où les pouvoirs publics ont ponctionné une part croissante de l'épargne pour financer les déficits publics, à commencer par celui du budget. Or ces déficits existent sans interruption depuis 1974 et ils ont encore été aggravés en 2008-2009 par la politique de relance. Ces déficits budgétaires énormes (5 à 6 % du PIB en 2009) ont abouti à une dette publique considérable (plus de 80 % du PIB), qui dépasse largement les 1300 milliards d'euros soit environ 20 000 euros par Français, 80 000 euros pour une famille de deux enfants : c'est la génération suivante qui devra rembourser ces dettes colossales. Cela risque de pénaliser durablement l'économie française. Il n'est pas normal, ni sain, de financer des dépenses de fonctionnement ou des dépenses sociales par l'emprunt et en reporter la charge sur la génération suivante est immoral. Même pour un État, il n'est pas sain de vivre pendant plus de 35 ans à crédit. Il faudra bien rembourser un jour; en attendant, la seule charge des intérêts grève le budget de l'État.

Dans ces conditions, la part de l'épargne disponible pour financer les investissements a été de plus en plus réduite, et cela au moment où l'autofinancement était également insuffisant (faibles profits à cause du contrôle des prix). Cela explique aussi que les taux d'intérêt français aient été longtemps si élevés (ils sont aujourd'hui déterminés au niveau européen).

Tout cela contribue à expliquer la faiblesse des investissements, notamment dans la première moitié des années 80. Depuis, le redressement des marges des entreprises a permis, en partie, une reprise des investissements, mais l'épargne disponible reste globalement plus faible que dans la décennie précédente. Le dérapage des déficits publics ces dernières années a à nouveau posé le problème de l'insuffisance quantitative de l'épargne, rendant le financement des investissements privés plus coûteux et plus difficiles. Tout le terrain occupé par le secteur public (et ses déficits) n'est plus disponible pour le secteur privé (et ses investissements productifs). Cela provoque un véritable « effet d'éviction ». Certes, les financements par les capitaux étrangers peuvent prendre le relais à condition que l'on ait confiance dans la signature de la France pour financer les déficits publics ou les besoins de financements privés, mais cela peut poser d'autres problèmes, comme on l'a vu avec les effets de contagion dans la crise financière de 2008-2009.

§ 2. LA STRUCTURE DE L'ÉPARGNE

L'épargnant a le choix entre diverses formes d'épargne. Plusieurs éléments vont influencer ce choix et expliquer la structure de l'épargne.

- *La liquidité* : c'est la possibilité de transformer rapidement et sans risques un actif en moyen de paiement. La monnaie est évidemment l'actif le plus liquide ; un titre comme une action peut être rapidement vendu, mais comporte un risque : sa liquidité est donc plus faible. C'est encore plus vrai, a fortiori, pour un actif immobilier, plus difficile à négocier.

- *Le rendement* : il s'agit du revenu annuel rapporté par un actif : c'est souvent le taux d'intérêt (comptes rémunérés, obligations), mais ce peut être aussi le dividende pour les actions, le loyer pour un logement, etc. Ce rendement est évidemment influencé, de manière importante, par la fiscalité qui pèse sur l'épargne ; c'est ainsi qu'un compte quelconque dans une banque est soumis à l'impôt, ce qui n'est pas le cas des livrets A désormais distribués partout, qui rapportent en apparence le même intérêt, mais dont le rendement réel (après impôts) est plus élevé.

- *Le risque* : c'est la possibilité de variation de la valeur en capital d'un actif. Certains placements ont un risque très faible (par exemple un compte dans un établissement financier supporte seulement le risque d'inflation), alors que d'autres (comme certains titres boursiers) ont un risque élevé, comme on l'a vu avec la chute de la bourse en 2008.

L'épargnant peut être sensible à l'un ou l'autre de ces éléments ; il choisira alors, suivant les cas, de privilégier tel ou tel type de placement. Mais, en général, il cherche surtout à diversifier son patrimoine : il faut des éléments liquides, en cas de nécessité ou pour saisir des opportunités nouvelles ; des éléments rapportant un rendement régulier, pour fournir un revenu, et enfin des éléments risqués, qui permettent des gains plus importants.

L'épargne des ménages se répartit globalement en deux grandes catégories : l'épargne investie et l'épargne financière. La première est directement investie par les ménages et elle ne peut donc servir à d'autres agents économiques : c'est surtout le cas de l'achat de logements, qui constitue la principale utilisation de l'épargne en France (plus de la moitié des ménages sont propriétaires de leur logement ou accédants à la propriété). Mais l'épargne investie peut aussi concerner les entrepreneurs individuels, qui investissent directement dans leur propre entreprise (financement de la formation de capital par les entrepreneurs individuels).

Le reste de l'épargne est constitué par l'épargne financière : celle-ci a la particularité de ne pas être utilisée par l'agent qui épargne lui-même, mais par un autre agent : il peut s'agir d'une épargne déposée auprès d'un établissement financier (et le financement est alors indirect, puisqu'il y a un intermédiaire financier entre l'épargnant et l'emprunteur) ou au contraire d'une épargne directement prêtée à un autre agent économique (par exemple en achetant des titres nouvellement émis en bourse).

Dans ce dernier cas, les caractéristiques de l'épargne et du prêt sont les mêmes (puisqu'il n'y a pas d'intermédiaire), quant à la durée ou à la rémunération. Au contraire, avec les intermédiaires financiers, la durée de l'épargne et celle des crédits peuvent être différents et souvent une succession d'épargnes à court terme permet de financer des crédits à plus long terme : les intermédiaires financiers procèdent à ce que l'on appelle une opération de transformation, ce qui peut comporter certains risques.

Ces dernières années, la qualité de l'épargne a eu tendance à s'améliorer, en ce sens que les ménages ont épargné à plus long terme (ce qui correspondait mieux aux besoins des entreprises) et on a assisté à une certaine désintermédiation, les financements devenant plus directs et mieux adaptés. D'un certain point de vue, on peut dire qu'au moment où la quantité d'épargne se réduisait, la qualité de celle-ci s'améliorait. La France est ainsi passée peu à peu d'une économie d'endettement (au sens de Hicks) (c'est-à-dire dominée par les financements indirects et l'intermédiation) à une économie de marchés financiers (où les entreprises trouvent à se financer directement, sans intermédiaires, sur les marchés).

Dans l'épargne financière, on trouve notamment tous les placements monétaires ou quasi-monétaires (déjà étudiés à propos de la masse monétaire) : placements à vue, à terme, Sicav, etc. Au-delà, des formes non monétaires d'épargne existent : épargne contractuelle (plan d'épargne logement),et, surtout, titres échangés sur le marché financier.

Le marché financier, ou bourse des valeurs, est un marché des capitaux à moyen et long terme, qui joue à la fois un rôle de marché du neuf et de marché de l'occasion. En effet, on y trouve des titres nouvellement émis par les entreprises (actions, obligations) qui leur permettent de trouver des capitaux pour financer leurs activités et notamment leurs investissements. La bourse joue alors un rôle essentiel dans le financement des entreprises en assurant un financement bien adapté, de manière directe, aux besoins de celles-ci.

Mais la bourse est aussi un marché de l'occasion, en ce sens qu'on peut y revendre, avant l'échéance, des titres antérieurement émis. Cela donne une certaine liquidité aux titres possédés par les agents économiques, en permettant une négociation facile et représentative puisque tous les ordres d'achat et de vente affluent en bourse et que l'information (notamment le cours des titres) circule très rapidement.

Deux titres importants sont échangés en bourse : les obligations et les actions.

- L'obligataire est un simple créancier : il a prêté de l'argent à une entreprise, pour une durée déterminée (ou à l'État dans le cas d'un emprunt d'État). En contre partie, il a droit à une rémunération fixe (l'intérêt) et au remboursement des créances à l'échéance. En attendant celle-ci, si l'épargnant a besoin de liquidités ou s'il souhaite changer de placement, il peut négocier cette obligation sur le marché financier; il la revendra à un autre épargnant, au cours du jour. Celui-ci est déterminé par la confrontation des offres et des demandes.

Il est donc normal que ce cours varie (en particulier lorsque le taux d'intérêt varie, puisque certains titres rapportent alors plus que d'autres), mais dans des proportions limitées (le risque est assez faible), puisqu'en toute hypothèse le dernier possesseur du titre sera remboursé à l'échéance, par l'emprunteur, du montant prévu dans le contrat à l'origine.

Certaines obligations comportent d'autres avantages pour attirer l'épargnant : les obligations peuvent être participantes (donnant droit, outre l'intérêt, à une part des bénéfices), convertibles en actions, ou encore indexées (c'est-à-dire variant avec un indice de référence : par exemple l'emprunt Pinay, emprunt d'État, était indexé sur l'or).

- L'action, au contraire, est une part du capital de l'entreprise. L'actionnaire est donc en quelque sorte le copropriétaire de celle-ci. Il a alors trois droits importants : un droit à la gestion (ce qui lui permet d'être informé de la vie de l'entreprise, de participer aux assemblées générales et d'y voter, etc., droit que les actionnaires veulent exercer de plus en plus : rendement de l'entreprise, désignation des dirigeants,...) ; un droit à une part du bénéfice (le dividende) qui est donc un revenu variable suivant les résultats de l'entreprise et la part que les actionnaires décident de distribuer ou au contraire de laisser en autofinancement; enfin, un droit sur l'entreprise elle-même, sur son actif net, ce qui se concrétise essentiellement par la possibilité de vendre ce titre en bourse.

Dans ces conditions, il est normal, et nécessaire, que le prix des actions varie sur le marché financier : il dépend de l'offre et de la demande du titre : comme sur n'importe quel marché, lorsque l'offre est supérieure à la demande, le prix de l'action diminue et il monte au contraire si la demande est supérieure à l'offre.

Offre et demande dépendent essentiellement de l'opinion des opérateurs, des épargnants, sur l'évolution future de l'entreprise : on achète avant tout les titres que l'on espère voir monter, parce que l'entreprise se développe bien, fait des profits, intervient sur de nouveaux marchés, se montre concurrentielle, etc. Bien entendu, les informations générales (politiques, économiques) peuvent aussi influencer les décisions des opérateurs. Cela signifie que l'information joue sur ce marché un rôle encore plus important que sur les autres marchés et la bourse permet d'intégrer toute l'information disponible à un moment donné, ce qui provoque l'évolution du cours des actions.

C'est un point essentiel, qui est souvent oublié en bourse dans les périodes où l'ensemble des cours semble évoluer favorablement. Les petits épargnants, en particulier, oublient parfois que les placements en actions sont risqués et c'est justement ce risque qui justifie la rémunération éventuelle (mais aussi la perte dans le cas où l'on a mal évalué l'évolution du marché) : la bourse n'est pas un lieu où l'on gagne à tous les coups, mais où des opérateurs cherchent à placer des capitaux en sélectionnant les entreprises plus dynamiques ou plus productives. Ceci étant, même s'il y a de fortes fluctuations, des périodes de baisses importantes (comme en 2008), à très long terme, la tendance de la bourse est à la hausse. Il faut savoir être patient, ne pas vendre en pleine crise, car « tant qu'on n'a pas vendu, on n'a pas perdu »

Les OPA (offres publiques d'achat) sont également souvent mal comprises en bourse. Elles permettent à une entreprise d'acheter, de manière publique, à un prix fixé à l'avance, un certain pourcentage des actions d'une entreprise, afin d'en acquérir le contrôle. C'est un mode d'intervention très sain, contrairement à ce que l'on explique souvent, car l'OPA est publique, comme son nom l'indique, et elle permet à la direction d'une entreprise d'être contestée et à l'entreprise de changer de main : si une équipe gère mal une entreprise et que le cours en bourse est faible, traduisant cette mauvaise gestion, une OPA est alors possible de la part d'investisseurs qui estiment pouvoir mieux gérer l'entreprise et qui peuvent donc offrir un prix plus élevé des titres.

L'OPA permet de réveiller la bourse, de stimuler les équipes dirigeantes des entreprises et de contester les pouvoirs en place. Il y a là une application très simple de l'analyse économique des droits de propriété, où l'on retrouve en particulier la notion de transférabilité des droits de propriété sur l'entreprise. Il est très sain que la propriété puisse changer de mains, surtout si l'entreprise est mal gérée.

La bourse est souvent contestée parce que son fonctionnement peut paraître complexe, mais c'est en réalité un élément essentiel du financement de l'économie, comme de la mobilité des titres de propriété, et les pays d'Europe de l'Est en transition vers le marché ont développé rapidement de tels marchés financiers (« marchés émergents »). Il en va de même pour les marchés boursiers émergents du tiers-monde. La bourse est aussi un marché très mobile, où les innovations sont importantes, où l'information circule très vite (et peut provoquer des variations rapides de cours), et c'est cette mobilité qui paraît souvent inquiétante (exactement comme les variations des prix sur les marchés) aux yeux de ceux qui conçoivent l'économie d'une manière statique, avec une immobilité des principales variables. Or il est essentiel, parce que tout change tout le temps en économie, que les modes de financement, comme les prix, soient très mobiles et puissent rapidement se modifier. La bourse y contribue très largement.

Chapitre II

LE SYSTÈME MONÉTAIRE INTERNATIONAL

Le phénomène de mondialisation est depuis longtemps une réalité commerciale : les produits et maintenant les services circulent assez librement d'un pays à l'autre, en dépit de la persistance de certaines tentations protectionnistes. Mais ce phénomène de mondialisation est encore plus évident pour les questions monétaires : les marchés des capitaux sont interconnectés ; une chute de la bourse aux États-Unis a des répercussions dans le monde entier, on l'a bien vu avec la crise des subprimes qui s'est transmise rapidement d'un bout à l'autre de la planète ; on peut ouvrir librement des comptes dans la plupart des pays, et la liberté de circulation des capitaux est une réalité, et pas seulement entre les pays d'Europe.

C'est d'autant plus vrai que la monnaie est dématérialisée et qu'elle circule à l'évidence plus facilement que les marchandises et plus encore que les hommes. En ce sens, le système monétaire est non seulement depuis longtemps international, mais on pourrait dire mondial, ce qui est un peu différent : dans un cas on met l'accent sur les relations entre États, dans l'autre sur le côté « monde sans frontières » qui est celui de la monnaie et de la finance aujourd'hui.

Il est certain également que sur le plan international la monnaie joue, comme sur le plan interne, un rôle important, ne serait-ce que pour faciliter les échanges. Bien entendu, les phénomènes monétaires sont largement de même nature, au niveau interne et au niveau international, et d'ailleurs souvent les liquidités sont semblables.

Dans le système d'étalon-or, l'or était à la fois la monnaie utilisée sur le plan interne et était aussi la liquidité internationale, servant en particulier à financer les déficits ou les excédents extérieurs. Un tel système est très rigoureux et ôte aux gouvernements la possibilité d'une manipulation monétaire de la conjoncture.

En effet, si un pays connaît une inflation qui conduit à un déficit extérieur, ce déficit sera payé en or : les sorties d'or entraînent automatiquement une réduction de la masse monétaire intérieure, ce qui provoque une baisse des prix, stimule les exportations et résorbe peu à peu le déficit. De même, lorsqu'un pays connaît un excédent extérieur, les entrées d'or qui en résultent entraînent un accroissement de la masse monétaire, ce qui fait monter les prix intérieurs et pénalise les exportations, rétablissant ainsi « automatiquement » l'équilibre extérieur. Ce rééquilibrage automatique est évidemment très rigoureux et ne laisse guère d'autonomie aux pouvoirs publics, qui ne peuvent mener de politiques laxistes.

Mais, peu à peu, le lien interne entre monnaie et or se relâche. Les monnaies sont de moins en moins convertibles en or et l'or ne circule plus comme monnaie nationale, surtout depuis la guerre de 14-18. Par contre, il joue encore longtemps un rôle considérable sur le plan des liquidités internationales. Cependant, à partir de 1922 (conférence de Gênes), les pays admettent que, la quantité d'or semblant insuffisante pour financer les échanges, les soldes extérieurs puissent être payés également en monnaies convertibles en or (comme le dollar ou la livre sterling). On passe ainsi progressivement à un autre système, qui sera généralisé à partir de 1944, l'étalon de change-or, qui est un système de changes fixes.

Ce système va dominer l'après-guerre jusqu'aux années 70 où il va rapidement s'effondrer, tandis que les changes flottants prendront progressivement la relève, avec le nouveau système monétaire international mis en place en 1978. Cependant, les changes fixes n'ont pas totalement disparu, en particulier au sein du SME (système monétaire européen), au point de déboucher sur une monnaie unique, l'Euro.

Durant toutes ces périodes, le problème monétaire international – comme le problème monétaire intérieur – porte sur la « bonne » quantité de monnaie : on a alternativement peur de manquer de liquidités internationales (d'où l'élargissement progressif de cellesci), ou au contraire peur d'une surabondance de ces liquidités. Le problème est d'avoir un système qui comporte des régulateurs capables d'ajuster l'offre de monnaie internationale aux besoins de l'économie, c'est-à-dire de la demande de monnaie.

SECTION I. LE SYSTÈME DE CHANGES FIXES ET SA DISPARITION

§ 1. LE SYSTÈME DE BRETTON-WOODS

En 1944, la conférence de Bretton-Woods (aux États-Unis) met au point un nouveau système monétaire international, l'étalon de change-or (Gold Exchange Standard). Ce système présente les particularités suivantes :

- *Les changes fixes.* Chaque pays définit la parité officielle de sa monnaie, par rapport à l'or ou au dollar américain (convertible en or). Les banques centrales doivent, comme dans tout système de changes fixes, défendre cette parité. Par exemple, si le franc français est attaqué à la hausse et s'éloigne donc de sa parité, la banque centrale doit systématiquement intervenir en vendant du franc et en rachetant des devises sur le marché des changes, de façon à stabiliser le cours de notre monnaie (à l'époque, l'euro n'existait pas encore).

En sens inverse, si le franc est attaqué à la baisse (par exemple en raison d'un déficit du commerce extérieur), la Banque de France devra racheter du franc (pour le faire remonter) et vendre des devises (pour les faire baisser). Ce système (voir chapitre précédent) entraîne alors des conséquences internes (création ou destruction de monnaie nationale). Naturellement, une certaine souplesse existe et la parité est réputée respectée tant que la monnaie se situe dans une certaine marge de fluctuation (en général + ou – 1 %) par rapport à sa parité officielle. (Il est question de franc et de Banque de France, parce que l'on se situe entre 1944 et 1971, soit bien avant l'apparition de l'euro).

- Les liquidités internationales sont alors composées de l'or et des monnaies convertibles en or sur le plan international. De fait, cela concerne essentiellement le dollar américain. Les déficits ou excédents peuvent donc être réglés en dollar ou en or. Le dollar est convertible en or, c'est-à-dire que les banques centrales qui le souhaitent peuvent, à tout moment, échanger leurs dollars contre de l'or auprès des États-Unis et cela à un prix fixe. Cette convertibilité avait été fixée, depuis les années 30, à 35 dollars l'once d'or.

On peut donc dire que le dollar, avec une convertibilité ainsi garantie, était « aussi bon que l'or » (« as good as gold »), ce qui explique que de nombreux pays aient préféré conserver et utiliser des liquidités en dollars plutôt qu'en or (le dollar étant plus pratique et éventuellement rémunérateur puisqu'on pouvait le placer). Mais d'autres – dont la France – ont au contraire cherché peu à peu à changer leurs dollars contre de l'or.

- Même si les changes sont fixes, *des changements de parité* sont inévitables. En effet, la parité d'une monnaie dépend d'un certain nombre de variables économiques et surtout de la confiance que l'on a en elle. Cette confiance est fonction en particulier de l'inflation actuelle et anticipée, de la situation du commerce extérieur, et de bien d'autres éléments économiques, voire politiques. Il est donc inévitable que certaines monnaies aient tendance à s'apprécier durablement et d'autres à se déprécier.

Lorsque les interventions des banques centrales ne suffisent manifestement pas à empêcher une hausse ou une baisse de la valeur de la monnaie, les pays peuvent procéder à des modifications de parité en hausse (la réévaluation) ou en baisse (la dévaluation). Ces changements visent à rétablir la confiance sur la base d'une nouvelle parité fixe plus réaliste et à provoquer un réajustement des balances extérieures : par exemple une dévaluation doit stimuler les exportations (qui deviennent meilleur marché) et décourager les importations (devenues plus chères), de façon à rééquilibrer le commerce extérieur.

- Le système mis en place à cette époque s'accompagne *d'aménagements institutionnels*, notamment la création d'un FMI (Fonds monétaire international). Cet organisme, auquel tous les pays participants au système vont adhérer, a vu tout au long de l'après-guerre le nombre de pays membres progresser rapidement et, aujourd'hui, la plupart des pays y adhèrent (y compris les anciens pays socialistes, en transition vers le marché).

Chaque pays verse une quote-part au FMI (au départ en or et en monnaie nationale, aujourd'hui en monnaie nationale) ; ce quota dépend de l'importance économique et commerciale du pays ; il permet à chaque pays de recevoir, en cas de nécessité, des prêts du FMI, celui-ci exigeant d'autant plus de garanties de politique économique que le prêt est élevé par rapport au quota. En outre, le FMI joue un autre rôle, celui de modifier le système, de prendre les grandes décisions en ces domaines, à l'occasion notamment d'amendements au FMI ; pour cela, les votes reposent sur un double système (une majorité qualifiée des pays, chacun disposant d'une voix, et une majorité qualifiée des votes, chacun ayant un droit de vote proportionnel à son quota).

Ce système est donc avant tout un système de changes fixes. Il donne donc une apparence de stabilité, puisque la valeur des monnaies est supposée ne pas varier. En réalité, les changements de parité ont bien lieu, lorsque c'est nécessaire, mais avec retard et brutalité (dévaluations et réévaluations).

La difficulté essentielle vient du fait que ce système lie la création de monnaie interne et les aspects externes : l'ajustement ne se fait pas d'abord par une variation du prix (c'est-à-dire du taux de change) mais par l'intervention de la banque centrale qui vend ou achète de la monnaie nationale : à cette occasion, elle crée ou détruit de la monnaie, ce qui accroît ou réduit la masse monétaire. Ce sera l'une des raisons de l'abandon des changes fixes, certains pays (comme l'Allemagne) n'acceptant pas que les interventions de leur banque centrale, destinées à empêcher leurs monnaies de progresser sur le marché des changes, entraînent une création excessive de monnaie nationale provoquant des tensions inflationnistes.

Mais le système repose avant tout sur une contradiction : il nécessite des liquidités internationales stables, sûres (dans lesquelles on a confiance, ce qui implique une certaine rareté de celles-ci) et des liquidités internationales assez souples (c'est-àdire abondantes) pour s'adapter aux évolutions des échanges internationaux.

Cela veut dire qu'en lui-même le système permettait et impliquait un déficit de la balance des paiements des États-Unis, de façon à accroître les liquidités internationales. Ce déficit était indispensable au fonctionnement du système, car l'on avait besoin de dollars en dehors des États-Unis pour commercer. Mais, en même temps, ce déficit et cet accroissement allaient miner la confiance vis à vis du dollar et le système a longtemps hésité entre le trop et le trop peu de dollars (et de liquidités internationales) et donc entre la force et la faiblesse de la monnaie américaine. Suivant leur politique, les Américains étaient accusés d'exporter leur inflation (en cas de politique laxiste) ou leur récession (en cas de politique restrictive).

Pour beaucoup, à commencer par Jacques Rueff, la crise, dès le début des années 60, était considérée comme inéluctable. Elle allait éclater clairement à la fin des années 60.

§ 2. LA DISPARITION DES CHANGES FIXES

La fin des années 60 et le début des années 70 marquent une crise profonde du système monétaire international. Cette crise prend des aspects divers, mais elle trouve notamment son origine dans le déficit persistant de la balance des paiements des États-Unis. Ce déficit, on l'a vu, était impliqué par le système, mais il contribue à sa désagrégation progressive.

Peu à peu, la quantité de dollars détenus par des non-résidents n'a cessé de progresser et un énorme marché de l'eurodollar s'est en particulier constitué. Ce marché s'est développé en raison de l'absence de contraintes qui pesait sur lui, puisqu'il n'était pas soumis aux réglementations des autorités monétaires nationales ; le marché a donc été très innovateur et souple pour les prêteurs et emprunteurs.

En outre, des erreurs de politique monétaire aux États-Unis ont développé son importance. En particulier une réglementation plafonnant les taux d'intérêt sur le marché de New-York (réglementation Q) a incité beaucoup d'opérateurs à intervenir sur le marché de l'eurodollar, où les taux étaient libres et plus rémunérateurs.

Alors qu'après la guerre, il n'y avait que 4 ou 5 milliards de dollars en dehors des États-Unis, ce chiffre est rapidement passé à 40 ou 50 milliards au début des années 70 et à près de 500 milliards de dollars à la fin de la décennie (il s'est encore développé par la suite).

Cette sortie de dollars des États-Unis a rendu de plus en plus théorique la convertibilité du dollar en or. En effet, dans l'immédiat après-guerre, les États-Unis avaient un stock d'or qui valait environ 20 milliards de dollars. Ils avaient donc largement de quoi faire face à toute demande de conversion. Mais, en 1970, le stock d'or américain est tombé aux environs de 10 milliards de dollars (en particulier en raison des demandes de conversion présentées par divers pays, dont la France). Comme les dollars détenus par des non-résidents américains étaient de l'ordre de 40 milliards de dollars, de fait le dollar n'était déjà plus convertible en or.

Une crise du marché de l'or est venue aggraver ces phénomènes. En effet, sur le marché de l'or, le prix variait normalement en fonction de l'offre et de la demande d'or. Mais ce marché est assez étroit, en raison d'une faible offre (essentiellement de l'ex-URSS et d'Afrique du sud) et d'une forte demande.

L'or avait donc tendance à monter et les banques centrales des dix pays les plus importants avaient décidé d'intervenir systématiquement pour empêcher toute hausse de l'or, afin de conserver le cours de 35 dollars l'once. Plus le déséquilibre s'est accentué, plus les banques centrales ont dû vendre de l'or pour empêcher son prix de monter et, en mars 1968, le pool de l'or a fini par renoncer à ses interventions et le prix de l'or est devenu totalement libre sur le marché, sans interventions artificielles des banques centrales. Il a d'ailleurs vivement progressé ultérieurement, dépassant même les 850 dollars l'once, avant de rebaisser aux environs des 400 dollars (400,65 $ par exemple, le 29 février 1996), puis de chuter à nouveau sous l'influence de ventes d'or et des tendances à sa démonétisation (280 dollars par exemple en avril 2000). Depuis, la chute du dollar a provoqué une hausse de l'or, qui a à nouveau dépassé les 400 $ en 2004. La crise de confiance dans les monnaies et dans la finance a contribué à faire de l'or une valeur refuge, portant l'once d'or début 2009 à plus de 900 dollars.

On a également observé à la même époque des crises des changes de plus en plus fréquentes. En effet, dans les années 50 et au début des années 60, les écarts, notamment de taux d'inflation, d'un pays à l'autre (parmi les pays développés) étaient relativement modérés, ce qui provoquait assez peu de changements de parité. Mais, dans la deuxième moitié des années 60, les taux d'inflation sont devenus de plus en plus divergents, les situations des balances des paiements aussi, justifiant des changements plus importants ou plus fréquents de parité.

En particulier, en 1967, la livre sterling, pilier important du système aux côtés du dollar, n'a pu conserver sa parité et a du dévaluer. De même, le franc français, monnaie solide depuis 1958, a connu des difficultés en 1968 et a du dévaluer finalement en août 1969. D'autres pays ont fait de même, à la baisse ou à la hausse, entraînant donc des changements de parité de plus en plus fréquents.

Pendant ce temps, certaines modifications institutionnelles compliquaient encore le système. C'est en particulier le cas de la création de nouvelles liquidités internationales, les DTS (Droits de Tirage spéciaux), en 1967, lors de la conférence de Rio. On peut s'interroger sur la nécessité de créer des liquidités supplémentaires, à un moment où le monde semblait déjà noyé sous les liquidités (Jacques Rueff a parlé des « plans d'irrigation pendant le déluge »).

Ces DTS ont été définis peu à peu par rapport à un panier de devises, dont le nombre a été progressivement réduit. Au début des années 90 par exemple : le dollar US pour 40 %, le Deutsche mark pour 21 %, le yen pour 17 %, le franc français pour 11 %, ainsi que la livre sterling pour le même pourcentage. Par la suite, l'euro ayant remplacé Mark et Franc, il n'y a plus eu que quatre monnaies dans le panier du DTS. Ces DTS sont créés par le FMI et distribués aux pays, essentiellement en fonction de l'importance de leurs quotas.

Toutes ces évolutions, et surtout la faiblesse du stock d'or américain, ainsi que les modifications accélérées de parité, ont conduit le président des États-Unis, R. Nixon, à décider, le 15 août 1971, d'une part une dévaluation du dollar (ce qui représente un choc psychologique important), d'autre part de suspendre la convertibilité en or du dollar.

Par la suite, de plus en plus de pays ont décidé unilatéralement d'en finir avec les changes fixes, notamment pour éviter les pressions internes sur la création de monnaie. Cela fait qu'au total le système de Bretton Woods, qui était encore officiellement en vigueur, avait pratiquement disparu : passage aux changes flottants pour les uns, changements fréquents de parité pour les autres, fin de la convertibilité en or du dollar, etc. Rien ne subsistait du système mis en place à la fin de la guerre.

Toute la suite des années 70 n'est que l'histoire des tentatives de replâtrage du système, tentatives qui ont systématiquement échoué. La plus célèbre est celle du serpent et du tunnel.

En effet, les Américains et les Européens ont essayé de remettre sur pied un système de changes fixes, mais avec une beaucoup plus grande souplesse. Par rapport au dollar, les monnaies pouvaient varier de 2,25 % de part et d'autre de la parité ; cet élargissement des marges de fluctuations constituait ce que l'on appelait alors le tunnel monétaire, avec un cours plafond et un cours plancher.

A l'intérieur de ce système, les Européens avaient décidé de s'imposer un système plus strict, avec une marge de fluctuation égale au maximum à 2,25 %, soit la moitié du tunnel. Cela fait que les monnaies européennes étaient stables entre elles (avec un maximum d'écart de 2,25 %), ce qui constituait le serpent monétaire européen, et qu'elles étaient aussi stables par rapport au dollar (avec une marge de fluctuation du double). On disait que le serpent était dans le tunnel pour manifester cette double fixité.

Mais, très vite, le système n'a pu fonctionner, car les écarts de conjoncture entre les pays (à commencer par les taux d'inflation) ont été de plus en plus divergents (plus encore à la suite de la crise de l'énergie), impliquant d'importantes modifications de parité. Rapidement, deux phénomènes se sont produits : d'une part, le dollar n'a pu rester fixe par rapport aux monnaies européennes et il s'est mis à flotter à son tour (comme le faisaient déjà d'autres monnaies, dont le yen). D'autre part, certaines monnaies européennes (dont la livre et la lire) n'ont pu suivre le serpent dans son ascension provoquée par la force du mark : elles ont donc du quitter à leur tour les changes fixes et se mettre à flotter.

Finalement, le serpent s'est trouvé réduit à une fixité entre le franc français, le mark et quelques autres monnaies de moindre importance et, lorsque le franc a du à son tour quitter le serpent, après le premier choc pétrolier, ne pouvant suivre l'irrésistible ascension du mark, le serpent a perdu toute importance et s'est réduit à une fixité entre le mark et quelques autres monnaies. Les changes fixes avaient vécu et le système allait peu à peu faire place à un nouveau système monétaire international, officiellement en vigueur à partir de 1978.

Toute cette évolution n'est pas surprenante et il est en fait impossible de maintenir des changes fixes entre des pays aux situations si divergentes. Les modifications de parité sont alors inévitables et elles sont si brutales et si fréquentes que toute fixité devient illusoire. On avait cru que la stabilité des changes impliquait la fixité de ceux-ci.

En fait, cette stabilité ne résulte pas d'abord d'un type de système de changes, mais de la convergence ou de la divergence des situations économiques et de la confiance ou de la méfiance vis-à-vis des monnaies, comme le système monétaire européen allait le montrer par la suite. Il faut d'ailleurs se poser la question de l'utilité même de cette stabilité des changes : la monnaie fait l'objet d'un prix, comme n'importe quel bien et ce prix doit varier si les conditions qui le déterminent (à commencer par la confiance) changent : c'est nécessaire pour provoquer les ajustements indispensables.

SECTION II. LE SMI ET LE SME

§ 1. LE SYSTÈME MONÉTAIRE INTERNATIONAL ACTUEL

Après la crise du système de Bretton Woods, les pays adhérents au FMI ont apporté des modifications radicales au système, sous la forme d'un amendement au FMI (le deuxième amendement, le premier portant sur la création des DTS). Cet amendement est entré en vigueur le premier avril 1978, après avoir été adopté par une majorité qualifiée des pays membres.

Certains pays, dont la France, souhaitaient conserver un rôle important aux changes fixes ; d'autres, à commencer par les États-Unis, marquaient leur préférence pour les changes flottants. Le nouveau système prévoit que, désormais, chaque pays est libre d'appliquer les dispositions de change de son choix. Il faut simplement notifier au FMI le système choisi.

Il s'agit évidemment d'un système très simple, à la limite d'un non-système, puisque chacun peut faire ce qu'il veut dans ce domaine. En réalité, cela revient à poser comme règle générale celle des changes flottants, car, à partir du moment où une monnaie comme le dollar décide de flotter, notamment par rapport au franc, ou plus tard par rapport à l'euro, il est évident qu'en sens inverse, qu'il le veuille ou non, le franc (ou l'euro) flottera par rapport au dollar.

Ce choix en faveur des changes flottants s'expliquait assez bien après l'échec des changes fixes et le désir de la plupart des pays de garder leur autonomie en matière de politique monétaire interne, sans être contraint par les interventions sur les marchés des changes.

Naturellement, la liberté des changes implique des variations quasi-permanentes des valeurs des monnaies. Elle peut être analysée comme la liberté des prix sur un marché et il est indispensable que le taux de change varie si les conditions économiques varient, ce qui est toujours le cas. Ces variations transmettent aux agents économiques des informations sur les marchés.

Certains s'inquiètent de ces variations des monnaies. Il faut observer qu'elles n'avaient pas disparu en changes fixes, mais qu'elles étaient alors certes plus rares, mais surtout plus brutales, lors d'une dévaluation ou d'une réévaluation. Mais il ne faut pas oublier surtout qu'il existe des mécanismes (ceux des marchés à terme de devises) qui permettent de se protéger contre le risque de variation des taux de change et que beaucoup d'entreprises et de professionnels les utilisent.

Le passage aux changes flottants n'excluait pas d'éventuelles interventions ponctuelles sur les marchés des changes, comme la situation des années 80 allait le montrer. Mais ces interventions des banques centrales, pour empêcher une monnaie de trop progresser ou de trop s'affaiblir, n'étaient pas systématiques et ne visaient pas à préserver une parité officiellement déclarée. Si la banque centrale se fixait une parité, celle-ci n'était pas rendue publique.

Ceci étant, à l'usage, le système s'est révélé plus complexe que prévu, car il n'écartait nullement des changes fixes, à condition qu'ils ne soient pas généralisés (il suffisait par définition qu'un pays les refuse pour que les changes fixes ne soient plus la règle générale). En pratique, de plus en plus de pays ont choisi des systèmes de fixité.

En effet, beaucoup de pays ont choisi de rattacher leur monnaie à une monnaie plus importante (souvent le dollar ou encore le Franc puis l'euro, par exemple pour les pays d'Afrique noire francophone), ou à un panier de devises, qui peut être le DTS ou tout autre panier défini pour la circonstance. Pour leur part, les pays européens ont choisi un système plus complexe qui consiste à établir des parités fixes entre eux (et non par rapport à une monnaie extérieure à eux), pour déboucher à terme sur une monnaie unique, l'Euro.

On a donc un système hybride, constitué des nombreuses monnaies en changes fixes par rapport à d'autres, mais aussi de monnaies plus importantes qui, elles, flottent entre elles. Or, dans ce système, les banques centrales n'ont guère respecté la logique de la liberté des changes, qui implique leur non-intervention.

Périodiquement, les banques centrales des principaux pays (à commencer par celles du groupe des sept : les sept pays les plus industrialisés) se concertent et jugent que telle ou telle parité (notamment celle du dollar) n'est pas satisfaisante.

C'est ainsi qu'en 1985, les banques centrales ont considéré que le dollar avait une valeur trop élevée. Il est vrai que celui-ci n'avait cessé de progresser sur les marchés des changes depuis le début des années 80, et, par exemple, il avait plus que doublé à Paris, dépassant les 10 francs (soit l'équivalent de 1,50 euro).

Cette hausse spectaculaire s'expliquait en fait par la politique menée aux États-Unis à l'époque par R. Reagan : rigueur monétaire, inflation en recul, taux d'intérêt élevés, recul des impôts, croissance économique en reprise rapide, etc. Tout cela ne manquait pas d'attirer les capitaux et de faire monter le dollar, qui progressait en fait avant tout en raison du retour à la confiance vis-à-vis de l'économie américaine. Celle-ci connaissait effectivement, après des années de déclin, un redressement rapide dû à la politique du président Reagan.

La hausse du dollar s'expliquait donc par des raisons économiques objectives et subjectives (comme le retour à la confiance). Mais les banques centrales ont jugé alors les cours trop élevés. Le problème est évidemment de savoir en fonction de quel critère, puisque cette appréciation vient nier toute signification au cours fourni par le marché, sans qu'un critère alternatif puisse être précisé.

Les banques centrales ont donc décidé (après les accords du Plazza en 1985) de faire baisser le dollar, en vendant du dollar sur les marchés et en achetant d'autres devises. Ce n'était pas pour autant un retour aux changes fixes, car aucune parité n'était annoncée, du moins officiellement, même si les banques centrales se fixaient sans doute pour elle une parité officieuse, ce qui alimentait toutes les rumeurs, plus ou moins fondées.

Mais, par la suite, le dollar ayant, pour des raisons diverses, notamment de moindre confiance, baissé, les banques centrales ont porté le jugement inverse et elles ont trouvé le cours du dollar trop faible. La grande question était alors, en particulier en 1987, de faire remonter le dollar. C'est ce qui a été décidé au moment des accords du Louvre.

Pour cela, les banques centrales ont donc dû procéder à l'opération inverse, en rachetant massivement du dollar et en vendant en contre partie des monnaies nationales. Cela aboutit systématiquement (voir chapitre précédent) à une création de monnaie nationale, dans les pays où la banque centrale intervenait (par exemple l'Allemagne voyait alors ses réserves en dollars progresser, tandis qu'elle devait créer et mettre en circulation du mark).

Le résultat le plus tangible, c'est que tout cela aboutit à une création monétaire nouvelle (sans réduire la quantité de dollars en dehors des États-Unis) et cette création monétaire peut alimenter l'inflation et gonfler artificiellement les opérations financières. Ces interventions des banques centrales, aboutissant à ce surcroît de création de monnaie, représentent l'une des causes essentielles des crises financières, et en particulier de la crise boursière de 1987, qui ne viennent donc pas d'un « excès » de marché, mais au contraire d'une manipulation du marché des interventions étatiques, en l'occurrence celle des Banques Centrales.

Le système souffre aussi d'autres ambiguïtés, car, à l'origine, bien d'autres décisions avaient été prises. En particulier, le deuxième amendement au FMI prévoyait une réduction progressive du rôle de l'or dans le système. L'or ne peut plus servir de référence aux monnaies pour définir une éventuelle parité. Les paiements obligatoires en or sont supprimés et, surtout, les pays membres et le FMI devaient peu à peu démonétiser l'or, c'est-à-dire vendre leur stock sur le marché libre (dont le prix devait rester libre, sans intervention des banques centrales).

Or cette démonétisation de l'or n'a pas eu lieu, en tous cas pas pour l'instant et pas de manière systématique, en dépit de quelques tentatives mineures, contrairement à ce qui était prévu. Les pays qui avaient d'importants stocks d'or les ont conservés et les États-Unis eux-mêmes ont finalement renoncé à les vendre. Résultat : l'or continue encore aujourd'hui à constituer un élément important des liquidités internationales et des réserves des banques centrales et celles-ci savent bien que si elles vendaient massivement, le cours de l'or s'effondrerait.

Le nouveau système monétaire international prévoyait aussi un accroissement des possibilités d'emplois du DTS. En fait, il s'agissait de faire du DTS le principal instrument de réserve du système monétaire international. Certes, le panier de définition du DTS a changé, mais, pour le reste, son rôle n'a guère été développé. Peu de DTS ont été créés, ne serait-ce que parce que cela impliquait un large accord au FMI.

Mais surtout le DTS devait peu à peu remplacer les autres instruments de réserve. Il se trouve que l'or a continué à jouer son rôle de liquidité internationale et le dollar aussi, bien entendu tandis que peu à peu celui de l'euro se développait. Finalement, le rôle du DTS est resté très marginal et cet autre aspect de la réforme est donc resté pour l'essentiel lettre morte.

Certes, le dollar n'est plus la seule devise utilisée dans les réserves internationales. D'autres monnaies, peu à peu, ont joué ce rôle. Le dollar continue à jouer le rôle de la première monnaie de réserve mondiale, mais il ne représente plus aujourd'hui qu'environ 60 % des réserves en devises, le mark, puis l'euro, pour leur part en représentant 20 %, suivi par le yen, avec 8 % et par un ensemble d'autres monnaies pour des parts sensiblement plus faibles.

Ce qui frappe dans ce système monétaire en place depuis 1978, c'est sa grande ambiguïté. Personne n'y trouve véritablement son compte. Certains auraient souhaité revenir au système d'étalon-or et à ses mécanismes de rééquilibrage automatique. Cela pose des problèmes (en particulier en raison de la faiblesse des réserves en or, mais surtout des craintes des gouvernements, qui perdraient évidemment leurs marges de manœuvre), mais, en toute hypothèse, on est loin dans le système actuel de ce type de rééquilibrage automatique.

D'autres auraient songé à réformer totalement le système, par exemple en le faisant reposer sur une véritable monnaie internationale, dont le DTS aurait pu être l'amorce. Mais l'échec de celui-ci, la grande faiblesse de sa création par rapport aux autres liquidités, les problèmes politiques que pose tout système supranational de ce type, rendent cette évolution bien improbable ; il y aurait dans cette solution un côté bien artificiel, « constructiviste », qui rend sceptique sur ses changes de succès.

D'autres auraient souhaité retourner plus explicitement aux changes fixes. Cette thèse traduit toujours l'idée que le monde économique doit être le plus stable possible, négligeant les variations des prix, des monnaies, qui ne font que refléter les mouvements inhérents à toute vie économique. Sauf à « congeler » artificiellement toute la vie économique et toute création nouvelle de richesse, on ne peut imaginer de fixité parfaite des prix ou des changes ; dans un monde économique qui vit et bouge, on ne peut fixer les taux de change. Pourtant, cette thèse est revenue au premier plan avec la crise financière de 2008-2009 et la volonté de « reconstruire » un système monétaire international.

Enfin, les partisans des changes flottants eux-mêmes sont déçus, car le flottement actuel est très imparfait, non seulement en raison de l'existence de changes fixes (comme dans le SME), mais surtout en raison des multiples interventions des banques centrales, qui se fixent des objectifs semi-officiels ou officieux, qu'elles se révèlent incapables de faire respecter. Elles doivent pour cela multiplier les interventions qui provoquent, comme on l'a vu, des effets pervers et accroissent les liquidités internationales. On voit très bien, par exemple, comment les banques centrales se sont inquiétées de la chute de l'euro (et donc de la hausse du dollar) de 1999 à 2000, avant de s'inquiéter en sens inverse de la hausse de l'euro et de la faiblesse du dollar de 2000 à 2008. Mais qui, en dehors du marché, peut estimer la « vraie » valeur d'une monnaie ? Si les Banques Centrales s'arrogent ce droit, elles choisiront une valeur arbitraire. Fin 2008 d'ailleurs, le mouvement s'inversait avec la baisse des taux d'intérêt par la BCE, rendant la monnaie européenne moins attractive. D'où une baisse de l'euro et une hausse du dollar.

Ce faisant, en intervenant, les banques centrales empêchent les rééquilibrages qui auraient pu se faire par les variations libres des cours des monnaies et elles provoquent de nouveaux déséquilibres. Mais la difficulté, comme c'est souvent le cas en économie, ne vient pas alors d'un excès de marché, mais d'un surcroît d'interventions publiques, en l'occurrence ici d'interventions des banques centrales.

Peut-être est-il souhaitable que les fluctuations des monnaies ne soient pas trop erratiques. Mais l'ambiguïté du système actuel et les interventions des banques centrales favorisent ces évolutions en dents de scie. Si l'on veut avoir une plus grande stabilité des changes, il faut d'une part laisser les marchés fonctionner (grâce à de vrais changes flottants), et les rééquilibrages se faire, d'autre part éviter les dérapages inflationnistes artificiels qui provoquent de fortes variations des monnaies. Si chaque pays pratiquait une politique monétaire intérieure rigoureuse, évitant les fortes inflations et les déficits extérieurs artificiels, les variations de taux de change seraient moins erratiques, notamment en raison d'un retour de la confiance.

Mais, en toute hypothèse, quelle que soit la perfection du système, on n'empêchera jamais les valeurs des monnaies de varier si les situations économiques sont très divergentes d'un pays à l'autre. Ces variations sont utiles, ne serait-ce que parce qu'elles transmettent ainsi une information sur la situation respective des diverses économies. Ainsi, par exemple, la chute du dollar par rapport à l'euro en 2003-2008 traduit l'importance des déficits américains, intérieurs et extérieurs.

§ 2. LE SYSTÈME MONÉTAIRE EUROPÉEN ET L'EURO

Le SME est entré en vigueur le 13 mars 1979. Il est en réalité la poursuite de tentatives antérieures pour rapprocher les parités des monnaies européennes (à commencer par celle du serpent) ; il se présente donc comme une étape dans la construction économique et monétaire de l'Europe.

Il s'agit avant tout d'un système de changes fixes, mais, contrairement à ce que l'on trouve avec d'autres monnaies du système monétaire international, la fixité n'est pas obtenue par rapport à une monnaie ou à un panier externe, mais par rapport aux autres monnaies européennes. Cela veut dire que les monnaies européennes, fixes entre elles, flottent conjointement par rapport aux autres monnaies et notamment au dollar.

Le système repose au départ sur un numéraire commun, l'ECU (Sigle anglais : European Currency Unit, qui est aussi le nom d'une ancienne monnaie française). Ce nom sera abandonné, en 1995, au profit de celui d'Euro, à l'occasion du Sommet Européen de Madrid. Chaque monnaie définit sa parité par rapport à l'ECU, ou cours pivot. Cela permet d'établir les parités fixes des monnaies européennes entre elles.

L'ECU est défini par un panier, qui comprend l'ensemble des monnaies européennes avec des pondérations variant suivant l'importance économique des pays (c'est ainsi que, en 1995, le mark allemand représentait 34,03 % de l'ECU, le franc français 20,28 %, le florin des Pays-Bas 10,68 %, la livre britannique 10,55 %, le franc belge 8,69 %, la lire italienne 6,49 %, etc.). Toutes les monnaies de l'Europe des quinze (à l'époque) rentrent dans la définition du panier de l'ECU, même celles des pays n'adhérant pas encore à l'accord de changes fixes. Les pondérations sont périodiquement révisées.

A partir des cours pivots exprimés en ECU, on peut déterminer une grille de cours pivots bilatéraux, c'est-à-dire de parités des monnaies entre elles. Comme dans tout système de changes fixes, il existe une marge de fluctuation : l'écart maximal instantané de fluctuation entre deux monnaies a été limité à 2,25 % au moment de la création du SME.

En cas d'évolution des taux de change, se rapprochant du cours plancher ou du cours plafond, les banques centrales des pays concernés doivent intervenir en vendant ou en achetant de la monnaie nationale et des devises pour faire varier le cours et lui permettre de rester à l'intérieur des marges de fluctuations.

Certains pays pouvaient, en période de transition après leur adhésion, bénéficier de marges plus importantes (6 % au maximum) : la lire italienne en avait bénéficié ainsi que la peseta espagnole. Comme dans tout système de changes fixes, des modifications exceptionnelles de parité peuvent avoir lieu, en cas de déséquilibre persistant, en hausse (réévaluation) ou en baisse (dévaluation). Ces modifications peuvent concerner une seule monnaie ou au contraire être réalisées dans le cadre d'un réaménagement général des parités européennes.

Des mécanismes dits de solidarité entre les pays membres ont également été instaurés. Cela a commencé avec la mise en commun d'une partie des réserves, puisque les pays adhérents doivent déposer 20 % de leurs avoirs en or et 20 % de leurs avoirs en devises auprès du FECOM (Fonds européen de coopération monétaire) devenu par la suite Institut Monétaire Européen, amorce de la future Banque centrale. En contrepartie, les banques centrales reçoivent une somme équivalente en ECU (ce qui explique que l'on trouve des ECU puis des EURO dans le bilan des banques centrales, par exemple de la Banque de France, à l'actif, à la place de l'or et de devises déposées au Fecom puis à l'I.M.E, puis à la BCE).

Diverses techniques de financement, en cas de difficultés d'un pays, ont également été mises en œuvre, permettant des facilités de crédits à très court terme, court terme et moyen terme.

En 1990-1992, depuis l'adhésion de la livre sterling au mécanisme de change en octobre 1990, tous les pays membres de l'Union européenne, à l'exception de la Grèce, adhéraient au système de parités fixes (l'Escudo depuis le printemps 1992). La Grèce devait, pour sa part, rejoindre le mécanisme de change au terme d'une période de transition. Mais les diverses crises de l'année 1992 ont remis en cause cette évolution : le mécanisme des changes fixes a pratiquement explosé en quelques semaines, en particulier avec le flottement de la lire italienne et de la livre sterling britannique, notamment à l'approche du référendum français sur le Traité de Maastricht. Avec l'élargissement à 15, les choses se sont encore compliquées, la monnaie autrichienne participant au mécanisme de change, mais pas encore au début les monnaies finlandaise et suédoise.

D'autres mécanismes ont été mis en place pour aller plus loin, dans le sens d'une intégration monétaire européenne et d'un marché unique. En particulier les pays ont levé leurs contrôles des changes. C'est le cas de la France, qui a supprimé ce contrôle à partir du 1er janvier 1990, mettant fin à une longue tradition interventionniste dans ce domaine. Par ailleurs, la liberté de circulation des capitaux est totale en Europe depuis le 1er juillet 1990.

Le système est donc assez sophistiqué sur le plan technique et il avait comme ambition affichée, au moment de sa création, l'existence d'une « zone de stabilité monétaire en Europe », selon l'expression du président Giscard d'Estaing ; l'histoire du SME montre que la réalité est plus complexe.

En effet, surtout dans un premier temps, le SME n'a pas empêché les modifications de parité, sous forme de dévaluations, de réévaluations ou d'aménagements d'ensemble.

C'est ainsi qu'entre 1979 et 1990 douze aménagements, partiels ou d'ensemble, des parités ont eu lieu : le système n'a donc pas empêché les parités d'évoluer. Parmi ces modifications, les trois plus importantes ont eu lieu en 1981, 82, 83.

Dans les trois cas, parmi les modifications de parités, on observe que le mark allemand a été réévalué, tandis que le franc français a été dévalué. Cela ne doit pas surprendre car, à l'époque, le taux d'inflation en France était très supérieur au taux allemand et, à chaque fois, les modifications ont eu pour effet d'annuler cet écart (ou différentiel) d'inflation. Il ne faut pas oublier qu'en 1979, la parité officielle du mark par rapport au franc était de 2,30 francs et qu'elle était, en 1996, de 3,35 francs. (Il est vrai qu'en 1958 un franc valait un mark ! C'est dire le chemin parcouru. Et la chute considérable du franc).

Ce faisant, le SME n'a donc pas empêché les évolutions antérieures de se poursuivre, tant que les causes en persistaient, comme le montre l'évolution franc/mark. Une étude de longue période montre bien, conformément à la théorie de la parité des pouvoirs d'achat, que les évolutions des parités correspondent à peu prés aux différentiels d'inflation. C'est assez logique, car une monnaie qui perd plus de valeur que les autres (à cause de l'inflation) sur le plan interne, doit nécessairement, un jour ou l'autre, traduire cette réalité par une perte de valeur au plan externe.

Dans le cas de la France en 1981-83, les trois dévaluations s'expliquent par une politique de relance, menée à contre-courant des autres pays, qui a maintenu un différentiel franco-allemand d'inflation très élevé en notre défaveur et qui a justifié l'affaiblissement progressif de notre monnaie.

Il est donc clair que le SME n'a pas empêché les évolutions monétaires nécessaires de se produire. Mais, en même temps, les modifications de parité qui se sont produites ont conduit les gouvernements à envisager un rapprochement progressif des politiques économiques. Le respect de la parité extérieure de la monnaie a donc joué comme une véritable contrainte extérieure, qui a pesé sur toute la politique économique des pays d'Europe.

Là encore, on le voit très bien en France où, face aux dévaluations du début des années 80, le gouvernement a hésité entre la poursuite d'une politique à contre-courant, qui aurait provoqué un affaiblissement progressif du franc et nécessité la sortie du SME (point de vue de J.-P. Chevènement), et la politique de rigueur qui a été menée finalement (position de J. Delors) : dans ce cas, c'est la nécessité de défendre la valeur du franc au sein du SME, et, notamment, la parité franc-mark, qui a conduit à un changement progressif de politique économique et à accorder la priorité à la lutte contre l'inflation et à une politique monétaire restrictive.

La réduction progressive de l'inflation en France a limité les fluctuations monétaires et, dans la deuxième moitié des années 80, le SME a connu une plus grande stabilité. Mais celle-ci ne vient pas des changes fixes, mais du rapprochement général des politiques économiques, et notamment monétaires, en Europe. Il est vrai aussi que ce rapprochement a été accentué par l'existence de changes fixes, qui poussaient en ce sens.

Dans cet esprit, l'acceptation des changes fixes, qui présentent divers inconvénients, comme on l'a déjà vu, a joué comme une contrainte volontairement posée devant nous pour nous obliger à changer de politique économique. L'acceptation de la contrainte extérieure et la volonté de construire une Europe monétaire a conduit à un alignement progressif de notre politique sur celle de nos principaux partenaires et d'abord sur celle de l'Allemagne.

Dans la période récente, les taux d'inflation se sont encore rapprochés et désormais le différentiel d'inflation franco-allemand a disparu, la France ayant même, au début des années 90, une inflation inférieure à celle de l'Allemagne, entraînant de fait de moindres changements dans la parité franc-mark. La poursuite de l'assainissement monétaire en France au moment où la réunification allemande provoquait outre-Rhin quelques tensions inflationnistes, a permis cette stabilité relative du franc.

Mais la situation a de nouveau changé en 1992 : une grave crise monétaire a entraîné le flottement de la lire et de la livre (16 septembre 1992), incapables de maintenir leurs parités fixes par rapport aux autres monnaies européennes. D'autres monnaies (peseta, escudo, ...) ont dû dévaluer. En quelques mois, le système qui semblait évoluer vers une grande stabilité, a pratiquement volé en éclat et la fixité est de moins en moins assurée. Plus grave encore, le 2 août 1993, une nouvelle crise monétaire a conduit à une quasi-explosion du système et les marges de fluctuation ont été élargies à + ou – 15 %, ce qui rend la fixité de moins en moins réelle. C'est ainsi que le mark pouvait fluctuer de 2,88 francs français à 3,89 francs, ce qui est considérable. On est fort loin des marges initiales de + ou – 2,25 %. En France même, de nombreux débats ont eu lieu, surtout en 1992-1994, sur la fameuse question du « franc fort », c'est-à-dire arrimé au mark. Il s'agit en fait d'un faux problème, car le franc ne doit être artificiellement ni fort, ni faible, mais « vrai », c'est-à-dire refléter non les manipulations étatiques, mais la réalité de la situation économique et de la confiance ou de la méfiance qu'elle inspire. Si l'on veut que le franc soit fort, il faut mener une politique rigoureuse, et non le soutenir par des béquilles ou des taux d'intérêt artificiels.

Dans ces conditions, de grandes incertitudes ont longtemps pesé sur l'évolution future de la construction européenne. Déjà, on a pris peu à peu conscience du fait que la fixité des changes nous obligeait, si l'on ne voulait pas de dévaluations fréquentes, à l'alignement des politiques économiques en Europe, ce qui n'est pas facile à réaliser. Mais certains projets sont allés plus loin, pour aboutir à la monnaie unique.

C'est le cas des étapes de l'Union Économique et Monétaire, telle qu'elle a été envisagée par la commission de Bruxelles et en particulier par Jacques Delors, et qu'elle a été retenue par le Traité de Maastricht, puis appliquée. La première étape a été lancée à partir du 1er juillet 1990, c'est-à-dire de la libération des mouvements de capitaux. Il s'agit alors de renforcer la stabilité des taux de change en obtenant une plus grande convergence des conjonctures économiques.

En clair, cela implique un rapprochement des politiques économiques et donc une accentuation de la contrainte extérieure. En particulier, les politiques monétaires devaient progressivement se rapprocher, de façon à avoir des taux d'inflation comparables. Ceci a, dans l'ensemble, été réalisé.

Cette première étape a été suivie d'une seconde, à partir de 1994, visant à renforcer le rôle de l'ECU, puis de l'EURO. Il s'agit notamment de créer un système européen de banques centrales, appliquant peu à peu une politique monétaire commune. L'Institut Monétaire Européen a été mis en place. Certes, les monnaies devaient conserver une certaine autonomie, mais les changes sont devenus de plus en plus fixes, les dévaluations ou réévaluations étant de plus en plus exceptionnelles : on est loin du compte, au début, avec les mouvements des monnaies au milieu des années 90, mais le rapprochement des parités par rapport au cours pivot et leur stabilisation a été peu à peu réalisée.

Tout cela a permis de déboucher enfin sur une troisième étape, avec une véritable Union Économique et Monétaire permettant d'avoir une seule monnaie, une monnaie unique, l'EURO. Cette étape devait commencer au plus tôt le 1er janvier 1997, au plus tard le 1er janvier 1999, cette dernière date étant, à l'évidence, la moins irréaliste des deux : c'est elle qui, finalement, a été choisie et le « big bang » de la monnaie unique a eu lieu à cette dernière date. La banque centrale européenne (ou Eurofed) est devenue alors seule véritable responsable de la politique monétaire et des éventuelles interventions sur le marché.

Il n'y a alors évidemment plus de politiques économiques nationales et en tous cas plus du tout de politiques monétaires nationales. Mais même la politique budgétaire devrait être cohérente avec les orientations de la politique monétaire européenne, d'autant plus que la Banque centrale européenne ne finance pas de déficit budgétaire éventuel. Cette Banque Centrale est indépendante des Gouvernements. Quant aux billets libellés en EURO, ils ont commencé à circuler pour le public trois ans après le début de la troisième phase, soit en 2002, à partir du 1er janvier. Pendant quelques semaines (jusqu'à mi-février) franc et euro ont circulé parallèlement puis l'euro est véritablement devenu, aux yeux de tous, la monnaie unique. Mais elle l'était déjà, en fait depuis 1999.

C'est sans doute un des points les plus difficiles pour le grand public. En effet, depuis 1999, la monnaie unique existe. L'Euro est seul côté sur le marché des changes, et le cours du Franc, par exemple, en dollar, n'est plus fixé que par ricochet. La valeur de l'Euro en Franc (6, 55957 francs pour un euro) est définitivement fixée. Il n'y a évidemment plus de dévaluations ou de réévaluations possible des monnaies européennes entre elles (en tous cas pour celles qui ont franchi cette étape, soit 11 pays, puis 12 avec la Grèce, sur 15, les autres n'ayant pas voulu ou pas pu, suivant les cas, franchir le pas). Les titres en bourse sont côtés également en euros.

Pourtant, pour le grand public, ceci était un peu abstrait et la véritable monnaie unique s'est matérialisée en 2002, lorsque les pièces et billets en euros, en quelques semaines, se sont mis à circuler et à remplacer les monnaies nationales. C'est là que l'on a eu l'impression – « physique » – d'une monnaie unique. Mais ce n'est que l'apparence des choses, car la monnaie unique est réalisée depuis 1999. Le franc n'existait plus que comme unité de compte ou de paiement, mais la réalité qui est derrière, c'est l'euro. Le débat sur la monnaie unique n'est plus devant nous, mais derrière nous, depuis 1999.

En outre, d'autres rapprochements ont eu lieu, car le Traité sur l'Union Économique et Monétaire prévoyait qu'un pays ne pourrait participer à la dernière phase de l'Union Économique et Monétaire que s'il remplissait diverses conditions (inflation ne dépassant pas de plus de 1,5 % la moyenne des trois meilleurs pays, déficit budgétaire inférieur à 3 % du PIB, dette publique ne dépassant pas 60 % du PIB, taux d'intérêt à long terme ne dépassant pas de plus de 2 points les taux moyens des trois meilleurs pays, monnaie dans la bande étroite du SME sans crise depuis deux ans). (Cette dernière condition n'a évidemment plus beaucoup de sens depuis que la marge normale de fluctuation a été portée à 15 % ! On a donc considéré que la marge normale était devenue celle de 15 %).

Il est tout à fait intéressant de voir que ces critères sont tels que, par exemple, en 1993 aucun pays de la CEE n'était capable de remplir les conditions ! Les choses se sont améliorées depuis, et beaucoup de pays, dont la France, ont fait des efforts – parfois même en trichant un peu ou beaucoup (comme la Grèce) pour rentrer dans la limite des critères retenus. On a retenu plus la tendance que la réalité : par exemple un pays réduisant fortement son déficit budgétaire et son endettement public – comme l'Italie – a été considéré comme remplissant les conditions, ce qui n'était pas vrai au sens strict en 1999 : l'intention a été jugée, plus que les résultats effectifs. Sinon, la monnaie unique ne se serait jamais faite, et après 1999 le rapprochement des critères – déficit budgétaire par exemple – s'est poursuivi, chacun continuant les efforts entrepris. Pourtant, à certains moments, comme en 2003-2004, certains pays se sont éloignés de ces règles communes, comme la France et l'Allemagne, dont les déficits publics ont dépassé 4 % du PIB, provoquant la protestation des autres pays.

Depuis, après quelques années de redressement budgétaire, les plans de relance 2008 ont accentué déficit budgétaire et dette publique : ainsi en 2009, la France ne respecte plus les contraintes ou pacte de stabilité en Europe, avec 5 à 6 % de déficit et près de 80 % d'endettement par rapport au PIB. Tout cela n'a pas empêché la zone euro de s'élargir au sein de l'Europe des 27 : onze pays en 1999 (France, Allemagne, Belgique, Pays-Bas, Luxembourg, Espagne, Portugal, Finlande, Autriche, Irlande, Italie) puis la Grèce en 2001, la Slovénie en 2007, Malte et Chypre en 2008 et enfin la République slovaque en 2009, soit 16 pays pour l'instant sur les 27 de l'Union européenne.

On le voit, tout cela n'est pas allé sans mal, ni sans oppositions. Ce projet de monnaie unique, impliquant la disparition des monnaies nationales, était contesté dès le départ par un certain nombre de pays, et surtout par la Grande-Bretagne. Ce pays n'est pas hostile au renforcement du rôle de l'ECU, puis de l'Euro, mais il ne voulait pas d'un abandon total de souveraineté et s'interrogeait sur la disparition des monnaies nationales.

L'optique anglaise est plus concurrentielle : il s'agirait de développer peu à peu un ECU ou EURO lourd, qui serait bien une monnaie européenne, mais qui circulerait parallèlement aux monnaies nationales. Dans ce cas, on est plus proche d'un système de concurrence monétaire et les agents économiques choisiraient la monnaie (la monnaie nationale ou l'Euro) dans laquelle ils ont le plus confiance. Il est possible d'ailleurs qu'un tel système de concurrence aboutisse de fait à ce qu'une monnaie (éventuellement l'ECU devenu EURO entre temps) joue un rôle dominant, en raison de la confiance qu'elle suscite, mais cela résulterait d'un processus de concurrence et non d'un système imposé du sommet. Ce n'est pas, on le sait, l'optique qui a été choisie, et on a préféré la monnaie unique à la monnaie commune, ce qui est très différent.

Dans tous les cas, la banque centrale européenne a été prévue (sur le modèle allemand, peu à peu adopté par les autres pays) indépendante des gouvernements, ce qui marque une rupture avec la tradition française, dans laquelle la Banque de France ne faisait qu'exécuter la politique définie par le ministère de l'économie et des finances (mais on sait qu'en France même la situation avait évolué depuis le nouveau statut de la Banque de France – voir le chapitre précédent – justement sous l'influence européenne).

Grâce à cette indépendance, la monnaie échappe en partie aux pressions politiques ou électorales. La stabilité des prix est ainsi l'objectif premier de la politique monétaire commune. C'est ce qui chagrine certains hommes politiques,. Mais l'expérience montre que la monnaie est vitale pour les systèmes économiques et que sa stabilité est trop essentielle pour qu'on la laisse aux mains des hommes politiques soumis à la contrainte des rythmes électoraux.

Ces perspectives, puis ces réalités européennes, avec l'Euro qui est maintenant un fait, et non un objectif, posent un certain nombre de problèmes. D'abord, il est clair que la construction du grand marché unique européen, dans sa logique actuelle, fait peser une contrainte sur la politique économique nationale. La politique monétaire, qui détermine l'inflation, ne pouvait en particulier être très différente d'un pays à l'autre, sauf à enregistrer en permanence des modifications des parités monétaires. La politique monétaire est devenue unique lorsque l'EURO est devenu la monnaie unique, en 1999, mais de fait le choix du marché unique nous poussait dans le sens au moins d'un rapprochement volontaire ; on a préféré la marche forcée, mais le résultat final est comparable.

Ensuite, la politique monétaire ne peut plus être menée, comme on l'a longtemps fait, de manière conjoncturelle ; elle doit s'inscrire dans la durée, ce qui implique des autorités monétaires (nationales ou européennes) indépendantes des pressions politiques. Les schémas keynésiens des politiques monétaires conjoncturelles ont disparu ; ceci n'a rien à voir directement avec la monnaie unique, mais il est clair que l'euro est soumis à ces nouvelles réalités, comme n'importe quelle monnaie : demain, comme aujourd'hui, l'Euro ne pourra servir à des relances artificielles. Certes, fin 2008, début 2009, la BCE s'est plus alignée sur la politique américaine de relance par de faibles taux d'intérêt mais on peut supposer cette attitude provisoire. On finira nécessairement par revenir à des politiques monétaires restrictives pour lutter contre l'inflation.

Enfin, deux conceptions de la construction monétaire se sont affrontées : dans un cas, celui qui a été finalement retenu, on avait une construction commune, venant du sommet, qui conduisait à imposer une monnaie unique et qui passait donc nécessairement par un renforcement progressif des changes fixes en Europe, puis par des politiques communes : sur le plan institutionnel, on se situe alors largement dans une perspective fédérale, même si tout le monde ne le dit pas explicitement.

Dans l'autre, on avait une version concurrentielle, qui vise par exemple à sélectionner peu à peu la monnaie qui semble la plus performante et qui impliquait alors la persistance des monnaies nationales et donc une certaine autonomie des politiques économiques – pour ne pas dire « souveraineté » – (et, sur le plan institutionnel, des relations plus souples entre les États) : cela n'aurait pas empêché des rapprochements, des harmonisations, par exemple sur le plan fiscal, mais qui auraient été spontanés, fruit de systèmes en concurrence, et non imposés du sommet par des politiques communes et obligatoires.

A la limite, certains, comme F. Hayek, voulaient aller encore plus loin, pour remettre en cause le principe même du monopole des banques centrales sur la création monétaire, en préconisant une véritable concurrence monétaire. C'est un point de divergence, y compris entre auteurs libéraux, Friedman, pour sa part, voulant que les banques centrales gardent le monopole de l'émission monétaire.

Dans tous les cas, il reste une ambiguïté fondamentale de ces politiques économiques actuellement appliquées en Europe : elles veulent contrôler l'émission de monnaie (politique monétaire interne) et en même temps contrôler le prix de la monnaie (en particulier le taux de change) : il suffit d'entendre les hommes politiques se désoler lorsque l'euro baisse par rapport au dollar ou au contraire lorsque c'est le dollar qui baisse par rapport à l'euro.

Or il est impossible de fixer indépendamment quantité et prix sur un marché. Si l'on donne la priorité aux changes fixes, il ne faut pas s'étonner d'avoir une politique monétaire contrainte qui en résulte. On voit bien à quelles impasses cette vision des choses a pu conduire dans le passé, entre pays d'Europe, par exemple, dans les relations franco-allemandes : nous voulions alors une fixité de la parité franc-mark, nous avons subi en conséquence le niveau élevé des taux d'intérêt allemands, qui se répercutait chez nous afin de défendre la parité du franc. Nous ne pouvons pas mener la politique monétaire de notre choix et espérer garder une stabilité des taux de change. Or cette leçon vaudra aussi à terme entre l'Europe et les États-Unis.

Et si chacun veut être libre de sa politique monétaire et, plus généralement, économique, il faut que cela se traduise par des variations des taux de change et donc par des changes flottants. On se situe dans ce cas à l'opposé de la vision centralisatrice de l'Europe de J. Delors : les nations continuent à jouer leur rôle et, sur le plan économique et, en particulier, monétaire, c'est la concurrence qui est déterminante. Or, la concurrence passe par des changes flottants, reflétant les variations de confiance dans les monnaies nationales.

C'est la direction opposée qui a, à l'évidence, été choisie avec la monnaie unique. Celle-ci, jointe aux critères de convergence à réaliser au préalable, implique non seulement une politique monétaire commune, mais aussi une politique budgétaire comparable (limitation du déficit budgétaire et de l'endettement public). Les hommes politiques qui veulent aujourd'hui que l'euro soit stable par rapport au dollar, par exemple, ne réalisent pas qu'ils commettent la même erreur, puisqu'ils condamnent ainsi l'Europe à s'aligner sur la politique américaine. Il est vrai que le dollar a beaucoup varié par rapport à l'euro : en 1999-2000 l'euro a baissé, de 2000 à fin 2008, c'est la dollar qui a baissé. Début 2009, à nouveau le dollar a monté et l'euro baissé. Ces mouvements de taux de change sont normaux en changes flottant quand les conjonctures ou les taux d'intérêt sont trop différents.

Tout cela montre que l'on tire rarement les conséquences d'une décision. Le choix de la monnaie unique, pour en revenir à la seule Europe, a été fait : il est cohérent avec des politiques communes et finalement une intégration politique. D'autres choix auraient été possible, laissant à chacun plus de marge de manœuvre. Mais on ne peut avoir une monnaie unique et prétendre faire ce que l'on veut dans les autres domaines : par exemple la fiscalité française ou le poids de sa protection sociale sont des boulets dans la compétition européenne.

On n'échappera pas à l'harmonisation, à cause des réalités de la concurrence et, au-delà, de la mondialisation. Mais l'harmonisation peut être obligatoire et imposée « par Bruxelles », méthode choisie avec la conception centralisatrice de l'Europe ; elle peut être plus spontanée et résulter d'adaptations choisies par chacun, dans une vision de l'Europe qui met au premier plan la notion de subsidiarité et donc la diversité. Ce n'est pas la même chose et la monnaie unique est le contraire de la subsidiarité.

Titre II

ANALYSE MACRO-ÉCONOMIQUE

La distinction entre l'analyse micro-économique et l'analyse macro-économique est largement artificielle. Elle a surtout été introduite par les keynésiens, qui sont persuadés que les instruments d'analyse doivent être différents lorsque l'économie change d'échelle, passant du niveau individuel au niveau collectif.

La distinction est aussi très utilisée sur un plan pédagogique, car elle permet de distinguer les équilibres d'agents, le consommateur, le producteur, le marché, des équilibres nationaux, impliquant en particulier l'action de l'État dans le cadre de la politique économique.

Mais l'analyse macro-économique elle-même s'est profondément renouvelée ; la politique économique aussi ; aujourd'hui, on retrouve au minimum les fondements microéconomiques des déséquilibres macro-économiques. Derrière les apparences globales se cachent toujours les réalités des agents qu'il faut apprendre à redécouvrir, y compris lorsqu'on prétend influencer leurs comportements.

Il existe toute une palette d'écoles et de courants ayant analysé l'économie sur un plan « macro-économique » et en ayant tiré des conséquences de politique économique. Mais il est possible de simplifier en retenant deux groupes de courants, qui se distinguent par l'analyse, mais aussi par les conséquences qu'on peut en tirer pour la politique économique : l'analyse keynésienne, qui fonde les politiques de type interventionniste, et les analyses néoclassiques, au sens le plus large du terme, mais aussi monétaristes ou autrichiennes, qui fondent au contraire les politiques libérales.

Chapitre I

L'ANALYSE KEYNÉSIENNE ET LES POLITIQUES INTERVENTIONNISTES

J.-M. Keynes est un économiste anglais qui a profondément influencé la politique économique menée au XXe siècle. Né en 1883, il est mort en 1946 et son œuvre majeure, « La théorie générale de l'emploi, de l'intérêt et de la monnaie » a été publiée en 1936. Cela signifie que toute sa pensée est dominée par la grande crise des années 30 et par la volonté de chercher des explications et des solutions à cette crise.

En même temps, comme la crise se traduit par une baisse des prix, mais aussi par une baisse de la production et une hausse du chômage, il va chercher à analyser deux situations, pour lui distinctes, le chômage (sans inflation) et l'inflation (sans chômage).

Son analyse est avant tout conjoncturelle – il ne s'intéresse pas au long terme, ni aux questions de structures ; elle est surtout typiquement macro-économique et globale, que ce soit dans les instruments d'analyse comme dans les solutions proposées.

Cette analyse keynésienne a eu une importance considérable, surtout dans l'après-guerre, où des versions simplifiées ont inspiré l'essentiel de la politique économique jusqu'aux années 70. La plupart des gouvernements ont mené des politiques d'inspiration keynésienne, jusqu'à ce que l'apparition de nouveaux déséquilibres (dont la stagflation), comme le renouveau de l'analyse néoclassique et surtout autrichienne, viennent remettre en cause cette suprématie keynésienne. On peut cependant se demander si, à l'occasion de la crise financière et économique de 2008-2009, on n'assiste pas dans la politique économique au grand retour de Keynes.

SECTION I. LES INSTRUMENTS D'ANALYSE

§ 1. DEMANDE GLOBALE, CONSOMMATION ET INVESTISSEMENT

L'élément central de l'analyse keynésienne est la notion de demande globale. On retrouve ici l'influence de la tradition de Malthus, qui considérait déjà que l'insuffisance de la demande était la source principale des déséquilibres économiques. Cette tradition s'oppose à celle de J.-B. Say, qui influencera au contraire les néoclassiques, en considérant que c'est l'offre qui joue l'élément déterminant dans l'équilibre économique.

Dans une économie fermée, ou en tous cas qui néglige le commerce extérieur, cette demande globale a trois composantes essentielles : la consommation (C) (au sens de consommation des ménages), l'investissement (I) (au sens d'investissement productif des entreprises), et les dépenses publiques (G). Cette dernière notion ne pose guère de problèmes de définitions et ce sont les pouvoirs publics qui fixent le niveau de ces dépenses publiques (par exemple d'équipements collectifs). Par contre, il faut préciser comment Keynes conçoit la détermination de la consommation et de l'investissement. Enfin, on dira que : $Dg = C + I + G$, pour exprimer le fait que la demande globale est égale à la somme de ces trois composantes.

- *La consommation :* Keynes s'interroge sur les facteurs déterminant le volume de la consommation, c'est-à-dire sur la fonction de consommation. Celle-ci joue un rôle fondamental dans l'équilibre keynésien.

Pour Keynes, cette fonction macro-économique de consommation s'appuie avant tout sur la loi psychologique fondamentale qui exprime le fait que les individus sont déterminés en moyenne à accroître leur consommation lorsque leur revenu s'élève, mais pas autant que l'augmentation de leur revenu.

Ccla vcut d'abord dirc quc la consommation (C) est fonction du revenu des ménages (Y) : $C = f(Y)$. Plus précisément, c'est une fonction croissante du revenu, c'est-à-dire que lorsque le revenu augmente, la consommation augmente.

Pour approfondir cette notion, Keynes introduit les concepts de propensions moyenne et marginale à consommer.

La propension moyenne à consommer exprime le rapport entre l'ensemble de la consommation (C) et le revenu (Y). On écrira :

$$\bar{c} = \frac{C}{Y}$$

La propension marginale à consommer (c') exprime pour sa part le rapport entre l'accroissement de la consommation et l'accroissement du revenu (mathématiquement, elle est donc égale à la dérivée de la fonction de consommation).

Cette propension marginale à consommer (c') est comprise entre O et 1 (puisque d'une part, lorsque le revenu augmente, la consommation augmente, donc $c' > 0$, d'autre part parce que la consommation, pour Keynes, augmente moins vite que le revenu, donc $c' < 1$).

Si l'on suppose cette propension marginale à consommer constante, la fonction de consommation keynésienne devient alors très simple, puisqu'elle est représentée par une droite (la fonction étant du premier degré, puisque sa dérivée est une constante).

Cette représentation est essentielle pour comprendre plusieurs points de l'analyse keynésienne : non seulement le lien entre le revenu et la consommation, mais encore le fait que, dans une économie, plus le revenu augmente, plus la part consacrée à la consommation diminue (en d'autres termes plus la part consacrée à l'épargne augmente).

Cela signifie que, la propension marginale à consommer étant constante, la propension moyenne à consommer ne cesse de diminuer lorsque le revenu augmente. Or c'est un point qui a été très discuté par la suite, y compris sur le plan empirique.

En effet, divers tests ont été effectués à partir de ces fonctions de consommation. L'un d'entre eux consiste à analyser des budgets des ménages, dans une « coupe instantanée ». On compare différents ménages ayant des niveaux de revenus différents. On constate alors que plus le revenu est élevé, plus la part de la consommation est faible et donc plus la part de l'épargne est forte. Dans ce cas, la fonction keynésienne semble confirmée.

Mais une autre analyse (dite de « séries chronologiques ») donne des résultats inverses; cette fois, on raisonne au niveau national et on compare, dans un pays, l'évolution du revenu et celle de la consommation. Or, on constate alors qu'au-delà de fluctuations à court terme, la tendance de long terme est nette : il n'y a pas de modifications sensibles des parts respectives de la consommation et de l'épargne, lorsque le revenu s'élève dans une économie.

Autrement dit, la propension moyenne à consommer est stable lorsque le revenu s'accroît dans une économie, ce qui infirme la fonction keynésienne.

D'autres analyses sont venues par la suite infirmer la fonction keynésienne. C'est le cas en particulier du revenu relatif et du revenu permanent.

L'analyse du revenu relatif montre que ce qui influence la consommation, ce n'est pas seulement le revenu courant, mais aussi le revenu passé. Si, dans une économie, le revenu chute, les ménages peuvent essayer de maintenir leur niveau de consommation, en se référant au niveau antérieurement atteint. Pour cela, ils vont évidemment moins épargner. (Effet de crémaillère de Modigliani).

De même, lorsque des ménages changent d'environnement, modifiant la situation relative de leur revenu (par rapport à leurs voisins ou à leurs collègues de travail) sans changer leur revenu absolu, leur consommation change : il y a là un effet de démonstration (Duesenberry) qui montre que la situation relative des ménages dans l'échelle des revenus joue aussi un rôle.

Friedman va plus loin dans la remise en cause de la fonction keynésienne de consommation avec l'analyse du revenu permanent (utilisée également dans sa fonction de demande de monnaie). Ce revenu permanent représente une estimation du revenu moyen espéré à long terme. Il tient compte des anticipations des ménages, en particulier liées à la croissance probable du revenu futur.

Les ménages ont alors une consommation courante qui se divise en deux : une consommation permanente, qui dépend étroitement de ce revenu permanent estimé par les ménages ; et une consommation transitoire, qui varie suivant le revenu transitoire (en hausse et en baisse) qui sépare le revenu effectif du revenu permanent. Et il n'y a pas de lien étroit entre revenu transitoire et consommation transitoire. Dans ces conditions, il n'y a pas non plus de lien stable entre revenu courant et consommation courante.

Enfin, d'autres auteurs vont plus loin et songent à une théorie du cycle vital, dans laquelle la consommation des ménages dépendrait non pas de leur revenu courant, mais d'une estimation à très long terme de leur revenu (à la limite pendant toute leur existence), tenant compte par exemple d'un profil de carrière, ce qui explique les évolutions de la consommation et de l'épargne tout au long de la vie humaine.

Ces débats, qui peuvent paraître abstraits, sont essentiels, car la fonction de consommation est au cœur de l'analyse keynésienne : si, comme le soutient Keynes, la consommation courante dépend étroitement du revenu courant, des politiques de relance par la consommation pourront être envisagées, puisqu'un accroissement (même artificiel) du revenu aura des effets sur la consommation. Mais si le lien est rompu entre consommation et revenu courants, ces politiques n'auront pas le même impact et une hausse artificielle du revenu, perçue comme provisoire, pourra n'avoir aucun impact sur la consommation.

- *L'investissement* : autre instrument d'analyse important pour Keynes, l'investissement, deuxième composante de la demande globale.

Pour Keynes, l'investissement dépend avant tout de son coût et de son rendement. Le rendement est appelé l'efficacité marginale du capital (sorte de taux de rendement moyen). Le coût de l'investissement est représenté par le taux d'intérêt (quel que soit son mode de financement, interne ou externe). Dans ces conditions, les entreprises investiront si le rendement est supérieur au coût, c'est-à-dire si l'efficacité marginale du capital est supérieure au taux d'intérêt.

Le taux d'intérêt, à son tour, dépendra de l'offre et de la demande de monnaie. L'offre de monnaie émane des autorités monétaires et, par ce biais, Keynes considère qu'on peut influencer le taux d'intérêt. Par contre la demande de monnaie émane des agents économiques : c'est la préférence pour la liquidité, soumise aux motifs de transaction, précaution et spéculation.

Le point essentiel tient au fait que l'investissement ainsi défini est autonome. Cela veut dire qu'il ne dépend pas en particulier du niveau de revenu ou de production (Y) de cette économie : il est stable, quelle que soit l'évolution du revenu.

A partir de ces éléments essentiels, macro-économiques, que sont la consommation, l'investissement et les dépenses publiques, Keynes peut définir divers équilibres qui expliquent en particulier l'inflation et le chômage.

§ 2. LES ÉQUILIBRES KEYNÉSIENS

Keynes distingue les équilibres sur divers marchés : marchés des biens et des services (entre l'offre globale et la demande globale), marché du travail (entre offre et demande d'emplois) et marché de la monnaie (entre offre et demande de monnaie). Ces équilibres ne coïncident pas nécessairement, contrairement à l'analyse néoclassique, car pour Keynes certains prix ne sont pas flexibles, à commencer par le prix du travail : pour lui, le salaire nominal est rigide à la baisse, ce qui empêche les ajustements nécessaires sur ce marché.

Il faut donc, en particulier, bien distinguer l'équilibre sur le marché des biens et services de celui du marché du travail, qui peuvent se produire pour des niveaux de revenus et de production différents.

Du côté des biens et services, l'équilibre se fait entre l'offre globale et la demande globale. L'offre globale (ou Y) représente la quantité de biens et services que les entreprises veulent vendre dans cette économie. La demande globale, comme on l'a vu, représente la consommation et l'investissement (éventuellement les dépenses publiques si l'on introduit l'État).

Il y aura donc équilibre sur le marché des biens et des services lorsque Og = Dg, c'est-à-dire lorsque l'offre globale sera égale à la demande globale. On écrira alors :

$$Y = C + I,$$

dans laquelle Y représente à la fois l'offre et le revenu (puisqu'il y a identité entre le niveau de production et le niveau de revenu qui en découle nécessairement), C la consommation, et I l'investissement.

Il s'agit en réalité d'une condition d'équilibre macroéconomique. En effet, si l'on raisonne ex post, il y aura forcément équilibre entre ce qui a été produit (Y) et ce qui a été utilisé (C et I). Mais ici on se situe ex ante, et il s'agit d'une condition pour aboutir à un équilibre macro-économique.

On peut l'exprimer autrement, en remarquant aussi que Y représente le revenu. Or celui-ci peut seulement être consommé (C) ou être épargné (S). On écrira donc :

$$Y = C + S.$$

En comparant les deux identités (Y = C + I et Y = C + S), on en déduit aussitôt que C + I = C + S et donc que I = S. C'est une autre façon de formuler la condition de l'équilibre keynésien sur le marché des biens et services : il faut que l'épargne soit égale à l'investissement.

Une fois déterminé ce revenu d'équilibre (Ye) qui assure l'égalité entre l'offre et la demande globale, il faut se demander comment se situe l'équilibre du marché du travail par rapport à cet équilibre du marché des biens et services. On appellera Ype le niveau de revenu (et de production) qui assure l'équilibre entre l'offre et la demande d'emplois, c'est-à-dire l'équilibre du marché du travail : c'est le niveau qu'il faut produire pour que l'on soit au plein emploi, c'est-à-dire que chacun ait trouvé du travail.

Comment se situent ces deux revenus, Ye et Ype ? Deux situations se présentent alors dans l'analyse keynésienne, déterminant deux types d'équilibre : d'une part lorsque le revenu d'équilibre est inférieur au revenu de plein emploi, d'autre part lorsque, à l'inverse, c'est le revenu de plein emploi qui est inférieur au revenu d'équilibre.

Dans le premier cas, on obtient un équilibre de sous-emploi. En effet, si le revenu d'équilibre est inférieur au revenu de plein emploi, on constate que l'économie ne peut évidemment s'équilibrer au niveau du plein emploi. Elle s'équilibre par définition au niveau de revenu qui assure l'équilibre des biens et services, c'est-à-dire l'égalité entre l'offre et la demande globale.

Pourquoi l'économie ne s'équilibre-t-elle pas au niveau du plein emploi ? Parce qu'à ce niveau là il existe un écart (ou gap) entre l'offre globale et la demande globale. Plus précisément, il s'agit d'une insuffisance de la demande globale par rapport à l'offre globale (ce qui s'explique en particulier à cause de la fonction de consommation, puisque cette dernière, pour Keynes, progresse moins vite que le revenu). Cet écart est appelé un écart déflationniste.

C'est ainsi, par exemple, que si, dans une économie, le revenu d'équilibre est de 4000 milliards (c'est lui qui assure l'équilibre des biens et services) et le revenu de plein emploi de 4500 milliards (c'est lui qui assure l'équilibre du marché du travail), l'économie va s'équilibrer d'elle-même au niveau Ye soit 4000 milliards. Or il aurait fallu produire plus pour arriver au plein emploi (soit 4500 milliards). Cette insuffisance de production va donc provoquer du chômage.

C'est ce qui explique cette expression d'équilibre de sous-emploi : il y a équilibre sur le marché des biens et services, mais déséquilibre sur le marché du travail (en l'occurrence sous-emploi, c'est-à-dire chômage). Quelle est donc l'explication keynésienne du chômage ? Elle se résume en un point fondamental : l'insuffisance de la demande globale. Car, si la demande globale avait été plus forte, l'économie se serait équilibrée à un niveau plus élevé, éventuellement au plein emploi. Ce n'est pas le cas, à cause de la faiblesse de la demande.

C'est pour cela que Keynes accorde une telle importance à ce concept de demande globale, qui est pour lui la source de l'équilibre ou du déséquilibre. L'offre ne fait que suivre la demande et tout accroissement de la demande déplacera le niveau d'équilibre et modifiera ainsi le chômage, comme on le verra dans la politique économique keynésienne.

On peut naturellement discuter tel ou tel point. En particulier, en dehors des fonctions de consommation qui ont déjà été contestées (voir § 1), on peut aussi relever la notion de revenu de plein emploi : cela signifie qu'il existe un niveau de production et un seul qui assure le plein emploi (qui est en lui-même une notion floue, car une économie n'est jamais au plein emploi, en raison des rigidités et des imperfections du marché du travail).

Or il existe en fait plusieurs niveaux de production qui assurent le plein emploi, si l'on considère la possibilité d'une certaine substitution entre les facteurs de production. (On peut produire avec plus de travail et moins de capital, ou l'inverse, suivant les coûts de ces facteurs). Mais l'hypothèse keynésienne de rigidité du salaire nominal à la baisse rend tout rééquilibrage du marché du travail par la variation du prix (c'est-à-dire du salaire) inopérant.

Enfin, le point central de cette analyse, très simplifiée ici, est bien le suivant : c'est l'insuffisance de la demande globale qui est à la source du déséquilibre du marché du travail, c'est-à-dire du chômage. L'insuffisance de production, c'est-à-dire d'offre, n'est qu'une conséquence de l'insuffisance de la demande. Toute la politique économique keynésienne de manipulation de la demande découlera évidemment de cette analyse.

Mais on observera aussi que, dans ce premier cas, l'économie ne connaît point d'inflation : cette première situation keynésienne est celle d'un chômage sans inflation, ce qui correspond en partie à la situation des années 30, mais qui n'a guère de sens aujourd'hui.

Il existe par contre aussi une analyse keynésienne de l'inflation. C'est la situation d'équilibre de sur-emploi. Dans ce cas, c'est le revenu de plein emploi qui est situé en-dessous du revenu d'équilibre : Ype est inférieur à Ye.

Comme toujours, l'économie va s'équilibrer en Ye, revenu d'équilibre, assurant l'égalité entre l'offre globale et la demande globale. Pourquoi ne peut-elle pas s'équilibrer au revenu de plein emploi ? Parce que cette fois on observe un écart, au niveau d'Ype, entre offre et demande, mais cet écart est désormais un écart (ou gap) inflationniste : il s'agit d'un excès de la demande globale sur l'offre globale (en particulier trop de consommation des ménages).

Si le revenu de plein emploi est cette fois de 3500 milliards de francs et le revenu d'équilibre de 4000 milliards, l'économie ne pourra s'équilibrer au plein emploi (3500) puisqu'en ce point la demande globale est supérieure à l'offre globale. Elle va donc s'équilibrer en Ye, soit 4000. Comment est-ce possible, puisqu'à partir de Ype (3500) il est impossible de produire plus, faute de main d'œuvre disponible (tout le facteur travail est utilisé) ? La hausse des grandeurs économiques est alors purement nominale (faute de main d'œuvre) et l'équilibre se fait finalement au prix d'une hausse du niveau général des prix, c'est-à-dire d'une inflation.

Cette fois, la situation mise en évidence (l'équilibre de suremploi) est une situation d'inflation sans chômage : il n'y a pas de chômage, puisque l'on est même au-delà du plein emploi ; mais il y a inflation, puisque que l'on a un excès de demande globale sur l'offre globale. L'explication keynésienne de l'inflation est simple : c'est l'excès de demande globale (consommation, investissement, dépenses publiques) qui provoque l'inflation.

Le schéma keynésien distingue donc deux situations : le chômage sans inflation (en raison d'une insuffisance de demande globale) et l'inflation sans chômage (en raison d'un excès de demande globale). La politique économique keynésienne va donc chercher à jouer sur la demande globale pour résorber l'un ou l'autre de ces déséquilibres.

SECTION II. LA POLITIQUE ÉCONOMIQUE KEYNÉSIENNE

Dans la politique économique keynésienne, il faut distinguer les politiques de relance, destinées à lutter contre le chômage, des politiques de freinage, destinées à lutter contre l'inflation, avant de s'intéresser aux faiblesses et aux limites de ces politiques.

§ 1. LES POLITIQUES DE RELANCE

Il s'agit de politiques qui sont appliquées dans des situations d'équilibre de sous-emploi. Ces situations, on l'a vu, sont caractérisées par un chômage qui se produit en période de baisse des prix ou du moins en l'absence d'inflation. Ce chômage keynésien s'explique donc par une insuffisance de demande globale.

La solution keynésienne est alors très simple : il faut accroître la demande globale, pour l'amener peu à peu au niveau qui permette à l'économie de s'équilibrer au plein emploi. Il faut donc arriver à faire coïncider le revenu d'équilibre avec le revenu de plein emploi.

Ces politiques d'accroissement de la demande globale sont encore appelées des politiques de relance, puisqu'elles visent à relancer l'économie par l'action sur la demande. L'idée keynésienne est qu'il s'agit de passer d'un équilibre (celui de sous-emploi) à un autre (celui de plein emploi) et qu'il faut pour cela un choc initial déséquilibrant, qui viendra d'une action de l'État sur la demande ; en l'absence d'une telle politique, l'économie serait condamnée à rester en situation d'équilibre de sous-emploi, c'est-à-dire de chômage durable.

La relance de la demande globale peut porter sur n'importe quel élément de cette demande : la consommation, l'investissement, les dépenses publiques. Le principe est celui du multiplicateur, c'est-à-dire qu'à partir du choc constitué par le plan de relance, l'économie va peu à peu déplacer son équilibre par une sorte d'effet boule de neige.

C'est le cas par exemple en partant d'une relance par les investissements publics. Un tel accroissement provoque une hausse identique du revenu et de la production, puisqu'il s'agit d'accroître les équipements d'un certain montant et que ces travaux entraînent une distribution de salaires, intérêts, profits, qui augmentent les revenus du même montant.

Les ménages qui perçoivent ces nouveaux revenus vont alors en dépenser une fraction, déterminée par leur propension marginale à consommer (c'), le reste étant épargné. Cet accroissement de consommation va entraîner en réponse un accroissement de production de la part des entreprises, d'un montant égal à c' que multiplie l'accroissement de revenu (par exemple si c'= 0,8 et si l'accroissement initial de revenu est de 10 milliards, la consommation augmentera de 0,8 x 10 soit 8 milliards).

Ce nouvel accroissement de consommation entraîne une augmentation identique de production (soit 8 milliards). Cette production nouvelle permet une distribution de revenus du même montant, qui va permettre à son tour une nouvelle consommation. Celle-ci sera égale à 0,8 x 8, soit 6,4 milliards. Et ainsi de suite.

Il y a donc un véritable processus multiplicateur, puisqu'à partir d'un accroissement initial d'investissement, on assiste à une succession production/revenu/consommation/nouvelle production, etc. Au total, on obtient un accroissement final de revenu et de production (permettant de passer du revenu d'équilibre initial à un nouveau revenu d'équilibre égal à celui de plein emploi) qui sera un multiple de l'accroissement initial d'investissement.

On peut mesurer cet effet multiplicateur, qui est égal à :

$$\frac{1}{1 - c'}$$

Par exemple, avec une propension marginale à consommer c' égale à 0,8, la valeur du multiplicateur sera de 5. Cela veut dire qu'à la fin du processus, le plan de relance de 10 milliards aura permis un accroissement de revenu de 5 x 10 soit 50 milliards.

Concrètement, les plans de relance keynésiens peuvent utiliser n'importe quel élément de la demande globale, avec des effets multiplicateurs variables. On pourra donc envisager une relance par la consommation, une relance par l'investissement, une relance par les dépenses publiques, ou éventuellement plusieurs de ces éléments en même temps.

La relance par la consommation : il s'agit d'accroître la consommation des ménages, dans le but d'augmenter la demande et donc la production. La difficulté vient du fait que le revenu ne peut être fixé n'importe comment : il découle directement de la production, puisqu'il y a globalement identité entre ces deux agrégats. Comment peut-on alors accroître le revenu ? Il ne s'agit pas, par exemple, par une intervention étatique, d'accroître simplement les salaires, car les autres revenus diminueraient et l'effet risquerait d'être neutre.

On peut alors envisager une première solution, qui consiste à accroître le revenu disponible, c'est-à-dire le revenu après impôt, qui est celui qui influence la consommation des ménages ; pour cela, il faut évidemment réduire les impôts. C'est une technique assez peu utilisée, car le schéma interventionniste keynésien va plutôt dans le sens d'un accroissement du rôle de l'État et donc des dépenses et des recettes publiques, mais c'est une possibilité, employée par exemple aux États-Unis au début des années 60, par le président Kennedy ou encore dans certains des plans de relance de 2009 (USA, Allemagne), aux côtés de mesures de hausses des dépenses.

Bien entendu, il ne s'agit pas de réduire parallèlement les dépenses publiques, sinon l'effet de relance serait contrebalancé, au moins en partie, par un effet de freinage. Cette politique conduit donc à créer ou à accroître le déficit budgétaire, l'idée keynésienne étant qu'un déficit du budget pour rétablir un équilibre de plein emploi n'a pas de conséquences négatives et qu'il vaut mieux atteindre celui-ci, fût-ce au prix d'un déficit des finances publiques.

La politique de relance par la consommation peut aussi passer par un accroissement des revenus de transferts, du type prestations sociales. Là encore, l'accroissement de ces revenus « sociaux » ne doit pas s'accompagner d'une hausse équivalente des recettes (cotisations sociales, impôts) pour provoquer un plein effet de relance : le déficit budgétaire ou celui des régimes sociaux va là encore progresser.

Enfin, les keynésiens envisagent la possibilité de jouer sur les différences de propension à consommer entre groupes sociaux : il s'agit d'accroître parallèlement les impôts et autres prélèvements obligatoires (en réduisant ainsi le revenu des plus « riches », ayant une faible propension à consommer), pour les redistribuer en nouveaux revenus aux plus « pauvres » (ayant une plus forte propension à consommer) : au total, la consommation devrait progresser (et l'épargne se réduire).

La deuxième politique keynésienne possible consiste à *relancer l'économie par les investissements*. Ceux-ci, dans les entreprises, dépendent avant tout de l'efficacité marginale du capital et du taux d'intérêt. Il suffit alors de réduire le taux d'intérêt pour rendre, par comparaison, de nouveaux investissements rentables. Les entreprises vont alors augmenter les investissements productifs, ce qui va accroître la demande. Cette baisse du taux d'intérêt, pour les keynésiens, sera obtenue grâce à un accroissement de l'offre de monnaie. C'est ce que l'on voit en 2008-2009, où les banques centrales diminuent le taux intérêt dans l'espoir de relancer l'investissement productif.

Enfin, les politiques keynésiennes peuvent aussi *agir directement sur les dépenses publiques*, par exemple les équipements collectifs : il suffit là encore d'accroître ces dépenses sans augmenter parallèlement les prélèvements obligatoires. Là aussi, un déficit budgétaire va apparaître ou se développer, provoquant un effet de relance.

Les politiques d'action sur la consommation ou sur les dépenses publiques sont avant tout des politiques budgétaires, qui passent par la hausse des dépenses, la baisse des impôts et la hausse du déficit public. La politique de relance par l'investissement, utilisant la baisse du taux d'intérêt, est avant tout une politique monétaire.

On retrouve dans ces politiques l'esprit du New Deal de Roosevelt, au moment de la grande crise, avec les politiques de grands travaux. Plus généralement, ces politiques ont été systématiquement utilisées dans l'après-guerre, chaque fois qu'on observait un ralentissement économique et un accroissement du chômage.

En France, on retrouve par exemple des politiques de ce type utilisées en 1975 et en 1981. En 1975, le gouvernement Chirac a mis au point un plan de relance, utilisant toute la panoplie keynésienne (baisse des impôts, hausse des dépenses, déficit budgétaire, baisse des taux d'intérêt), dans l'espoir de mettre fin à la récession qui a suivi la crise de l'énergie.

En 1981, la gouvernement Mauroy pratiquait une politique massive, essentiellement orientée autour de la relance par la consommation (la relance par la « consommation populaire »). Mais les impôts ont également progressé et la baisse des taux d'intérêt n'a pu être utilisée en raison des difficultés externes du franc. La relance a donc porté avant tout sur un accroissement considérable de la consommation des ménages. En 2008, en France, le plan de relance a largement été centré sur les investissements publics, mais aussi sur la relance de la consommation (prime à la casse par exemple pour l'automobile).

A la limite, les keynésiens soutiennent enfin qu'un accroissement parallèle des impôts et des dépenses a également un effet (faible) de relance, puisque l'effet de relance par les dépenses publiques aurait un effet supérieur à l'effet de freinage entraîné par la hausse des prélèvements obligatoires (théorème d'Haavelmo).

§ 2. LES POLITIQUES DE FREINAGE

Dans ce cas, on part d'une situation inverse de la précédente, à savoir une situation d'inflation : l'économie se trouve en équilibre de sur-emploi. Le chômage est inexistant et l'inflation trouve sa source dans un excès de demande globale.

La lutte contre l'inflation passe alors par une politique de freinage de cette demande; il s'agit donc de politiques de rigueur, même si ce terme, ambigu, peut couvrir d'autres politiques que les politiques keynésiennes de freinage.

Dans le cas de la politique keynésienne de lutte contre l'inflation, le freinage de la demande globale peut passer par l'action sur la consommation, sur l'investissement, sur les dépenses publiques. On retrouve donc, mais utilisés en sens inverse, les mêmes instruments de politique économique que dans le cas précédent.

Le freinage par la consommation passe avant tout par une réduction du revenu. Cette réduction peut être obtenue par une hausse des impôts (sans accroître pour autant les dépenses publiques), ce qui réduira d'autant le revenu disponible, mais aussi le déficit budgétaire. On peut aussi utiliser la réduction des dépenses de redistribution et de transferts sociaux, ce qui produira le même effet.

Le freinage par l'investissement passe pour sa part par une hausse du taux d'intérêt. Cette hausse rendra, par comparaison, les investissements moins rentables, et les entreprises vont alors réduire ceux-ci, ce qui diminuera d'autant la demande.

Enfin, il est possible de chercher à réduire la demande globale en diminuant les dépenses publiques (par exemple les dépenses d'investissement public), ce qui, là encore, devrait réduire, voire supprimer, le déficit budgétaire, puisque les prélèvements obligatoires resteraient au même niveau.

On retrouve donc, comme dans le cas précédent, avant tout une politique budgétaire (cette fois par hausse des impôts, baisse des dépenses, réduction du déficit), ou, plus rarement, une politique monétaire (grâce à la hausse du taux d'intérêt).

Ces politiques de freinage ont, elles aussi, été utilisées, mais moins souvent que les politiques de relance, car les politiques keynésiennes mettent avant tout l'accent sur la recherche permanente du plein emploi. On en trouve des exemples plus nombreux dans les années 70, lorsque l'inflation a atteint des niveaux plus élevés. C'est par exemple le cas en France en 1974.

Immédiatement après le choc pétrolier de 1973, et une période de transition due à la disparition du Président de la République (G. Pompidou), et l'élection du nouveau Président (V. Giscard d'Estaing) en 1974, le gouvernement Chirac a mis au point un plan de freinage. En effet, le ministre de l'économie, J.-P. Fourcade, analysait la situation économique comme étant une situation d'inflation par la demande.

Le plan de freinage a joué alors sur tous les éléments de la panoplie keynésienne : hausse des impôts, baisse des dépenses, disparition du déficit budgétaire et hausse du taux d'intérêt.

En 1982 et surtout 1983, après les déséquilibres provoqués par la relance, (accentuant en particulier le différentiel d'inflation franco-allemand) le gouvernement Mauroy est également passé à une phase de rigueur. Le plan de freinage de l'inflation n'a pas seulement utilisé la panoplie keynésienne, mais aussi une action sur la masse monétaire. En ce qui concerne l'aspect keynésien de ce plan, on trouve bien à nouveau un ralentissement de la hausse des dépenses publiques et une tentative pour maîtriser, puis réduire peu à peu, le déficit budgétaire. Enfin en 2008, la Banque centrale européenne a augmenté ses taux d'intérêt, dans l'espoir de limiter l'inflation, avant d'inverser sa politique fin 2008 en baissant le taux d'intérêt pour relancer l'économie.

Ces politiques keynésiennes, de freinage comme de relance, ont donc été très utilisées. Mais elles se sont heurtées à des difficultés, à un certain nombre de critiques, qui expliquent qu'elles aient été peu à peu abandonnées dans les années 80.

§ 3. LES FAIBLESSES DES POLITIQUES KEYNÉSIENNES

L'analyse keynésienne connaît bien d'autres développements. En particulier, elle a été reformulée en utilisant les équilibres du marché des biens et services (entre l'épargne et l'investissement) et du marché de la monnaie (entre offre et demande de monnaie) : c'est le schéma IS-LM. Plus récemment, d'autres analyses sont venues renouveler certains aspects du schéma keynésien, notamment de nouvelles approches du déséquilibre.

Mais la politique économique qui a été menée dans la plupart des cas s'appuie sur une version très simplifiée du schéma keynésien, une sorte de « vulgate » utilisée par les initiateurs des politiques économiques.

Les critiques d'ordre théorique qui peuvent être adressées au schéma keynésien sont nombreuses. Certaines ont déjà été examinées : fonction de consommation (avec les analyses du revenu relatif et du revenu permanent), lien entre niveau de production et niveau d'emploi, analyse incomplète de la fonction de demande de monnaie, etc.

Mais la politique économique keynésienne elle-même, telle qu'elle a été concrètement appliquée, se heurte depuis des années à un certain nombre de critiques fondamentales. On en retiendra cinq, qui semblent déterminantes :

- *L'analyse keynésienne est trop globale* et la politique économique keynésienne aussi. En effet, tout l'équilibre macroéconomique est analysé à partir de quelques grandeurs globales (offre et demande, investissement, consommation, ...) et les déséquilibres ne sont expliqués que par l'excès ou l'insuffisance de la demande globale.

Dans ces conditions, les politiques économiques keynésiennes n'utilisent qu'un instrument : la demande globale, qui doit être augmentée ou réduite suivant les cas. Ce globalisme néglige toute la complexité de la réalité économique. Les structures du marché, de l'offre, de l'emploi, etc. sont ainsi négligées.

Mais surtout l'accent exclusif mis sur la demande néglige totalement toute la réalité de l'offre. Par exemple, dans une politique de relance, il suffit d'accroître la demande globale pour que l'économie redémarre. Autrement dit, l'offre suit toujours, et elle s'adapte aux évolutions de la demande.

Or, dans la réalité, il existe de multiples obstacles au développement de l'offre : des goulots d'étranglement, des rigidités, des impossibilités ponctuelles, sectorielles d'augmenter la production. Tout cela est négligé, puisque seule l'évolution de la demande globale est déterminante.

Dans le cas du multiplicateur, en particulier, on suppose qu'à chaque accroissement du revenu et donc de la volonté de consommer, la production s'adaptera immédiatement, sans obstacles, comme si seule l'insuffisance de demande empêchait l'économie de se développer. Il y a donc ici une double faiblesse : d'une part réduire l'analyse économique (et la politique économique) à l'étude (et à la manipulation) de quelques grandeurs ; d'autre part laisser de côté tout ce qui concerne l'offre et ses rigidités d'adaptation.

- *La question des déficits budgétaires* : la politique keynésienne la plus utilisée a longtemps été la politique de relance. Celle-ci, dans sa version la plus courante, passe par un accroissement des dépenses publiques et par un déficit budgétaire accru. Certes, cet accroissement finit un jour ou l'autre par se traduire par une hausse des prélèvements obligatoires et on observe dans la plupart des pays occidentaux une dérive dans ce domaine : la part des dépenses publiques et celle des prélèvements obligatoires ne cessent d'augmenter dans le produit intérieur brut.

Mais, en toute hypothèse, ces politiques de relance se traduisent d'abord par des déficits budgétaires. Il faut donc les financer, d'une manière ou d'une autre. En pratique, il n'y a que deux techniques pour financer un déficit des budgets publics.

La première consiste à faire appel à la banque centrale, c'est-à-dire à « faire tourner la planche à billets ». Autrement dit, c'est par la création monétaire qu'on finance une partie des dépenses publiques excédentaires. Or cette première technique présente des inconvénients évidents, puisque la masse monétaire est accrue et qu'une pression inflationniste s'exerce ainsi sur l'économie. En fait, les dépenses publiques sont ainsi financées par un impôt bien particulier prélevé sur tous : l'inflation. Cette technique est, désormais, pour l'essentiel, rendue impossible par les nouvelles dispositions concernant la Banque de France et, a fortiori, la Banque centrale européenne. Cette piste n'existe donc plus.

La deuxième technique consiste à faire appel à l'épargne. Dans ce cas, l'État, notamment, émet des emprunts destinés à récolter l'épargne du public et à financer ainsi les déficits. Cette fois, il n'y a pas a priori de risques de déséquilibres inflationnistes.

Mais ce financement du déficit par l'épargne présente d'autres inconvénients. Il ne fait que différer les financements dans le temps, et il en reporte donc la charge sur les générations futures.

En attendant, on se sert donc de l'épargne et les sommes ainsi utilisées à combler les déficits publics ne sont pas employées à autre chose. Elles auraient pu être utilisées en dépenses de consommation par les ménages (faute de quoi cela entraîne une diminution de la demande des ménages sur les marchés). Elles auraient pu aussi, sous forme d'épargne cette fois, être utilisées par d'autres agents économiques, à commencer par les entreprises, pour financer les investissements productifs : certains de ceux-ci, faute de financement, ne pourront avoir lieu. De toutes façons, l'importance de ces emprunts d'État pousse les taux d'intérêt vers le haut, ce qui réduit encore les investissements des entreprises.

Dans tous les cas, on s'aperçoit que le financement par l'emprunt du déficit budgétaire provoque une réduction de la demande (de consommation ou d'investissement) dans le secteur privé. Il y a là un effet d'éviction, en ce sens que les dépenses publiques ainsi financées viennent évincer des dépenses privées équivalentes.

On peut s'interroger sur l'effet de relance observé dans ce cas et on retrouve ici un thème déjà cher à F. Bastiat : « ce qui se voit et ce qui ne se voit pas » : ce qui se voit (le supplément de dépenses publiques et éventuellement d'emplois dans ce secteur public) cache ce qui ne se voit pas, c'est-à-dire la réduction de l'activité (et de l'emploi) dans le secteur privé. L'effet de relance est alors nul.

On voit bien comment, en France par exemple, l'évolution du déficit budgétaire, dans le cadre d'une politique keynésienne, pèse sur toute l'économie. C'est ainsi qu'en 1981, le déficit budgétaire initial était de 30 milliards de francs; les politiques de relance l'ont fait rapidement progresser en 1981 et 1982, et il a très vite dépassé les 100 milliards, puis les 150 milliards de francs ultérieurement, accentuant l'inflation et utilisant la plus grande partie de l'épargne disponible, au détriment de l'investissement, qui ne s'est pas développé en partie faute de financements. Depuis cette date, les déficits se sont toujours maintenus à un niveau élevé, pesant en particulier sur le niveau des taux d'intérêt (près de 300 milliards de francs de déficit budgétaire en 1996, ramenés peu à peu à 200 milliards environ en 1999, en raison des recettes fiscales dues à la croissance – la fameuse « cagnotte » fiscale). Plus prés de nous, en 2003-2004, le déficit budgétaire s'est à nouveau accru, dépassant les 4 % du PIB. Il a ensuite été réduit, sous l'influence européenne, avant de rebondir à l'occasion des plans de relance 2009. Résultat, en France, en 2009, les déficits publics dépassent les 6 % du PIB, augmentant massivement la dette publique. Le déficit atteint presque 25 % du montant du budget et l'ensemble des déficits publics 2009 dépasse les 100 milliards d'euros. Ces déficits excessifs menacent tout le financement du secteur productif.

- *L'existence d'économies ouvertes* : la situation actuelle de nos économies est très différente de celle de l'époque de Keynes, marquée par un repliement des économies sur elles-mêmes. Désormais, et cela de plus en plus, par exemple en raison de la construction européenne ou de l'OMC, nos économies sont des économies ouvertes. Un pays comme la France exporte et importe environ le quart de sa production. Certains pays plus petits ont des échanges extérieurs qui représentent plus de 50 % de leur PIB.

Cette situation a des conséquences considérables dans le domaine économique : on ne peut mener n'importe quelle politique économique en économie ouverte. La contrainte extérieure joue, dans les politiques keynésiennes, un rôle considérable qui rend la relance inopérante.

En effet, lorsqu'on relance la demande (par exemple la consommation comme en 1981), les ménages, ayant des revenus plus élevés, cherchent à consommer plus. Ils achètent alors les biens disponibles, et parmi ceux-ci, ceux qui sont le meilleur marché. Or, il existait en France, à l'époque, de grandes rigidités de l'offre et une forte inflation. Les entreprises françaises ont donc eu du mal à répondre à cet excès soudain de demande : les ménages se sont donc tournés vers les produits étrangers, disponibles et à moindre prix, d'où un accroissement massif des importations.

En outre, lorsque les entreprises françaises ont pu produire plus et répondre à une partie de cette demande, elles ont dû à leur tour importer des matières premières ou des biens d'équipement, d'où un nouvel accroissement des importations. Le résultat de cette politique de relance en France – au moment où les autres pays faisaient preuve de rigueur et luttaient contre l'inflation – a été d'aggraver considérablement le déficit du commerce extérieur. Celui-ci a atteint un niveau record, dépassant les 90 milliards de francs, tandis que le franc était affaibli sur les marchés des changes et connaissait trois dévaluations successives, en 1981, 82, 83.

A quoi a alors servi la politique de relance, puisque les rigidités de l'offre et les risques liés au déficit commercial ont entraîné des difficultés majeures ? En réalité, cette relance de la consommation en France a essentiellement entraîné un développement des exportations des autres pays vers la France, en particulier des exportations allemandes. On pourrait dire, en simplifiant à peine, que la relance de 1981 a essentiellement relancé... l'économie allemande.

Il n'est pas possible dans une économie ouverte de relancer à contre-courant des autres, sauf à accepter l'affaiblissement de sa monnaie et un déficit extérieur croissant. La relance de la demande n'a aucun sens si l'offre intérieure ne peut y répondre.

- *Les délais d'action :* la politique économique n'agit pas instantanément. Il existe des délais importants entre l'apparition d'un problème économique et l'impact final de la politique économique qui est alors menée. Il s'agit d'abord d'un délai interne, qui comprend un délai de perception (pour prendre conscience de l'apparition d'un nouveau déséquilibre) et un délai de décision (pour envisager par exemple un plan de relance) et le faire voter par le parlement.

Il existe surtout un délai externe, entre le moment où le plan entre en vigueur et celui où il a son plein impact sur l'économie, tout simplement parce que l'économie, en raison de multiples rigidités, est lente à réagir.

Au total, ces délais sont longs et variables : ils peuvent être d'un an, parfois plus, parfois moins. Le risque, alors, c'est qu'entre temps la situation ait changé, et que la politique économique agisse alors à contretemps. C'est surtout le cas lorsque ces politiques prétendent au « réglage fin » de l'économie (« fine tuning »).

Par exemple en France, à la suite de la crise de l'énergie de 1973, on a d'abord mis en place un plan de freinage, en 1974, analysant la situation comme inflationniste. Ce plan du printemps 74 a commencé à influencer l'économie au printemps et à l'été 75. Or, entre temps, la crise de l'énergie a eu son véritable impact sur l'économie mondiale, qui était un impact déflationniste, récessionniste : la facture pétrolière a provoqué une récession dans la plupart des secteurs. Résultat : le plan français de freinage a aggravé la récession économique !

On a alors songé à un plan de relance (septembre 1975) pour lutter contre la récession et le chômage. Ses premiers effets ont commencé à se faire sentir au printemps et à l'été 76. Mais, entre temps, la conjoncture française et mondiale avait changé et les économies connaissaient une reprise. Résultat : le plan français de relance a agi sur une économie déjà en surchauffe et a aggravé cette situation (inflation accrue et déficit extérieur), d'où le passage, en 1976, à une nouvelle politique économique (le plan Barre).

Cette situation n'est pas une particularité française. Dans bien des cas, comme une étude de l'OCDE l'a bien montré, les politiques keynésiennes de relance ou de freinage ont agi à contretemps, en raison des délais d'action, et ont aggravé la conjoncture qu'elles prétendaient stabiliser. Les gouvernements peu à peu ont découvert qu'il fallait en finir avec ces manipulations à court terme, avec ces politiques conjoncturelles et qu'il fallait inscrire la politique économique dans la durée, c'est-à-dire « stabiliser les politiques de stabilisation »...

- *La stagflation :* le schéma keynésien distingue deux situations : le chômage sans inflation (qui nécessite une politique de relance) et l'inflation sans chômage, (qui nécessite une politique de freinage). Or la situation conjoncturelle a changé et, peu à peu, dans les années 60 et surtout 70, nos économies ont connu à la fois plus de chômage et plus d'inflation. La fameuse courbe de Phillips, qui croyait opposer inflation et chômage (la réduction du chômage se payant d'une inflation plus élevée et inversement) reflète de moins en moins la réalité : elle se redresse, quand elle ne s'inverse pas carrément. La situation a alors changé et ce qui domine dans les années 70, c'est la situation de stagflation, qui cumule ainsi stagnation (et donc chômage) et inflation.

Face à cette nouvelle situation, les gouvernements ont été largement désemparés. En effet, le schéma keynésien dans lequel ils vivaient ne leur apportait plus de solution simple : avaient-ils peur de l'inflation? Ils freinaient. Craignaient-ils ensuite le chômage? Ils relançaient. Et ainsi de suite, car les deux phénomènes désormais coexistaient. C'est ce que l'on appelle les politiques de stop and go (stop, on freine; go, on relance), pratiquées dans la plupart des pays et en particulier en Grande-Bretagne dans les années 70.

Mais ces politiques ont en fait aggravé la situation; hésitant sur l'objectif prioritaire, elles ont changé plusieurs fois de sens en peu de temps; c'est ainsi qu'un plan de freinage entraînait d'abord un ralentissement économique, des disparitions d'entreprises, et donc aggravait le chômage; un plan de relance intervenant immédiatement – sans attendre que la hausse des prix ait diminué – allait surtout relancer les prix, les grandeurs nominales, et l'on se trouvait alors avec une inflation accrue, sans avoir eu le temps de résorber le chômage.

Ces politiques de stop and go ont donc largement contribué à porter toujours plus haut, dans les années 70, les taux d'inflation et les taux de chômage. En appliquant ainsi la même politique de manipulation de la demande globale dans une situation nouvelle, les gouvernements ont aggravé artificiellement la situation économique.

La conjonction de ces difficultés économiques, de cette perplexité des gouvernements face aux faiblesses des politiques keynésiennes et du renouvellement, sous diverses formes, des analyses néoclassiques, allait conduire peu à peu à un changement de cap des politiques économiques. Les faiblesses des analyses keynésiennes avaient laissé la place au renouveau des analyses néoclassiques et autrichiennes et l'échec des politiques interventionnistes de manipulation de la conjoncture allait remettre à l'honneur les politiques libérales. Les politiques conjoncturelles sont dans l'ensemble abandonnées, tandis que l'on cherche à inscrire la politique économique dans la durée.

Pourtant, en dépit de toutes ces faiblesses et de l'échec des politiques keynésiennes, celles-ci ont été une nouvelle fois appliquées, dans l'urgence, à l'occasion de la crise financière de 2008. Presque partout, des plans de relance de la demande ont été mis en œuvre, marquant un important retour de keynésianisme, au point que certains en 2009 ont appelé Keynes « L'homme de l'année ». Mais ces relances keynésiennes se heurtent aux limites exprimées ci-dessus et on peut être sceptique sur leur efficacité.

Chapitre II

LES ANALYSES NÉO-CLASSIQUES, MONÉTARISTES, AUTRICHIENNES ET LES POLITIQUES LIBÉRALES

L'analyse néoclassique, à la fin du XIXe siècle, a essentiellement mis l'accent sur les questions micro-économiques, développant les théories du consommateur, du producteur, des marchés. Il n'y a pas, pour les néoclassiques, d'analyse macroéconomique spécifique, ni de véritable politique économique, en tout cas interventionniste ou conjoncturelle puisque le libre fonctionnement des marchés aboutit, grâce à la variation des prix, à un équilibre, qu'il s'agisse des biens et services, du travail ou de la monnaie.

Mais l'analyse néoclassique, subissant en cela notamment l'influence de J.-B. Say, est aussi dichotomique : il existe deux secteurs dans l'économie, le secteur monétaire et le secteur réel. Le premier n'est influencé que par des variables monétaires, et celles-ci déterminent les grandeurs nominales, à commencer par le niveau général des prix : l'inflation est donc un phénomène exclusivement monétaire et la monnaie n'influence pas le secteur réel : elle est neutre. Le secteur réel, pour sa part, n'est donc influencé que par des variables réelles, et pas par les variables monétaires.

En outre, ces analyses, toujours sous l'influence de Say, mettent l'accent sur le rôle de l'offre dans l'économie. La loi des débouchés montre que, dans la mesure où l'offre crée sa propre demande, il existera automatiquement des débouchés, puisque tout accroissement de production entraîne un accroissement de revenu, donc de demande : l'économie ne saurait donc souffrir d'un déséquilibre en raison d'une insuffisance de demande.

La grande crise des années 30, le succès du keynésianisme, le développement de l'interventionnisme, vont reléguer au second plan les analyses néoclassiques et les politiques libérales. Seuls, quelques courants très minoritaires, ici et là, quelques auteurs (comme F. Hayek à l'origine du courant autrichien) maintiendront ce type d'analyse dans toute la période du keynésianisme triomphant, postérieure à la « révolution keynésienne ».

Mais le phénomène inverse va se produire, surtout à partir des années 60, au détriment des keynésiens et au profit des néoclassiques et surtout des monétaristes et des autrichiens (au point que l'on parle par exemple d'une « contre-révolution monétariste »). La politique économique keynésienne a de plus en plus de mal à résoudre les problèmes économiques du moment. L'analyse keynésienne ne se renouvelle pas suffisamment.

Au contraire, de nombreuses analyses renouvellent peu à peu complètement le courant néoclassique et cela dans de nombreuses directions. L'expression même de néoclassique peut d'ailleurs être discutée, et on y trouve aussi bien les analyses monétaristes, que le courant « autrichien » ou encore les « nouveaux classiques » ou bien d'autres courants de pensée comme l'économie de l'offre. Beaucoup de ces courants, à commencer par les Autrichiens, aujourd'hui les plus en pointe sur le plan de l'analyse économique, y compris chez les prix Nobel d'économie, récuseraient eux-mêmes le terme de néoclassique, ne serait-ce que parce qu'il fait référence aux analyses contestables des premiers néoclassiques, de la théorie de la concurrence pure et parfaite à celle de l'information parfaite. Le terme générique de néoclassique est donc employé ici au sens large, faute de terme générique recouvrant ces courants nouveaux, ni keynésiens, ni a fortiori marxistes, capables de renouveler profondément l'analyse et la politique économiques.

On peut, en simplifiant beaucoup, retenir deux grands courants ayant un impact sur la politique économique : le premier développe une analyse essentiellement monétaire et s'intéresse à la question de l'inflation, c'est le courant monétariste. Le second va chercher à agir sur la croissance et l'emploi en partant non plus de la demande, mais de l'offre : il s'agit de tout ce qui tourne autour de l'économie de l'offre (« supply side economics »).

SECTION I. LE MONÉTARISME

C'est avant tout Milton Friedman et l'école de Chicago qui ont développé les analyses monétaristes, encore appelées néoquantitativistes, car elles visent à renouveler la vieille théorie quantitative de la monnaie. Selon celle-ci, tout accroissement de la masse monétaire entraîne un accroissement identique des prix et la monnaie n'influence que le taux d'inflation, et non pas les grandeurs réelles.

Dans l'analyse de Friedman, on ne retrouve plus, d'un certain point de vue, la dichotomie traditionnelle ; la monnaie n'est plus neutre, du moins à cours terme, et les variations monétaires peuvent influencer l'ensemble du revenu (aussi bien sa partie nominale que sa partie réelle). Mais cette influence n'est que provisoire et, à long terme, lorsque peu à peu les agents économiques rectifient leurs anticipations, la monnaie finira par n'influencer que les prix, et les variables réelles (la production par exemple) ne seront pas modifiées : autrement dit, ce courant de pensée retrouve à long terme, pour l'essentiel, la neutralité de la monnaie.

Dans l'analyse monétariste, trois points sont fondamentaux :

- *L'offre de monnaie est exogène* : cela veut dire que la création de monnaie est déterminée par les banques centrales, qui peuvent la fixer au niveau qu'elles désirent et non pas par des variables économiques. La quantité de monnaie en circulation est donc déterminée en dehors des grandeurs économiques (d'où ce qualificatif d'exogène), par la seule volonté des banques centrales.

- *La demande de monnaie* (voir titre précédent), qui dépend en particulier du revenu permanent, du taux d'intérêt, du taux d'inflation, etc., est avant tout une fonction stable. C'est même, pour les friedmaniens, la plus stable des fonctions macroéconomiques, beaucoup plus stable par exemple que la fonction de consommation.

- *Les déséquilibres monétaires,* à commencer par l'inflation, viennent donc d'un écart entre l'offre et la demande de monnaie. Comme la demande de monnaie est stable, cet écart ne peut prendre sa source que dans des variations intempestives de l'offre de monnaie. C'est donc une politique monétaire trop « laxiste » qui est la source principale de l'inflation.

Lorsque l'offre de monnaie progresse, au-delà de la demande de monnaie, les agents économiques vont se trouver avec des encaisses excédentaires, qu'ils ne souhaitent pas conserver. Ils vont donc chercher à les dépenser sur les marchés des titres ou des biens : cette demande supplémentaire, face à une offre de biens rigide, va nécessairement se traduire par une hausse du niveau général des prix, c'est-à-dire par de l'inflation. L'inflation est alors, pour Friedman, « toujours et partout un phénomène monétaire ».

Le courant monétariste offre alors, surtout vers la fin des années 60, une recette nouvelle – par rapport au keynésianisme – pour lutter contre l'inflation. Or cette période est marquée par une accélération de l'inflation et par une difficulté de la politique keynésienne à régler ce problème.

Puisque l'inflation a une origine monétaire, la lutte contre l'inflation passe par une maîtrise de la création monétaire. Il faut que l'offre de monnaie progresse au même rythme que la demande de monnaie, c'est-à-dire un peu plus vite que le revenu national. La politique monétaire va donc avant tout consister à fixer des normes de croissance à la masse monétaire, de façon à éviter tout déséquilibre monétaire artificiel. C'est la règle dite du « k % ».

Friedman songe même à ce qu'il appelle une « politique monétaire automatique », qui consiste à fixer, pour plusieurs années, ce rythme de croissance de la masse monétaire et à ne pas changer de cap, même si la conjoncture se modifie. La stabilisation est alors automatique, car, si l'économie s'emballe, le rythme modéré de croissance monétaire empêchera un dérapage inflationniste et, si la conjoncture se ralentit, ce même rythme empêchera de sombrer dans une récession trop vive.

Cette règle est si importante pour Friedman qu'il souhaite, pour la faire respecter, au minimum une indépendance des banques centrales par rapport aux pouvoirs politiques, leur statut leur faisant obligation d'assurer une stabilité monétaire, et, plus encore, qu'il propose d'inscrire cette règle monétaire dans la constitution, pour qu'elle soit absolument intangible. En toute hypothèse, les autorités monétaires n'auront alors qu'un rôle mineur, en tout cas une autonomie restreinte par rapport à cette politique, qui doit demeurer la plus stable possible. À la limite, Friedman parlera de remplacer le gouverneur de la Banque Centrale « par une exponentielle ».

Dans les faits, bien des pays occidentaux, à partir de 1975 (par exemple l'Allemagne), et surtout des années 80, vont en venir à un « monétarisme pratique », qui consiste à fixer, au moins annuellement, des normes de croissance (ou une fourchette) à la masse monétaire.

En France même, cette politique a été mise en place à partir du plan Barre, les premières normes étant fixées pour l'année 77. Le chiffre de croissance de la masse monétaire, élevé au début, a été peu à peu réduit. Après une brève interruption en 1981, cette politique a été reprise par la suite, et la croissance de la masse monétaire a été à nouveau réduite et largement stabilisée, contribuant de manière décisive au recul de l'inflation. Mais cette politique s'est aussi heurtée à des difficultés techniques, en particulier en raison des nombreuses innovations monétaires, rendant plus floues les définitions des agrégats monétaires. La BCE., avec des nuances, va dans la même direction tout en considérant le taux d'intérêt comme une autre variable importante de la politique monétaire. Malheureusement, fin 2008, début 2009, la BCE a cédé face au keynésianisme ambiant et a préféré diminuer ses taux d'intérêt tout en se préoccupant moins de la masse monétaire.

Cependant la politique monétaire menée par les banques centrales ces dernières années a indiscutablement eu tendance d'une part à jouer sur les agrégats monétaires (contrôle de la masse monétaire), d'autre part à s'inscrire dans la durée, au lieu de servir à des fins purement conjoncturelles. Il y a là une influence certaine du courant monétariste. La nouvelle banque centrale européenne, elle aussi, on l'a vu, va dans la même direction, puisqu'elle a pour mission essentielle – et explicite dans ses statuts – de lutter contre l'inflation, grâce à la politique monétaire restrictive qu'elle mène, même si elle a semblé l'oublier début 2009.

Le monétarisme a joué également un grand rôle dans divers autres domaines. Friedman, par exemple, a défendu le principe des changes flottants, à un moment où l'on connaissait un système de changes fixes et l'impact de ses analyses a contribué à l'abandon du système de parités fixes dans le monde, même si celui-ci a continué à jouer un rôle dans l'Union Européenne, pour aboutir à la monnaie unique.

De même, le courant monétariste a joué un rôle dans la remise en cause de certains concepts keynésiens. C'est le cas, par exemple, de la fameuse courbe de Phillips. D'après celle-ci, il existerait dans les économies un arbitrage entre l'inflation et le chômage : une inflation élevée s'accompagnerait d'un faible chômage et inversement. Certains en ont déduit une règle de politique économique : une relance de l'inflation provoquerait une baisse du chômage.

Les monétaristes considèrent qu'un plan de relance va effectivement, dans un premier temps, provoquer un accroissement de la production et de l'emploi : en effet, les salariés ne se rendent pas immédiatement compte du fait que la hausse des prix diminue le salaire réel, alors que les entreprises embauchent parce que ce salaire réel diminue.

Mais, peu à peu, les anticipations sont corrigées, les illusions se dissipent et les salariés réclament une hausse des salaires nominaux pour préserver leur salaire réel. Dans ces conditions, les entreprises ne peuvent embaucher plus et la production et l'emploi retournent à leur niveau d'origine : on a alors plus d'inflation, mais le même chômage qu'avant. Non seulement la courbe de Phillips ne fonctionne plus, mais elle devient verticale et chaque nouvelle relance ne fait finalement qu'accélérer l'inflation, sans réduire à terme le chômage.

D'autres versions du monétarisme partent de notions différentes, mais l'analyse n'est pas radicalement modifiée. Le monétarisme international (approche monétaire de la balance des paiements – R.A. Mundell et H.G. Johnson) montre que le solde extérieur s'explique en termes d'offre et de demande de monnaie et c'est l'excès de création de monnaie qui provoque le déficit extérieur.

D'autres, comme K. Brunner et A. Meltzer mettent l'accent sur les questions budgétaires et en particulier sur les problèmes de financement du déficit budgétaire (au point que l'on a pu parler d'un « monétarisme budgétaire »).

Quant à l'école autrichienne (qui n'est pas monétariste au sens strict du courant friedmanien de l'école de Chicago), elle va, avec Hayek, formuler des propositions plus radicales en matière monétaire : alors que Friedman ne remet pas en cause le monopole de la banque centrale, certes indépendante des pouvoirs publics, Hayek envisage une véritable concurrence monétaire, c'est dire en fait une dénationalisation de la monnaie. Pour Hayek, Friedman reste encore dans la logique macro-économique globale, alors que lui-même met beaucoup plus l'accent sur les ajustements par les prix et sur les mécanismes de concurrence dans tous les domaines, dans une optique beaucoup plus microéconomique. Même la monnaie, selon lui, doit être privatisée. En France, ces thèses sont défendues par J.-P. Centi, J. Garello et P. Salin qui préconisent une concurrence monétaire.

Mais tous ces courants ont plusieurs points communs essentiels : la reconnaissance du rôle de la monnaie dans l'inflation tout d'abord, ensuite la préférence pour des règles stables, au lieu des politiques conjoncturelles, au jour le jour, enfin la certitude que le secteur privé est fondamentalement stable. Cela veut dire que les mécanismes de prix, de marché, de concurrence suffisent à assurer l'équilibre et que les interventions de l'État ne pourraient que perturber ces mécanismes. De ce point de vue, les divers courants monétaristes sont indiscutablement libéraux.

La difficulté, c'est que toute la période keynésienne a contribué à accroître le rôle de l'État et à réduire celui du marché. Les rigidités sont de plus en plus nombreuses et bien souvent le marché fonctionne mal, parce qu'il est artificiellement paralysé. Dans ces conditions, il ne suffit pas de dire qu'il faut laisser le marché fonctionner, il faut chercher comment restaurer ce rôle premier du marché et faire reculer l'État. C'est là que d'autres courants vont compléter l'analyse monétariste et mettre l'accent sur tout ce qui empêche l'offre de se développer et les marchés de fonctionner librement. C'est en particulier tout ce que l'on regroupe sous le nom d'économie de l'offre.

SECTION II. L'ÉCONOMIE DE L'OFFRE

L'analyse keynésienne avait privilégié le rôle de la demande globale dans les équilibres macro-économiques. Les analyses nouvelles vont mettre l'accent sur l'offre : il s'agit avant tout de réduire les rigidités de l'offre, c'est-à-dire tout ce qui empêche le développement de la production, mais d'un point de vue micro-économique et non plus macro-économique.

De même, l'analyse keynésienne avait privilégié les politiques conjoncturelles à court terme ; les analyses néoclassiques préfèrent des politiques à moyen et long terme : un cadre permettant une stabilisation automatique (par exemple la politique monétaire automatique) et des réformes structurelles, pour donner au marché toute l'adaptabilité nécessaire.

Le renouvellement de l'analyse économique renforce ces tendances au refus des politiques conjoncturelles et aux réformes visant à favoriser le libre fonctionnement du marché. C'est par exemple le cas du développement des analyses des anticipations. En particulier, les anticipations rationnelles (J. Muth) montrent que les agents économiques utilisent toute l'information disponible lors de leurs décisions. C'est une analyse que développe en particulier R. Lucas, prix Nobel 1995.

Ils ne seront donc pas surpris par la politique gouvernementale conjoncturelle, ce qui fait qu'en pratique celle-ci n'aura aucun impact sur la production ou l'emploi. Puisque les anticipations s'ajustent instantanément, les politiques discrétionnaires ne provoquent plus d'effet de surprise et n'ont plus d'efficacité. Sans aller jusqu'à partager toutes ces analyses, les économistes contemporains acceptent en tous cas en général l'idée d'une faible efficacité des politiques discrétionnaires visant à régler la conjoncture. Personne ne croit plus aux remèdes miracles en provenance de l'État et surtout pas aux politiques conjoncturelles, sauf les hommes politiques quand ils sont confrontés à une crise.

Il faut donc se tourner vers des réformes plus structurelles. Mais un autre point commun à tout ce courant de pensée est la croyance dans l'efficacité et la stabilité du marché. Offres et demandes s'ajustent sur les marchés grâce aux variations de prix. Encore faut-il que ce marché existe et fonctionne. Or il y a de nombreux obstacles à ce fonctionnement. Les uns enlèvent toute incitation à produire aux agents économiques (c'est le cas de la fiscalité) ; les autres rigidifient le marché (c'est le cas des interventions étatiques et des réglementations).

Dans le premier cas, l'économie de l'offre va mettre l'accent sur la défiscalisation. En effet, dans le schéma keynésien, la fiscalité influence la demande (par exemple, une fiscalité accrue diminue le revenu disponible). Mais on a longtemps négligé les effets de la fiscalité sur l'offre, c'est-à-dire sur l'incitation à produire. C'est un effet de substitution qui se produit, car, plus la fiscalité augmente, c'est-à-dire plus le rendement de l'activité productive diminue, plus on préférera le temps de loisirs au temps de travail (car le coût d'opportunité du temps de loisirs diminue).

Une fiscalité excessive va donc réduire l'incitation à travailler, à entreprendre, à produire, à épargner, puisqu'elle réduit le rendement de ces activités. Les activités non marchandes sont préférées aux activités marchandes. Des placements improductifs (œuvres d'art par exemple) sont préférés aux placements productifs.

Cette analyse trouve une représentation simple dans la fameuse courbe de Laffer. En effet, A. Laffer avait observé qu'un impôt de 100 % (comme un impôt de 0 %) ne rapportait rien, la matière imposable disparaissant, car personne n'a intérêt à travailler pour rien. Lorsque le taux de l'impôt progresse, par exemple de 10 % à 20 %, le rendement de l'impôt n'est pas doublé, car la matière imposable se réduit, en raison d'une réduction de l'activité de production, parce que l'incitation à produire diminue.

Il arrivera donc un moment où la hausse du taux de l'impôt (par exemple lorsqu'il passe de 40 % à 50 %) ne compense plus la baisse de l'activité ; c'est ainsi qu'un impôt de 70 % rapporte finalement moins qu'un impôt de 60 %, car l'effort productif (et donc la matière imposable) sera beaucoup plus faible. On dira que « l'impôt tue l'impôt », comme on disait déjà au siècle dernier que les « hauts taux tuent les totaux », c'est-à-dire que les taux élevés de l'impôt en tuent le rendement.

Il y a indiscutablement une dérive des prélèvements obligatoires, qui deviennent de plus en plus élevés et dont le poids finit par paralyser toute l'activité et par décourager tout effort : le trop plein d'État décourage le secteur privé. Laffer en conclut qu'un recul de l'impôt va permettre à l'activité de se développer, et constituera donc un encouragement à la production, en en augmentant la rentabilité.

Il est vrai que la progressivité de l'impôt a été tout à fait excessive. Dans certains cas, comme en Grande-Bretagne, le taux marginal de l'impôt atteignait, dans les années 70, 80 % du revenu (sur les tranches de revenu les plus élevées) et même 98 % pour les revenus de l'épargne : c'est dire qu'un capital de 1.000.000 de francs, placé à 10 %, rapportait brut 100.000 francs et net (après impôts) 2.000 francs seulement (si l'on était dans la tranche la plus élevée) : voilà pourquoi les Anglais préféraient abandonner les placements productifs au profit d'activités non productives (comme le dit dans une formule imagée H. Lepage « voilà pourquoi les Anglais roulent en Rolls Royce »).

Dans certains cas, la somme de plusieurs impôts peut dépasser la totalité du revenu : ainsi en France la somme de l'impôt sur le revenu (avec la tranche marginale à plus de 50 % en comptant la CSG et la CRDS) et de l'impôt de solidarité sur la fortune dépasse, pour plusieurs milliers de contribuables, la totalité de leur revenu, provoquant des mouvements de délocalisation vers des cieux fiscalement plus cléments (2 personnes par jour) ou de découragement de toute activité : c'est particulièrement évident chez ceux qui peuvent facilement se déplacer, puisque leur talent est constitué avant tout par leur propre capital humain et se « déplace » avec eux : artistes, chanteurs, sportifs de hauts niveaux, etc. Cette fuite des capitaux, due à l'I.S.F. est très coûteuse pour l'économie.

Mais l'ensemble des prélèvements obligatoires (impôts et cotisations sociales) a aussi connu une dérive progressive. En France, ces prélèvements atteignent près de 45 % du PIB rejoignant par là les pays les plus fortement imposés du nord de l'Europe. Dans l'ensemble de l'OCDE, ces prélèvements approchent les 40 %, et il n'y a guère que quelques pays (dont les États-Unis et le Japon) pour se situer aux environs des 30 %. Ces 45 % du PIB en prélèvements obligatoires représentent sensiblement plus de 50 % du revenu. Cela signifie, d'une manière imagée, que les Français travaillent en gros jusqu'au 14 juillet pour l'État et la sécurité sociale, et ne commencent vraiment à travailler pour eux-mêmes qu'à partir du 15 juillet !

On a donc assisté, dans les années 80, sous l'influence des économistes de l'offre, à un recul de la progressivité de l'impôt et parfois même de l'ensemble des prélèvements obligatoires. Dans certains cas, une véritable révolte des contribuables a eu des répercussions politiques majeures (c'est le cas aux États-Unis, où le mouvement a véritablement commencé lorsqu'en juin 1978 les électeurs de Californie, par le vote de la proposition 13, ont adopté une réduction massive de la fiscalité foncière).

L'élection de R. Reagan a renforcé ce mouvement qui s'est généralisé à l'ensemble des États-Unis. C'est ainsi que le taux marginal d'impôt sur le revenu a été réduit, sous les mandats de R. Reagan, de 70 % à 28 %. Malheureusement, dès son élection, B. Clinton a cru bon d'inverser cette politique et de faire à nouveau progresser le taux marginal jusqu'à 36 %, et même 39,6 % en tenant compte d'une surtaxe exceptionnelle ; mais le taux reste assez faible et a largement contribué à la prospérité économique américaine. Le président G.W. Bush a, à nouveau, réduit ce taux marginal à 35 % et, pour l'instant, il n'a pas été modifié par le président B. Obama, tandis que l'impôt était réduit pour la majorité de la population. Mais B. Obama ne reconduira pas les baisses d'impôts de Bush sur les plus riches et le taux marginal va donc augmenter.

En Angleterre, avec madame Thatcher, les taux les plus élevés sont tombés à 40 %. Presque partout, le taux marginal est inférieur à 40 % (en France les réductions ont baissé ce taux marginal à 40 %. Mais ce n'est qu'une apparence, car il faut y ajouter plus de 10 % de CSG et de CRDS, ce qui donne un taux marginal d'imposition effectif supérieur à 50 %). Nous étions donc un des rares pays à avoir un taux marginal d'imposition supérieur à 50 %, ce qui est confiscatoire et destructeur de la motivation à entreprendre et à produire. De plus, on l'a vu, avec l'ISF, les impôts locaux, l'imposition pouvait parfois dépasser 100 % du revenu. Voilà pourquoi le gouvernement a mis en place un « bouclier fiscal », peu à peu réduit à 50 % du revenu, pour l'ensemble des trois impôts. Personne ne doit payer plus de la moitié de ce qu'il gagne. Partout ailleurs, la réduction du taux maximum d'imposition est sensible et certains pays vont jusqu'à supprimer toute progressivité avec la « Flat Tax » (impôt proportionnel). Il en va de même pour l'impôt sur les bénéfices des sociétés, qui a été fortement réduit.

Cette politique de défiscalisation a provoqué une vive reprise économique, la plus longue de l'après-guerre, non pas de manière artificielle (comme avec les manipulations de la demande) mais en s'attaquant à la racine du mal, c'est-à-dire à la volonté de produire et de travailler plus : il s'agit d'agir sur l'incitation à faire des efforts productifs. C'est une réhabilitation en même temps de l'effort, de l'entreprise et de l'offre en général.

Bien entendu, tout cela n'a pas été sans mal. Dans certains cas, le recul de l'impôt a fait apparaître dans un premier temps des déficits budgétaires massifs, dont le financement a posé de nombreux problèmes. Certes, la reprise économique accroît le rendement de l'impôt (même si la charge par euro de production et de revenu est plus légère). Mais cet accroissement du rendement de l'impôt ne suffit pas à faire disparaître de suite le déficit; celui-ci se résorbe peu à peu avec le retour de la prospérité. En outre, ces politiques n'ont pas suffisamment été accompagnées d'un recul des dépenses publiques, en raison d'une certaine « tyrannie du statu quo », selon l'expression de M. Friedman. De plus, le retour aux plans de relance keynésiens en 2008-2009 ont remis en cause tous ces efforts pour relancer l'offre et ont fait exploser à nouveau les déficits budgétaires et la dette publique.

La plupart des pays n'ont donc pas poussé assez loin la logique de la défiscalisation et cela parce qu'ils ont refusé d'en tirer les conséquences : la baisse des impôts aurait dû s'accompagner d'un recul des dépenses publiques et d'un recul de l'État en général, pour libérer plus encore l'offre alors que les plans de relance ont augmenté les dépenses publiques, mais le nécessaire recul des dépenses publiques passe en particulier par la dérégulation.

La dérégulation (ou déréglementation) met l'accent sur les rigidités qui empêchent le libre fonctionnement du marché. Le cas le plus simple est celui du contrôle des prix, dont on a vu qu'il empêchait le marché de retrouver son équilibre et qu'il provoquait des déséquilibres quantitatifs. Dans la plupart des pays, le retour à la liberté des prix a contribué à la libération des forces productives. Cependant tous les prix ne sont pas libres.

Mais ces réglementations touchent aussi des secteurs particuliers. On a déjà vu (première partie) le cas du protectionnisme, comme celui des professions fermées, qui empêchent le développement de l'offre (externe ou interne). Dans beaucoup de domaines, les professionnels ne peuvent s'installer librement, en raison de privilèges professionnels ou étatiques : tout ce qui libère les conditions d'accès au marché permet un développement de la concurrence et de la production. De nombreuses applications de cette déréglementation ont eu lieu, depuis les marchés financiers et le secteur bancaire, jusqu'aux transports, notamment aériens ou aux télécommunications (téléphone portable par exemple) et plus généralement tous les services publics : partout, ces phénomènes ont intensifié la concurrence, fait baisser les prix, et permis le développement de l'offre.

Sur le marché du travail, ces réglementations sont tout aussi nombreuses. Le cas de l'autorisation administrative de licenciement, en France, n'en était qu'un exemple parmi d'autres. Les entreprises hésitaient à embaucher parce que les ajustements nécessaires ne pouvaient se faire en cas de difficultés. Là encore, la libéralisation a permis un développement de l'emploi. Mais d'autres rigidités existent, par exemple pour la durée du travail (les 35 heures), même s'il y a eu des assouplissements pour les heures supplémentaires.

Au total les marchés du travail fonctionnent mal. Les rigidités y sont grandes (y compris sur le plan syndical lorsque certains syndicats ont, de fait, un monopole de l'embauche : c'était le cas du « closed shop » en Angleterre). Le prix ne joue plus son rôle rééquilibrant car il est trop rigide (que ce soit le salaire ou les charges sociales).

Ce coût du travail est aussi trop élevé et de plus en plus souvent on met en cause (comme l'a fait l'OCDE, par exemple, dans ses rapports annuels sur la France) le rôle du SMIC dans le chômage des jeunes et des personnes non qualifiées. En effet, la somme du SMIC et des cotisations sociales rend le coût du travail excessif par rapport à la productivité des travailleurs non qualifiés : les entreprises ne peuvent alors embaucher et ce coût élevé du travail est source de chômage.

C'est ainsi, par exemple, que l'ensemble des charges salariales et patronales représente pratiquement 75 % du salaire net. Les charges constituent donc en fait presque un second salaire pour de nombreux salariés. Si la productivité du travailleur n'atteint pas un tel niveau (salaires plus charges), l'entreprise ne pourra que renoncer à embaucher. À titre de comparaison, en Grand-Bretagne, les charges salariales atteignent à peine 10 % du salaire et il en va de même pour les charges patronales.

C'est un domaine typique où l'on raisonne de manière affective et non économique, en affirmant par exemple que le SMIC n'est pas assez élevé pour vivre. Si une société le souhaite, elle peut, par la redistribution, garantir un revenu minimum à chacun, simplement parce qu'il est un membre d'une communauté.

Mais si l'on se situe sur le marché du travail, une fixation arbitraire du salaire va provoquer du chômage : à quoi sert-il d'être théoriquement mieux payé s'il n'y a pas, en pratique, de travail à ce prix là ? Un SMIC trop élevé écarte du marché les moins productifs (les moins qualifiés ou les plus jeunes). Qu'un organisme comme l'OCDE dénonce ce mécanisme est un signe supplémentaire de l'évolution des esprits en ce domaine : refuser les lois économiques au nom d'une politique « sociale » conduit au pire des désastres sociaux, c'est-à-dire au chômage.

Plus généralement, tout ce qui va dans le sens de la flexibilité sur le marché du travail permet de réduire le chômage structurel et le chômage frictionnel, en adaptant mieux les offres et des demandes (mobilité, formation, etc.) et en facilitant les ajustements nécessaires. Ce sont les trop grandes rigidités qui accentuent les déséquilibres.

Mais la dérégulation doit s'accompagner d'un recul de l'État dans la plupart des secteurs. Il faut modifier la frontière entre services publics et privés, au profit du secteur privé, ne serait-ce que pour améliorer l'efficacité des services jusque-là publics et pour réduire les charges qui pèsent sur les contribuables. Un raisonnement identique pourrait être tenu pour la protection sociale, dont l'étatisation (sous forme de monopoles publics) rend le système ingérable et coûteux, avec un déficit chronique qui conduit à une hausse permanente des prélèvements obligatoires, à la crise financière et finalement à la chute des prestations. Le cas des retraites, déjà examiné, est le plus dramatique : potentiellement, le système public est ici en faillite. Tant que l'on ne s'attaque pas à la racine du mal, qui est le monopole public, les plans de sauvetage se succéderont en vain. Il en va de même pour l'assurance maladie, autre sujet d'actualité.

La politique de l'offre doit donc aussi s'accompagner d'une politique de privatisation : les entreprises seront ainsi mieux gérées, plus productives, la concurrence sera plus effective et le passage au secteur privé permettra à la fois de diffuser largement la propriété et d'assurer des recettes pour le Trésor public.

C'est en particulier la politique qui a été systématiquement menée en Grande-Bretagne où même les monopoles publics ont été privatisés et ouverts à la concurrence, mais aussi dans la plupart des pays occidentaux. L'évolution des pays du Tiers-Monde, comme des anciens pays socialistes d'Europe de l'Est, va dans le même sens. C'est sans doute en France que cette politique a été la plus timide, en dépit des privatisations de 1986-88, reprises depuis 1993, et le secteur public français est encore l'un des plus importants des pays occidentaux : cette hypertrophie de l'État explique certaines de nos faiblesses économiques, nos difficultés et lourdeurs d'adaptation et la persistance des déséquilibres sur le marché de l'emploi. Contrairement à la plupart de ses partenaires, la France n'ose pas, en particulier, privatiser les monopoles publics, même si, dans certains cas, elle a ouvert le capital au secteur privé, l'État restant cependant actionnaire (France Télecom par exemple). Mais de nouvelles privatisation devront se produire un jour ou l'autre et la Poste elle-même doit changer son statut pour devenir une simple société.

Dans le même temps, l'État, qui se mêle ainsi de tout ce que le secteur privé pourrait faire par lui-même, n'est souvent par ailleurs même plus capable d'assurer correctement ses propres missions traditionnelles (sécurité, justice, etc., ce qui relève de l'état de droit). Quant à la vie politique, elle se ramène parfois à de simples débats macro-économiques, comme si la vie économique était d'abord réalisée par les hommes politiques, et non par les consommateurs et les producteurs, tandis que cette même vie politique néglige souvent d'autres questions fondamentales.

Les économies modernes sont en mouvement permanent : tout ce qui rigidifie les marchés est donc source de déséquilibre.

Les économies qui, aujourd'hui, s'en sortent le mieux, sont celles qui peuvent s'adapter en permanencce. Or l'adaptation se fait sur les marchés, au niveau des entreprises, et non pas de manière centralisée. Les exemples de la Grande-Bretagne et plus encore des Etats-Unis et des pays d'Europe de l'Est sont parlants : ces pays ont retrouvé une véritable prospérité économique, en libérant leurs marchés et en laissant les agents économiques décider librement, de manière responsable.

C'est pour cela que la plupart des pays se sont orientés vers des politiques plus libérales : l'État doit assurer un cadre stabilisant, garantir le respect de certaines règles du jeu (droits de propriété, liberté des marchés et des contrats...). Mais s'il veut lui-même se mêler de faire ce que les agents économiques décentralisés savent mieux faire que lui, l'économie ne peut qu'être moins efficace. Or cette plus grande liberté économique, gage d'efficacité, va aussi dans le sens de l'autonomie, de l'initiative et de la responsabilité des personnes et des communautés, ce qui est une autre exigence éthique de notre temps.

Malheureusement, face à la crise financière de 2008-2009, toutes ces évidences ont semblé balayées, et on assiste au grand retour de l'État, des dépenses publiques, des déficits, voire même des nationalisations. C'est un contre-sens complet, car la crise vient de la place excessive de l'État et des mauvaises politiques économiques, notamment des banques centrales. La formule de R. Reagan est toujours d'actualité : « L'État n'est pas la solution, car l'État est le problème. »

CONCLUSION

ÉCONOMIE ET ÉTHIQUE

Après ce parcours qui nous amené de la définition de l'économie jusqu'à la macro-économie, en passant par l'histoire des faits et des idées, les systèmes et surtout la micro-économie, il convient de revenir au point de départ, celui de la définition de l'économie comme lutte organisée et solidaire contre la rareté, comme science des choix, comme technique de coordination, capable de produire un ordre spontané cohérent.

Dire que l'économie politique a pour objet la lutte contre la rareté, c'est dire, en un certain sens, qu'elle s'intéresse avant tout au « comment », c'est-à-dire à la façon dont fonctionne la vie économique : comment les agents décentralisés prennent-ils leur décisions et comment ces décisions vont-elles s'harmoniser, sur un marché, comme pour l'ensemble de l'économie ? Comment « marche » la vie économique et quel est le rôle de chacun ? Qui assure la coordination de l'ensemble ?

Mais l'économiste peut aussi s'intéresser à une autre question, qui est celle du « pourquoi », c'est-à-dire de la réflexion sur les finalités, sur le sens profond et le but véritable de la vie économique, sur le bien et le mal. Certes, il ne sera pas seul sur ce terrain-là, et bien d'autres (philosophes, hommes politiques, théologiens, etc.) ont vocation à réfléchir sur les finalités. Mais on ne voit pas au nom de quoi l'économiste ne pourrait pas, lui aussi, s'interroger sur le sens profond de sa discipline et pourquoi il devrait se limiter à l'exposition de la technique, sans chercher, au-delà, quel est le but de toute la vie économique. Pourquoi ne dirait-on pas qu'il y a des décisions ou des institutions « bonnes » parce que respectueuses de l'homme dans sa dignité, et d'autres qui ne le sont pas ? Les premiers économistes ne s'en privaient pas.

Une réflexion sur le « pourquoi », sur les finalités, rencontre nécessairement la question éthique, en économie comme ailleurs. Le terme est à la mode, plus sans doute que celui de morale, même si ces deux notions sont proches. Dans les écoles de gestion, en particulier aux États-Unis, mais aussi en Europe, l'éthique des affaires est souvent enseignée. En France même, la réflexion sur l'éthique économique commence à se développer, dans les universités comme dans les Grandes Écoles, chez les praticiens ou dans les entreprises. Des centres de recherche se développent sur les questions de morale, d'éthique ou de déontologie. Les colloques et publications sur ces thèmes se multiplient. De nombreuses entreprises adoptent des chartes ou des codes éthiques[1]. L'éthique s'applique à tous les domaines de l'économie, comme la propriété[2] ou la finance[3]. Les autorités « morales » apportent leur contribution à cette réflexion sur le but et le sens profond de l'économie (à commencer par les églises, comme le fait notamment l'Église catholique dans sa « Doctrine sociale », depuis un siècle, et comme Jean-Paul II l'a récemment rappelé dans l'encyclique *Centesimus Annus* de 1991 et Benoît XVI dans *Caritas in Veritate,* 2009).

Mais il n'y a pas de réflexion éthique ou morale sans une certaine conception de l'homme et de la place de l'homme dans la société. Or il est clair aujourd'hui (et les événements d'Europe de

---

1. Sur ces thèmes, voir J.-Y. Naudet, *Éthique économique : fondements, chartes éthiques, justice,* Deuxième colloque d'Éthique Économique, Librairie de l'Université d'Aix, 1996, J.-Y. Naudet, *Éthique en entreprise,* septième colloque d'Éthique économique, Librairie de l'Université d'Aix, 2001, J.-Y. Naudet, *Mondialisation et éthique des échanges,* Actes du colloque des 4 et 5 juillet 2002, Librairie de l'Université d'Aix, 2003, J.-Y. Naudet, *La corruption,* Actes du colloque des 1er et 2 juillet 2004, Librairie de l'Université d'Aix, 2005, J.-Y. Naudet, *Éthique et développement,* Actes du colloque des 29 et 30 juin 2006, Librairie de l'Université d'Aix, 2007.

2. J.Y.N., *Éthique et propriété,* Actes du colloque des 5 et 6 juillet 2001, Librairie de l'Université d'Aix, 2002.

3. J.-Y. N., *Éthique financière,* Actes du Colloque des 1er et 2 juillet 1999, Librairie de l'Université d'Aix, 2000.

l'Est en apportent une preuve supplémentaire) que l'homme doit être au centre de toute la vie économique : il en est le but, comme l'acteur principal. Cet homme est sujet de droits et de devoirs; il est aussi (comme les économistes eux-mêmes l'ont peu à peu admis) un être rationnel et limité à la fois (par exemple sans information parfaite). Il doit donc faire des choix sous contrainte, en comparant les avantages et les inconvénients qu'une solution ou une autre semblent lui apporter, compte tenu des informations partielles dont il dispose.

Si l'homme doit être l'acteur principal de la vie économique, celle-ci devra donc avant tout être organisée autour de ses libres décisions. C'est pour cela que l'étude des décisions décentralisées n'est pas d'abord un problème lié au « comment » de la vie économique, mais avant tout au « pourquoi » : la personne humaine (et non d'abord l'État, ou le parti, ou un groupe quelconque) doit être l'élément central des décisions économiques. L'homme a un droit à l'initiative économique, et il doit pouvoir librement organiser ses décisions de consommation ou de production. La liberté économique est une dimension évidente de la liberté humaine.

En particulier, il est contradictoire de revendiquer ce droit sans en tirer certaines conséquences, notamment en matière de droit de propriété : si l'homme est libre de ses décisions économiques, il doit donc être libre de posséder des biens, pour pouvoir les affecter, et de récolter ainsi les fruits de son action. La reconquête du droit de propriété est d'ailleurs un élément central du passage des anciens pays totalitaires de l'Europe de l'Est vers le marché et la liberté économique.

Mais, comme toujours, la liberté humaine ne va pas sans la responsabilité, à l'égard de soi-même comme à l'égard des autres. C'est ainsi, par exemple, que l'homme doit subir les conséquences de ses décisions économiques : une propriété bien gérée doit légitimement rapporter des profits, comme une propriété mal gérée doit entraîner une sanction pour celui qui a mal dirigé l'entreprise (perte, ou, à la limite, faillite). C'est un point que l'on oublie aujourd'hui, où chacun, y compris banquiers ou entrepreneurs, veut être secouru en cas d'échec. Or, pour justifier les profits en cas de bonne gestion, il faut accepter les pertes en cas de mauvaise gestion.

De même, la liberté n'est pas, dans ces conditions, la possibilité de faire n'importe quoi. C'est, sans doute, une des difficultés importantes de nos sociétés d'économie libre : la liberté de chacun doit respecter les droits des autres (par exemple leur droit de propriété). En ce sens, l'économie de marché est sans doute non seulement la plus conforme à la nature profonde de l'homme, mais aussi la plus morale[1].

En effet, le respect de la liberté humaine, le respect des droits des uns et des autres, le respect de la parole donnée, du contrat signé, sont des formes supérieures de vie en société, puisqu'il s'agit de faire ce à quoi on s'est librement engagé. Les procès faits à l'économie de marché comme étant la loi de la jungle ou la loi du plus fort sont absurdes, puisque le marché implique un état de droit, le respect des droits de tous, de leurs efforts (qui sont légitimement récompensés) et qu'il tient compte des libres décisions de chacun. Quant à la concurrence, elle évite justement toute possibilité de domination des uns sur les autres, en remettant en cause toute situation acquise : chacun ne justifie sa situation (et son revenu) que par son effort productif permanent, par le service rendu aux autres. Le marché lui-même, l'échange, obligent à tenir compte des autres : il n'y a rien de plus extraverti et tourné vers les autres que le marché : sans client, l'entreprise disparaît; sans souci du client, l'entreprise ne peut survivre.

Mais les libres décisions économiques impliquent aussi que chacun prenne conscience qu'il n'est pas possible de faire n'importe quoi : la liberté est soumise à la morale, au respect de la dignité des personnes (de soi-même comme des autres) et tout n'est pas nécessairement acceptable, même si c'est techniquement possible : on pense ici aux productions ou aux consommations qui mettent en cause la dignité la plus élémentaire de la personne humaine.

Toute cette conception de l'homme (comme étant un être libre et responsable) doit être complétée par une autre notion, celle de solidarité et de vie en société. L'homme n'est pas un être solitaire, mais il s'épanouit au contact des autres. L'économie, on l'a vu, est politique au sens où elle n'est jamais faite d'actes isolés. Et l'étude de l'économie nous montre que la division du travail, l'échange, le marché sont autant d'occasions de liens entre les hommes, de solidarités visibles ou invisibles.

Il est alors sans doute faux de dire que le marché est déshumanisant, comme on le prétend parfois, alors qu'il est un procédé

---

1. Sur ce thème, voir en particulier J.-Y. Naudet, *La liberté, pour quoi faire? Centesimus annus et l'économie*, Mame, Repères, 1992.

social par excellence, dans lequel chacun dépend de l'action des autres et entre en contact avec les autres. Il y a là, en soi, une valeur et une dimension éthique importante.

C'est pour cela que le marché, aujourd'hui presque unanimement reconnu, est la forme d'organisation économique la plus conforme à la nature humaine : le marché préserve la liberté et la responsabilité des hommes et il tisse tout un ensemble de liens volontaires entre eux. .

Cette naturelle sociabilité de l'homme (qui découle de sa nature d'être à la fois personnel et communautaire) se retrouve aussi dans le droit qu'il a de se regrouper comme il l'entend avec d'autres : c'est vrai des communautés non économiques (comme la famille ou les associations par exemple, constituant l'ordre communautaire) comme des sociétés économiques (à commencer par les entreprises, constituant l'ordre marchand). Les communautés, librement organisées, sont une dimension importante de cette vie sociale de l'homme et l'oubli de cette liberté essentielle de se regrouper risque d'aboutir à la négation de la société civile (comme dans les anciens pays socialistes) et donc à la négation de l'une des dimensions essentielles de l'homme.

Parmi ces communautés, l'État a donc naturellement sa place. Mais il faut trouver un principe d'organisation de la société et toutes les communautés ne peuvent tout faire : le principe du marché signifie que chacun doit faire (seul ou avec d'autres) ce qu'il est capable de faire. L'État ne saurait donc se substituer à la libre autonomie des personnes ou des communautés, sinon on priverait l'homme de son droit à la liberté économique et à l'initiative. La société civile est première par rapport à l'Etat et elle lui est antérieure[1].

Il est possible que certaines activités ne puissent être résolues par le marché. Les économistes discutent entre eux de ces éventuelles limites du marché. Beaucoup sont artificielles et viennent souvent d'interventions étatiques perturbatrices (faux prix par exemple) ou d'une insuffisante délimitation des droits de propriété (par exemple les questions d'environnement). Mais, en toute hypothèse, reconnaître l'homme comme libre et responsable signifie que l'État ne doit faire que ce que les individus isolés ou regroupés (par exemple en entreprises) ne peuvent réaliser : c'est ce que l'on

1. Voir J.-Y. Naudet, *Éthique et société civile*, Actes du colloque des 3 et 4 juillet 2003, Librairie de l'Université d'Aix, 2004

appelle parfois le principe de subsidiarité. Cette notion, malheureusement souvent déformée aujourd'hui (elle figure même, avec une définition ambiguë, dans le Traité sur l'Union Européenne – Traité de Maastricht) est probablement l'une des clefs essentielles de l'organisation économique et sociale.

De même, la naturelle solidarité entre les hommes – du simple fait qu'ils sont tous des personnes dignes de respect et sujets de droits – fait que chacun a des devoirs, au sens moral du terme, vis-à-vis de ceux qui ne peuvent, définitivement ou provisoirement, participer à la production (parce qu'ils sont par exemple malades, ou handicapés, ou trop jeunes, ou trop âgés, etc.).

Mais si la solidarité est un thème à la mode, c'est aussi un thème ambigu : elle ne consiste pas à priver les personnes de leur liberté (comme dans les systèmes d'assistance ou d'État Providence) ; elle ne consiste pas à les déresponsabiliser. Bien souvent, des mécanismes d'assurance peuvent résoudre ces problèmes, sans qu'il soit besoin de faire appel à l'État.

Lorsqu'ils ne suffisent pas, la solidarité au sens courant doit jouer. Mais, là encore, l'État n'a pas la première place, y compris d'un point de vue moral : la forme la plus efficace, comme la plus conforme aux droits et aux devoirs de l'homme, est celle de la solidarité volontaire et d'ailleurs seul un acte libre à une dimension morale. L'étatisation de toute la « protection sociale » et de la solidarité a bien souvent fait perdre à chacun le sens de ses devoirs, de ses responsabilités personnelles, vis-à-vis des autres, y compris des solidarités les plus proches, les plus élémentaires, telles que les solidarités familiales ou de proximité. Une éthique économique doit tenir compte de ces phénomènes et mettre chacun en face de ses responsabilités vis-à-vis des autres, au lieu de le déresponsabiliser dans de vastes ensembles redistributifs obligatoires et inefficaces.

Mais tout cela ne suffit sans doute pas à définir une éthique économique, c'est-à-dire une économie au service de l'homme. Il faut aussi que l'économie ne dévore pas l'homme tout entier. Certaines sociétés sont tentées par l'économisme, c'est-à-dire par la réduction de la personne humaine à un simple producteur ou à un simple consommateur. C'est vrai des sociétés de pénurie, où l'absence de biens créé une tyrannie ; c'est vrai des économies de plan, où les autres dimensions de l'homme étaient gommées ; mais c'est une tentation de tout système économique, que l'on peut aussi trouver dans les économies de marché développées. Or, l'homme ne se limite pas à sa dimension économique, au sens d'une dimension matérielle.

C'est sans doute pour cela qu'il faut aussi que le système économique soit efficace, pour permettre à l'homme de résoudre sans trop de peine ses problèmes « d'intendance ». Le marché, sur ce point, s'il est d'abord justifié par sa conformité à la nature de l'homme, est aussi justifié par son efficacité dans l'allocation des ressources. Les sociétés de pénurie (comme le sont les économies planifiées) font que la préoccupation économique et matérielle, omniprésente, ne laisse guère de place aux autres dimensions humaines.

Certes, on se plaint souvent du caractère immoral des économies de marché, parce que l'homme n'y vivrait que pour la consommation et la recherche de biens matériels. Le discours sur l'immoralité de nos économies et donc sur la « moralisation du capitalisme » a fait un retour en force à l'occasion de la crise financière de 2008-2009. Mais, là encore, on confond le moyen et la fin. Le marché, la liberté économique, sont d'abord des moyens au service des hommes. Et ce sont les hommes qui en font l'usage qu'ils souhaitent, usage qui peut être bon ou mauvais, comme avec n'importe quel instrument.

Ce n'est donc pas le marché qui est déshumanisant ou matérialiste, mais c'est l'homme qui perd parfois le sens de ses responsabilités et de ses multiples dimensions. Mais le marché présente l'avantage non seulement d'être conforme à la nature de l'homme, mais aussi de lui laisser exercer sa liberté responsable. Les institutions, qui sont le reflet d'une éthique, poussent dans le même sens. Le reste n'est pas d'abord une question d'organisation, mais d'éducation et de changements des mentalités.

Ceux qui considèrent que l'homme doit aussi avoir des préoccupations culturelles, voire spirituelles, doivent considérer que la liberté économique et le marché leur en laissent la possibilité. Simplement, la liberté exige plus de sens des responsabilités que la contrainte, et l'exercice de la liberté s'éduque peu à peu. Ce que l'on appelle souvent les faiblesses du marché, voire de la société de consommation, ne sont, en fait, que les faiblesses habituelles des hommes (et non du « système »). C'est pourquoi les thèmes à la mode comme l'éthique des affaires, l'éthique en entreprise, la responsabilité sociale des entreprises, l'éthique de la consommation, les placements éthiques, etc. sont parfois ambigus quand ils signifient que c'est l'État qui devrait rétablir la moralité de l'économie.

La véritable éthique économique ne peut venir que d'hommes libres et responsables. Que chacun retrouve le sens profond de l'homme, dans toutes ses dimensions, et l'économie retrouvera sa place, qui n'est pas de tout envahir, mais de libérer le plus possible l'homme des tâches matérielles pour le laisser libre du reste.

L'écroulement des systèmes socialistes, la dénonciation quasi générale du totalitarisme (totalitarisme qui découlait notamment du refus de la liberté économique), donnent une chance supplémentaire à cette redécouverte du sens profond de l'homme et de ces notions élémentaires d'éthique économique. L'homme n'est plus un simple élément d'un tout social : il doit exercer sa liberté responsable, en économie comme ailleurs, comme un véritable centre de décision autonome.

Mais plus l'homme est libre dans la vie économique, plus il a de droits, plus il doit être conscient de ses responsabilités et de ses devoirs. Et, parmi ceux-ci, il y a notamment la nécessité de se souvenir que l'homme n'est pas seulement un Homo œconomicus, mais qu'il doit chercher à épanouir tous les aspects de sa personnalité. En effet, « le développement ne doit pas être compris d'une manière exclusivement économique, mais dans un sens intégralement humain », en respectant « la hiérarchie des vraies valeurs de l'existence humaine »[1].

En d'autres termes, les critiques qui sont formulées – souvent à juste titre – contre la société de consommation, qualifiée de matérialiste voire d'immorale, « s'adressent moins à un système économique qu'à un système éthique et culturel. En effet, l'économie n'est qu'un aspect et une dimension dans la complexité de l'activité humaine. Si elle devient un absolu, si la production et la consommation des marchandises finissent par occuper le centre de la vie sociale et deviennent la seule valeur de la société (...), il faut en chercher la cause non seulement et non tant dans le système économique lui-même, mais dans le fait que le système socioculturel, ignorant la dimension éthique (...), s'est affaibli et se réduit alors à la production des biens et des services »[2].

---

1. Jean-Paul II, *Centesimus Annus,* 1991 § 29 - Sur ce thème, et plus généralement sur les questions d'éthique économique, voir Jean-Yves Naudet, *Dominez la terre – pour une économie au service de la personne,* Fleurus, Cité vivante, 1989 et aussi *La liberté, pour quoi faire?*, op.cit., 1992.
2. Jean-Paul II, *Centesimus annus,* op.cit., 39.

La victoire – aujourd'hui indiscutable et indiscutée – du marché, renvoie l'homme à sa liberté et à sa responsabilité, c'est-à-dire à sa conscience, à sa morale. Le retour du marché doit donc être aussi le retour aux fondements éthiques du comportement humain, de l'action humaine[3].

1. Sur tous ces thèmes, on consultera les actes des colloques d'éthique économique, organisés chaque année à Aix, par le Centre de recherche en éthique économique, et publiés dans la collection « Éthique et déontologie ». La liste de ces ouvrages est publiée au début de ce livre, sous le titre « Ouvrages publiés et coordonnés par J.-Y. Naudet ».

Index des noms cités

Les numéros renvoient aux pages de l'ouvrage

Table des matières

LICENCE I - COURS DU SECOND SEMESTRE ÉCONOMIE POLITIQUE

Mise en page

Véronique Gimenez
Aix-en-Provence

Achevé d'imprimer sur les presses de l'Imprimerie BARNÉOUD
53960 BONCHAMP-LÈS-LAVAL
Dépôt légal : août 2009 - N° d'imprimeur : 907089
Imprimé en France